国家自然科学基金项目成果·管理科学文库

The Dual-drive Mechanism of Effective Supply of
Fresh Agricultural Foods Based on Benefit Induction
and Risk Management

基于利益诱导与风险控制的
生鲜农产品有效供给
双重驱动机制研究

姚冠新 徐静 戴盼倩 边晓雨 著

中国财经出版传媒集团
经济科学出版社
Economic Science Press

图书在版编目（CIP）数据

基于利益诱导与风险控制的生鲜农产品有效供给双重驱动机制研究／姚冠新等著 . -- 北京：经济科学出版社，2022.8
ISBN 978 - 7 - 5218 - 3918 - 0

Ⅰ. ①基… Ⅱ. ①姚… Ⅲ. ①农产品市场 - 研究 - 中国 Ⅳ. ①F323.7

中国版本图书馆 CIP 数据核字（2022）第 147129 号

责任编辑：崔新艳
责任校对：刘　娅
责任印制：范　艳

基于利益诱导与风险控制的生鲜农产品
有效供给双重驱动机制研究
姚冠新　徐　静　戴盼倩　边晓雨　著
经济科学出版社出版、发行　新华书店经销
社址：北京市海淀区阜成路甲 28 号　邮编：100142
经管编辑中心电话：010 - 88191335　发行部电话：010 - 88191522
网址：www. esp. com. cn
电子邮箱：espcxy@ 126. com
天猫网店：经济科学出版社旗舰店
网址：http：//jjkxcbs. tmall. com
北京季蜂印刷有限公司印装
710×1000　16 开　16 印张　290000 字
2022 年 10 月第 1 版　2022 年 10 月第 1 次印刷
ISBN 978 - 7 - 5218 - 3918 - 0　定价：85.00 元
（图书出现印装问题，本社负责调换。电话：010 - 88191510）
（版权所有　侵权必究　打击盗版　举报热线：010 - 88191661
QQ：2242791300　营销中心电话：010 - 88191537
电子邮箱：dbts@ esp. com. cn）

国家自然科学基金项目成果·管理科学文库

出版说明

经济科学出版社自 1983 年建社以来一直重视集纳国内外优秀学术成果予以出版。诞生于改革开放发轫时期的经济科学出版社,天然地与改革开放脉搏相通,天然地具有密切关注经济、管理领域前沿成果、倾心展示学界翘楚深刻思想的基因。

改革开放 40 年来,我国不仅在经济建设领域取得了举世瞩目的成就,而且在科研领域也有了长足发展。国家社会科学基金和国家自然科学基金的资助无疑在各学科的基础研究与纵深研究方面发挥了重要作用。

为体系化地展示国家社会科学基金项目取得的成果,在 2018 年改革开放 40 周年之际,我们推出了"国家社科基金项目成果经管文库",已经并将继续组织相关成果纳入,希望各成果相得益彰,既服务于学科成果的积累传承,又服务于研究者的研读查考。

国家自然科学基金在聚焦基础研究的同时,重视学科的交叉融通,强化知识与应用的融合,"管理科学部"的成果亦体现了相应特点。从 2019 年开始,我们推出"国家自然科学基金项目成果·管理科学文库",一来向躬耕于管理科学及相关交叉学科的专家致敬,二来完成我们"尽可能全面展示我国管理学前沿成果"的夙愿。

本文库中的图书将陆续与读者见面,欢迎国家自然科学基金管理科学部的项目成果在此文库中呈现,亦仰赖学界前辈、专家学者大力推荐,并敬请给予我们批评、建议,帮助我们出好这套文库。

经济科学出版社经管编辑中心

2019 年 9 月

本书受国家自然科学基金面上项目（71773104）资助。

前言

PREFACE

随着经济发展，我国生鲜农产品市场出现了既过剩又短缺的状况，究其根本，过剩的原因并非需求不足而是无效供给过多，短缺的原因则是满足消费者需求的有效供给不足。这说明提升供需匹配度才是现今我国生鲜农产品供需系统中亟须解决的问题，即从供给质量和供给结构等方面进行改善，使我国供给侧与需求侧形成动态匹配和均衡，是形成生鲜农产品有效供给的关键。鉴于生鲜农产品有效供给研究领域中仍有一些关键问题尚未解决，如生鲜农产品有效供给的内涵，生鲜农产品供需系统的构建，利益诱导和风险控制的驱动机理，驱动有效供给的对策，保障有效供给的措施等，因此本课题以生鲜农产品供给为研究对象，构建生鲜农产品供需系统的多主体模型，揭示利益诱导和风险控制的驱动机理，提出生鲜农产品有效供给的利益诱导与风险控制驱动方案和保障措施，期望进一步丰富生鲜农产品有效供给研究的理论体系，主要研究和结论如下。

（1）完成了生鲜农产品的供给现状分析和有效供给的理论分析。通过对我国生鲜农产品的供给现状进行梳理，发现我国生鲜农产品供给的主要问题是供给结构失衡和供给质量偏低。而生鲜农产品的特殊性质、供给主体的素质、相关政策体系不完善等因素是导致问题出现的主要原因。同时，对我国生鲜农产品有效供给进行理论分析，发现在当前供给侧改革的背景下，从激发供给主体积极性的角度形成内源式驱动成为必然选择，而经济主体的趋利避害特性会导致利益诱导和风险控制成为生鲜农产品有效供给的关键驱动方案。

（2）进行了利益诱导与风险控制的驱动机理研究。首先，分别从利益诱导驱动和风险控制驱动出发，界定相关要素；其次，厘清利益诱导和风险控制对生鲜农产品供给主体采取有效供给行为的作用方式、原理和过程，以及利益诱导和风险控制对生鲜农产品有效供给的传导驱动机理；最终，廓清感知利益和感知风险对供给主体的综合评价产生的影响，构建双重传导驱动过程，论证了生鲜农产品供给主体的决策过程是对"利益"与"风险"的双向权衡。可以通过利益诱导与风险控制手段改变供给主体对有效供给行为的感知利益与感知风险，提升供给主体对有效供给行为的综合评价，进而驱动供给主体采用有效供给行为，最终实现生鲜农产品的有效供给。

（3）构建了生鲜农产品供需系统的多主体模型。以现实的生鲜农产品供给与需求系统为参考标准，采用 ABM（Agent-Based Modeling and Simulation）对系统中各个主体的决策行为和内外部的环境进行模拟，按照需求分析、构建概念模型、构建仿真模型、模型迭代和重构、成果发布等五个步骤，完成四类参与主体（供给主体、市场主体、需求主体、其他主体）的构建，同时为了核算生鲜农产品的供需情况和实现各个主体间的交互，也设计了管理分析和交互协商模型，以完善生鲜农产品供需系统的建模和实现有效供给行为的分析评价与图像结果的输出。

（4）进行了基于利益诱导和风险控制的生鲜农产品有效供给的仿真实验。本书以我国某农村的草莓种植区为仿真案例进行了利益诱导和风险控制的驱动对策实验，仿真结果表明：单纯利益诱导政策和风险控制政策无法真正实现扩大生鲜农产品有效供给行为；先通过利益诱导方式形成拉力，再以风险控制的方法去除阻碍力，最终形成双重驱动政策是目前较为有效的解决方法；单纯的利益诱导难以促进其采取有效供给行为；风险会阻碍利益诱导因子对供给主体的影响，如果不进行风险控制政策，再好的利益诱导政策、措施也无法传递，导致无法做出理性判断。

（5）提出了基于利益诱导与风险控制的生鲜农产品有效供给驱

动对策和保障措施。在理论分析和仿真实验的基础上，补充和完善了生鲜农产品有效供给的驱动对策体系，并从理念、技术与制度三个维度提出保障生鲜农产品有效供给利益诱导和风险控制驱动方案实施的政策建议，确保在政策层面上的落实，为协助政府推进生鲜农产品供给侧结构性改革和改善生鲜农产品的有效供给提供参考借鉴与实践指导。

受限于作者的理论水平，本书若有疏漏不足之处，敬请批评指正！作者邮箱 gxyao@ yzu. edu. cn。最后，感谢我的研究团队，感谢为此书编辑校正付出辛勤工作的史训东、陆一轩、张思佳、朱玉、张竞佳、蔡佳佳、李雯等研究生和经济科学出版社的工作团队！

目 录

CONTENTS

第一章 绪 论

第一节 研究背景

近年来，我国生鲜农产品市场乱象频发，供需呈现过剩和短缺并存的状况。一方面，滞销情况屡见不鲜，2015 年湖南省怀化市约 1 亿千克冰糖橙滞销，当地政府多次动员全市电商企业出谋划策，最终仍有近 5000 万千克冰糖橙烂在家里；受多种因素影响，2018 年江苏盱眙、山东日照、四川米易等多地的西红柿滞销，价格更是一跌再跌，跌至 0.5 元/千克却鲜有菜商收购。另一方面，缺货的情况也随处可见，"白雪公主""阳光玫瑰"等新品种水果一上市就被抢购一空；澳洲牛奶、日本松阪牛等"海淘"生鲜以绝对的品质优势，不断冲击国内脆弱的生鲜农产品市场，挤压我国农户的生存空间。这些现象反映出我国生鲜农产品供需不匹配情况严重。

随着人们生活条件的不断提高，居民年平均农产品消耗量中生鲜农产品的比例逐年上升（中国国家统计局的数据显示，2013～2019 年城乡居民人均生鲜农产品的消耗量逐年上升①），对生鲜农产品的要求也向高端化、差异化和及时化发展。然而生鲜农产品的差异性、地域性以及易腐性，都使其不论在数量上还是在品质上都难以满足人们的需求，再加上成本"地板"与价格"天花板"的双向挤压、资源与环境两道"紧箍咒"的约束，生鲜农产品的供给问题愈加严峻。进行生鲜农产品的供给侧结构性改革，推动有效供给已势在必行。如何实现生鲜农产品有效供给也成为当前我国农业现代化、市场化和高端化发展亟须解决的问题。2004～2020 年，中央一号文件连续十七年关注"三农"问题，强调了"三农"问题在中国特色社会主义现代化时期"重中之重"

---

① 国家统计局网站，http://www.stats.gov.cn/tjsj/ndsj/2020/indexch.htm.

的地位①。2015 年 11 月的中央农村工作会议提出要着力加强农业供给侧结构性改革，提高农业供给体系质量和效率。要以农业供给侧结构性改革为主线，确保农产品有效供给，在适度扩大总需求的同时，从生产领域加强优质供给。学术界也围绕此展开了深入讨论，并从不同的视角进行了研究。总体可分为鼓励供给创新以创造新需求②与按需求结构调整供给结构两大视角，后者按供给结构调整的主体不同又分为政府主导论③与供给主体主导论。

实现生鲜农产品有效供给的关键在于推动生鲜农产品的供给侧改革，形成相应的驱动对策和保障方案。无论是学术界还是生鲜农产品产业均对此投入了极大的精力和关注。宏观层面上，我国生鲜农产品供给是以批发市场为核心、多种市场中介和经营业态共同构建的产业模式。大型超市、生鲜电商、生鲜超市、便利店等多种零售业态将给供应链整合带来更大的空间，物流管理和冷链布局将成为产品成本优化、产品质量控制、产品品牌建设等环节最重要的影响因素。微观层面上，充分调动供给主体实施有效供给行为的积极性是成功实现生鲜农产品有效供给的关键。这是因为农户、合作社、龙头企业、家庭农场等供给主体的行为态度与行为方式直接制约生鲜农产品供给结构调整的方向、速度与效果④。简而言之，既有宏观层面上对社会环境和自然环境的调整，也有微观层面上对参与主体的引导。

第二节 研究目的和意义

（一）研究目的

总体而言，本书的研究目的在于：一方面，揭示利益诱导与风险控制改变微观供给主体的行为，以及宏观上驱动生鲜农产品有效供给的内在机理，进一

---

① https：//www. qianzhan. com/analyst/detail/220/200211 – 1d6fe6a6. html.

② 周镕基，皮修平，吴思斌. 供给侧视角下农业"悖论"化解的路径选择与体制机制构建 ［J］. 经济问题探索，2016（8）：150 – 154.

③ 黄建华. 政府双重干预下基于渠道商价格欺诈的农产品交易演化博弈模型 ［J］. 中国管理科学，2016（11）：66 – 72.

④ 徐娟，章德宾. 生鲜农产品供应链突发事件风险的评估模型 ［J］. 统计与决策，2012（12）：41 – 43.

步丰富与深化生鲜农产品供给侧结构性改革的理论体系，并为后续研究奠定基础；另一方面，形成系统的、切实可行的、高效的生鲜农产品有效供给驱动对策体系，为政府推进生鲜农产品供给侧结构性改革的政策设计提供参考依据，为解决我国长期存在的生鲜农产品供需脱节问题提供理论支撑与实践指导。基于此，本书主要做了以下相关研究。

（1）基于我国生鲜农产品供给现状，厘清生鲜农产品有效供给的主要问题及成因，并对生鲜农产品有效供给进行理论分析；

（2）明确利益诱导与风险控制对激发生鲜农产品供给主体积极性方面的作用，揭示利益诱导与风险控制对生鲜农产品宏观有效供给的传导驱动机理；

（3）通过建立生鲜农产品供需系统的多主体（Agent）模型、开展生鲜农产品有效供给利益诱导与风险控制驱动的仿真实验，给出具体的驱动对策；

（4）从生产理念、技术水平、制度政策等多个方面，提出保障生鲜农产品有效供给利益诱导和风险控制驱动方案实施的政策建议。

（二）研究意义

通过利益诱导与风险控制来激发生鲜农产品供给主体采取有效供给行为的积极性，从而驱动生鲜农产品有效供给的实现。这是需求管理在面对生鲜农产品供需问题严峻、管理费用增加和边际效益递减背景下的必然选择，是对供给侧结构性改革在生鲜农产品供给领域的细化，符合新时期我国进行农业转型升级的需要[①]，与推动农村经济建设发展的要求相呼应，具有重要的理论意义与实践意义。

1. 理论意义

响应国家提出的农业供给侧改革和乡村振兴战略，结合相关理论与研究方法，深入研究生鲜农产品供给问题，关注供给质量提升与供给结构问题，从利益与风险角度对生鲜农产品供给主体决策行为进行研究，丰富生鲜农产品有效

---

① 丁松，但斌. 随机需求下考虑零售商风险偏好的生鲜农产品最优订货策略 [J]. 管理学报，2012，9（9）：382.

供给的理论体系。

（1）揭示利益诱导与风险控制改变微观供给主体行为进而在宏观上驱动生鲜农产品有效供给的内在机理，进一步丰富与深化生鲜农产品供给侧结构性改革的理论体系并为后续研究奠定基础。

（2）拓展了生鲜农产品有效供给的研究角度。本书从利益诱导和风险控制的角度研究生鲜农产品供给问题，借助复杂适应系统理论和 ABM 方法明确主体（Agent）的演化条件、行为属性以及与外部环境的交互规则等问题，运用计算机编程语言对一个多目标、多变量、多层次的生鲜农产品供需动态系统进行仿真建模，实现了现实系统运行状态和变化规律的评估与预测，丰富了生鲜农产品有效供给的研究理论。

2. 实践意义

通过对生鲜农产品供需动态系统研究，挖掘生鲜农产品有效供给机理以及供给主体的行为驱动机制，推动生鲜农产品的供给侧改革与结构性调整以及扩大有效供给。

（1）研究生鲜农产品供需动态系统的控制策略，运用利益诱导和风险控制影响生鲜农产品供给主体的决策行为，通过涌现效应，推动生鲜农产品的供给结构、供给品质和供给质量的优化，实现有效供给的扩大，对引导和推动我国生鲜农产品有效供给具有重要的指导意义。

（2）建立生鲜农产品有效供给的科学机制可以有效地解决高端农产品供给短缺和低端农产品供给过多的问题。有效供给的扩大不仅能提高农户的收入，而且能减少丰产不丰收的情况，同时还能满足人们对高品质的要求，进而使生鲜农产品突破低端生产的困局，及时有效地转变农产品发展方式，促进我国农业科技进步。

第三节　研究综述

（一）生鲜农产品有效供给基础问题

由于经济发展迅速，人民生活质量大幅度提升，年人均农产品消耗中粮食比例逐渐降低而生鲜农产品的比例逐年升高，生鲜农产品的重要地位日益凸显①。以肉类产品为例，1978~2010 年，年人均肉类消费量从 8.86 千克提高到 28.4 千克，说明生鲜品中的畜产品不再是仅起补充作用的副食品②。对生鲜农产品供给方来说，由于市场上对生鲜农产品的需求日益增长且生鲜农产品生产所获得的利润相对较高，保障生鲜农产品有效供给可以增加农户收入也能满足人民需求，因此确保生鲜农产品供给的高效率、高质量和高市场竞争力成为供给方的重要战略目标③。如何促进生鲜农产品有效供给成为业界与科研学者们学术研究的热点。国内对生鲜农产品有效供给的研究始于 1989 年，之后经历了萌芽期，1995 年引起了小段热潮，2008 年，相关研究又进入了新一轮热潮，该领域的研究者也迅速增多（见图 1 – 1）。

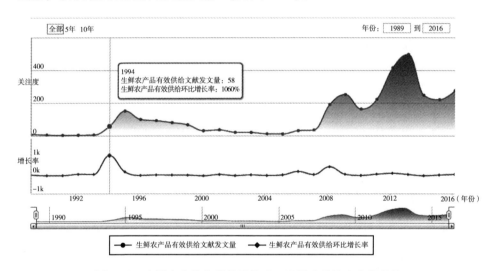

图 1 – 1 生鲜农产品有效供给的 CNKI 学术关注度变化趋势

国内早期研究主要是为了解决生鲜农产品的供给量问题，研究内容侧重于推动政府改变农业投入不足，刺激生鲜农产品生产规模扩大，提高农民收入，稳定市场确保有效供给等方面④。随着经济发展和科技的进步，生鲜农产品数量供给不足的情况已经得到缓解，甚至出现了阶段性供给过多的情况⑤，但市场混乱、监

① 彭代彦. 农业生产要素配置和农产品供给的计量分析 [M]. 武汉：华中科技大学出版社，2003.
② 辛国昌. 现阶段保障肉蛋奶有效供给的挑战与调控实践 [J]. 农业经济问题，2013 (2)：20 – 26.
③ 张蓓. 农产品供给侧结构性改革的国际镜鉴 [J]. 改革，2016 (5)：123 – 130.
④ 韩俊. 说不尽的 "三农" [J]. 中国发展观察，2016 (13)：61.
⑤ 孙中才. 技术传递、价格传递与农产品超量供给 [J]. 汕头大学学报 (人文社会科学版)，2003，19 (6)：1 – 9.

管体系薄弱、信息不对称、小规模经营主体较多等问题导致安全质量问题频发，而消费者对生鲜农产品也有了更高的要求，质量与安全成为影响消费者购买行为的主要因素①。刘红岩等认为我国监管体系的薄弱造成了生鲜农产品供给质量不佳②；舒坤良等提出主体的小规模经营、农户的弱势等制约着国家的农产品质量水平③；赵双文等指出生鲜农产品供给不足的原因是市场混乱④。关于治理措施，观点有鼓励建设质量追溯系统⑤、鼓励国家完善质量认证体系⑥、鼓励发展纵向契约协作⑦、鼓励政府加强监管⑧等。近年来，我国消费者的生态环境意识不断提高，对高端产品的需求不断扩大，从而推进了绿色农产品和高端农产品消费意愿的提升⑨。但是绿色认证标志的可信度低、无公害认证的绿色农产品少以及绿色供应量不足都说明了我国的生鲜农产品供应难以满足结构性需求⑩。

国外对生鲜农产品有效供给的研究更早，克罗（Crowe，1901）发表的《农产品流通产业委员会报告》，揭开了农产品供给相关问题研究的序幕。专家学者们从定性和定量两个方面进行了深入研究，如约翰逊⑪运用数学方法构建农产品的供给函数，莱德⑫则首次将农场收入与农产品供给联系起来，重点阐述了农产品供给能力会对收入产生影响。生鲜农产品行业是经济领域和社会

① 姚冠新，浦凌波. 基于"农超对接"模式的质量改进与公平偏好研究 [J]. 商业研究，2014（5）：172 – 176.

② 刘红岩，李娟. 农产品质量安全：多重规制、行为重塑与治理绩效——基于"安丘模式"的调研分析 [J]. 农村经济，2015（12）：15 – 20.

③ 舒坤良，王洪丽，刘文明，等. 吉林省玉米供给侧结构性改革路径与对策研究 [J]. 玉米科学，2016（6）：33 – 38.

④ 赵双文，杨占科. 关于农产品市场问题的思考 [J]. 山西财经大学学报，1987（6）：17 – 20.

⑤ 焦光源，李志刚. 新疆生鲜农产品质量安全溯源系统的设计——基于. NET 技术 [J]. 农机化研究，2013（12）：74 – 77.

⑥ 周洁红，李凯，陈晓莉. 完善猪肉质量安全追溯体系建设的策略研究——基于屠宰加工环节的追溯效益评价 [J]. 农业经济问题，2013，34（10）：90 – 96.

⑦ 汪普庆，熊航，瞿翔，等. 供应链的组织结构演化与农产品质量安全——基于 NetLogo 的计算机仿真 [J]. 农业技术经济，2015（8）：64 – 72.

⑧ 徐振宇. 食用农产品质量安全监管制度困局及其改进——以蔬菜质量安全监管为例 [J]. 湖南农业大学学报：社会科学版，2014（1）：78 – 83.

⑨ 靳明，赵昶. 绿色农产品消费意愿和消费行为分析 [J]. 中国农村经济，2008（5）：44 – 55.

⑩ 倪学志. 我国绿色农产品有效供给研究 [J]. 农业经济问题，2012（4）：18 – 21. 沈贵银. 关于推进江苏农业供给侧结构性改革的若干问题 [J]. 江苏农业科学，2016，44（8）：1 – 4.

⑪ Johnson D G. The nature of the supply function for agricultural products [J]. American Economic Review，1950，40（4）：539 – 564.

⑫ Ladd G W. Farm income and the supply of agricultural products [J]. American Journal of Agricultural Economics，1957，39（4）：865.

发展的基石之一，起到为居民提供日常生活必需品的作用，也负担着确保品质、安全和多样性的责任，这就需要对生鲜农产品的流通和仓储进行监管①。由于生鲜农产品在发达国家市场上具有高收入弹性需求和较少的交易壁垒，因此生鲜农产品的出口成为发展中国家的机遇，但保证食品安全和通过卫生检测则遇到了严峻挑战②。此外，国外研究的切入点与国内相比也大体相同，有学者研究了如何发展生产力以增加某类生鲜农产品供给数量，如针对水产品③、水果④和牛肉⑤等提高供给数量的对策研究。而随着食品安全事件的频发与消费者对高质量生鲜农产品的日益偏好，学术界对生鲜农产品质量安全的关注度也逐渐提高⑥，但现有研究主要分为对生鲜农产品供给质量不达标问题的原因分析与治理措施研究。关于原因，有的学者认为生鲜农产品供需双方的信息不对称是关键⑦。也有学者从市场不确定性的角度进行研究，如汉森⑧调查发现，农产品的直接收入、间接收入、农户生产安全和市场不确定性等因素都会影响合同约束下小农户对生产安全农产品的决策。而周洁红⑨为解决小而分散农户生产的生鲜农产品质量安全难以控制的问题，引入了合作社。也有通过应用科学技术进行研究的，如吉尔斯⑩通过标记氮元素以跟踪生鲜农产食品生产供应

①　Bar N Z, Finkelshtain I, Ihle R, et al. Effects of violent political conflict on the supply, demand and fragmentation of fresh food markets [J]. Food Security, 2020, (1): 158 - 174.

②　Unnevehr L J. Food safety issues and fresh food product exports from LDCs [J]. Agricultural Economics, 2000, 23 (3): 231 - 240.

③　Wang Q, Chu L, Peng F, et al. Contribution of aquatic products consumption to total human exposure to PAHs in Eastern China: The source matters [J]. Environmental Pollution, 2020, (266): 115 - 138.

④　Thamer K A, Rahimi Y. Development of an approach to managing dry fruit supply chains using expert systems [J]. Eastern-European Journal of Enterprise Technologies, 2020, (106): 16 - 22.

⑤　Cao S, Powell W, Foth M, et al. Strengthening consumer trust in beef supply chain traceability with a blockchain-based human-machine reconcile mechanism [J]. Computers and Electronics in Agriculture, 2021, (180): 105 - 120.

⑥　Peter M. Horchner, Andrew M. Pointon. HACCP-based program for on-farm food safety forpig production in Australia [J]. Food Control, 2011, 22 (10): 1674 - 1688.

⑦　Palma M A, Collart A J, Chammoun C J. Information asymmetry in consumer perceptions of quality-differentiated food products [J]. Journal of Consumer Affairs, 2015, 49 (3): 596 - 612.

⑧　Henson, Hook. Private sector management of food safety: Public regulation and the role of private controls [J]. The International Food and Agribusiness Management Review, 2001 (4): 7 - 17.

⑨　Jiehong Zhou, Zhen Yan, Kai Li. Understanding farmer cooperatives' self-inspection behavior to guarantee agri-product safety in China [J]. Research Article Food Control, 2016 (59): 320 - 327.

⑩　Gilles Billen, Luis Lassaletta, Josette Garnier. A biogeochemical view of the global agree-food system: Nitrogen flows associated with protein production consumption and trade [J]. Global Food Security, 2014, 3 (4): 209 - 219.

的全过程。还有对生鲜农场整个供应链中食品安全风险的评估控制研究等。①

总体而言，国内外学者对生鲜农产品有效供给问题进行了广泛深入的研究，产生了大量研究成果，纵观国内现有文献不难看出，小规模分散经营、环境技术因素、生产要素失衡、机会主义以及伦理约束不足是阻碍农产品有效供给的主要因素②。与之对应的生态环境、农户意识、质量控制机制、管理体系及消费者等则是影响农产品有效供给的核心要素③。对这些文献进行分类归纳，按研究角度可分为理念角度、技术角度和制度角度，具体见表1-1。

表1-1 现有研究成果分类归纳

分类依据	研究内容	文献来源
理念角度	供给主体理念	章力建（2014）、亓乐秋（2016）
	生态理念	于法稳（2016）、刘强（2014）、斯科特（Scott S，2014）
	品牌理念	杨辉（2008）、沈鹏熠（2011）、许肖（2016）、张充（2005）、樊平（Fan P，2021）
技术角度	生产技术	李圣军（2010）、张季秋（2011）、鲍学东（2008）、胡中应（2014）、苏乔（Suto，2014）
	流通渠道	丁宁（2015）、陈茂强（2008）、张晓林（2015）、严斌（Yan B，2020）
	绿色认证	倪学志、王红梅（2016）、丹尼斯（Denis，2020）
制度角度	金融支撑	徐全红（2013）、杨大蓉（2014）、艾睿（2016）、陶钧（2016）
	模式创新	刘刚（2016）、李伟（2016）、张红宇（2016）、韩志杰（2016）、雷瑛（2016）、加斯特和西尔伯曼（Just and Zilberma，1983）

资料来源：作者整理。

综上所述发现，生鲜农产品的有效供给已经成为我国农业改革的主线，而保障供给数量与提升供给质量是实现生鲜农产品有效供给的重点，其中，对供给数量保障的研究最多，且相对成熟深入；对供给质量的研究近年来开始兴起，也获得部分研究成果。关于生鲜农产品供需契合度方面的研究成果却屈指可数，需要进一步深入研究如何提高生鲜农产品品质、如何按需调整生鲜农产品供给结构等。

---

① Soon J M, Davies W P, Chadd S A, et al. Field application of farm-food safety risk assessment (FRAMp) tool for small and medium fresh produce farms [J]. Food Chemistry, 2013, 136: 1603-1609.

② 王建华，葛佳烨，徐羽玲. 供给侧改革背景下安全食品的供需困境与调和路径 [J]. 新疆师范大学学报（哲学社会科学版），2016（3）：89-96. 江维国. 我国农业供给侧结构性改革研究 [J]. 现代经济探讨，2016（4）：15-19.

③ 张利国. 我国安全农产品有效供给的长效机制分析 [J]. 农业经济问题，2010（12）：71-75.

（二） 生鲜农产品有效供给驱动机制研究

围绕上述基础问题，学者们从不同视角研究了生鲜农产品有效供给的驱动机制，总体可分为鼓励按需求结构调整供给结构与鼓励供给创新以创造新需求两类视角。

1. 鼓励按需求结构调整供给结构视角下的研究

这部分研究按生鲜农产品供给结构调整主导的主体不同，又可分为政府主导论与供给主体主导论。政府主导论认为，基于我国小农生产与农产品市场发育不足的现实考虑，政府应在农产品供给结构调整中发挥主导作用，支持政府通过行政手段来引导农户按需进行产业结构的调整。如李冬艳[①]支持建立新型农产品补贴体系、马亚娟等[②]支持政府抑制生猪等重要农产品的价格波动以稳定生产、黄建华[③]支持政府采用保护价收购和价格补贴等行政干预手段引导生鲜农产品生产。

供给主体主导论认为，政府引导参与只是供给结构调整成功的辅助条件，强调应回归市场调控，强调供给主体的主导作用。梳理该视角下的成果，又可分为研究供给主体有效供给能力增强、研究供给主体有效供给动力增强两大维度。查询相关文献发现，增强供给主体有效供给能力以驱动生鲜农产品有效供给已成为主要研究方向。研究成果归纳总结如下：李国祥等[④]、张红宇[⑤]、章力建[⑥]提出要培育新型供给主体以提高主体素质进而带动有效供给；刘世锦[⑦]认为农业供给侧改革的重点是推动要素自由流动，使农产品生产主体能够自由获取土地、资金、劳动力等生产要素；杨曙辉等[⑧]提出生产方式与技术体系是生鲜农

① 李冬艳. 农业补贴政策应适时调整与完善 [J]. 经济纵横，2014 (3)：63－66.

② 马亚娟，郭丽珍，许玉贵. 我国生猪价格波动的特点与调控对策 [J]. 中国市场，2012 (48)：52－54.

③ 黄建华. 政府双重干预下基于渠道商价格欺诈的农产品交易演化博弈模型 [J]. 中国管理科学，2016 (11)：66－72.

④ 李国祥，杨正周. 美国培养新型职业农民政策及启示 [J]. 农业经济问题，2013 (5)：93－97.

⑤ 张红宇. 新型农业经营主体与农业供给侧结构性改革 [J]. 中国农民合作社，2016 (6)：9－10.

⑥ 章力建. 加快培育新型职业农民保障我国农产品有效供给和质量安全 [J]. 农业科技管理，2014，33 (1)：39－43.

⑦ 刘世锦. 农业供给侧改革的重点是推动要素自由流动 [J]. 农经，2016 (12)：64－68.

⑧ 杨曙辉，宋天庆，陈怀军，等. 现代农业生产方式与技术体系对生态环境的影响 [J]. 农业资源与环境学报，2010，27 (1)：1－7.

产品有效供给的重大影响因素，要加强生鲜农产品供给主体的技术学习；更多的学者认为供给主体缺乏获取与分析需求信息的能力是生鲜农产品供需不匹配的根源，并提出要建设沟通供需双方的生鲜农产品信息平台①；要缩短生鲜农产品流通渠道，拉近供需双方距离②；要加快主体组织化，更好地与大市场对接③等。此外，增强供给主体有效供给动力的研究正逐渐成为学者关注的领域。已有少量学者开始认识到供给主体的行为态度、意识或主观意愿是驱动生鲜农产品有效供给的核心要素，但系统研究尚处于起步阶段。其中，赵建欣等④在新制度经济学框架下从农产品供给主体视角总结了农产品供给质量提升的内源动力和外源动力，提出要充分重视对农产品供给主体的激励作用。

2. 鼓励供给创新以创造新需求视角下的研究

供给创新的本质是鼓励创新引领需求，通过对新产品的推广和宣传，刺激需求端的消费。目前国内外学者认为供给侧结构性改革的真正内涵是发掘新的经济增长点，焕发传统产业的新活力，传导革新驱动力。周镕基等⑤提出传统农业—要素驱动型农业—创新驱动型农业是农业发展的必然路径选择，而创新驱动战略是实现农产品有效供给的关键。姜长云等⑥认为推进农业供给侧结构性改革必须将培育创新驱动能力贯彻始终。也有部分学者认为有效供给是可以创造、引领需求的供给，在产品的品质、包装、宣传和定位等方面创新，为需求端提供不同的消费体验，激发消费欲望。如王胜⑦认为产品的创新不仅可以

---

① 王勇，邓旭东. 农产品供应链信息系统集成管理——"菜联网"工程的实践 [J]. 中国流通经济，2014，28（1）：47 – 51. However. Emergency Coordination Model of Fresh Agricultural Products' Three-Level Supply Chain with Asymmetric Information [J]. Mathematical Problems in Engineering，2016，2016（3）：1 – 9.

② Ahumada O，Villalobos J R. Operational model for planning the harvest and distribution of perishable agricultural products [J]. International Journal of Production Economics，2011，133（2）：677 – 687. 高小兰，王址道. 基于流通渠道优化的农产品流通成本和效率分析 [J]. 农业经济，2015（12）：135 – 136.

③ Thompson L J，Lockie S. Private standards，grower networks，and power in a food supply system [J]. Agriculture and Human Values，2013，30（3）：379 – 388. 陈定洋. 供给侧改革视域下现代农业产业化联合体研究——产生机理、运行机制与实证分析 [J]. 科技进步与对策，2016，33（13）：78 – 83.

④ 赵建欣，李伟立，田新霞. 新制度经济学框架下安全农产品供给的动力研究 [J]. 商业经济研究，2016（4）：175 – 177.

⑤ 周镕基，皮修平，吴思斌. 供给侧视角下农业悖论化解的路径选择与体制机制构建 [J]. 经济问题探索，2016（8）：150 – 154.

⑥ 姜长云，杜志雄. 关于推进农业供给侧结构性改革的思考 [J]. 南京农业大学学报：社会科学版，2017（1）：1 – 10.

⑦ 王胜. 消费需求与技术创新关系研究 [J]. 科技管理研究，2007，27（3）：19 – 21.

扩大原有的消费市场，还可以创造全新的消费市场，更会激发巨大的消费潜力。张维维等[①]引入感知产品创新和消费者创新性，通过实证论证了感知产品创新通过态度、主观规范、知觉行为控制的中介作用对高新技术产品的购买意图有积极影响，且主观规范的中介作用最强；消费者创新性负向调节感知新颖性与态度间的关系，负向调节感知风险性与态度间的关系。

以上研究虽然为生鲜农产品有效供给驱动机制的研究提供了良好的理论基础，但对供给主体有效供给动力激发的内源式驱动研究成果相对较少，且对生鲜农产品有效供给驱动机制的研究多集中于政府政策等宏观层面，缺乏对内在驱动机理的深刻揭示，难以形成具体可实施、切合实际的驱动方案。

（三）利益与风险对生鲜农产品供给主体决策行为的影响研究

由于"价格天花板"封顶和"成本地板"抬升的双重制约和挤压，生鲜农产品供给的利益对农民的吸引力越来越小，同时由于农业自身的弱质性和生产过程的特殊性，农业生产和经营过程中面临各种风险，是典型的风险产业[②]。如何增加生鲜农产品供给利益问题和如何减少生鲜农产品的风险已经成为当前亟须解决的问题和学界研究的热点。

1. 生鲜农产品供给主体研究

作为生鲜农产品供给的直接操作者、实践者与探索者，农户、家庭农场、龙头企业、专业合作社等供给主体的行为态度与行为方式直接制约生鲜农产品供给结构调整的方向、速度与效果[③]，在供给结构调整过程中能否充分调动供给主体有效供给的积极性是实现生鲜农产品有效供给的关键。相关的行为理论包括理性行为理论（TRA）、计划行为理论（TPB）和目标行为理论（MBG）等，上述理论普遍认为供给主体在实施行为时会根据自身的行为态度、主观规范和知觉行为控制行为意向，但是不同的供给主体具有不同的行为态度、主观规范和知觉行为。传统农户因其脆弱的小农生产方式而缺乏主体性的能力，更相信传统经

①　张维维，孙自愿，曹馨予，等. 创新驱动发展：感知产品创新对高新技术产品购买意图的影响研究［J］. 科技管理研究，2020（7）：17－24.

②　巴曙松. 对我国农业保险风险管理创新问题的几点看法［J］. 保险研究，2013（2）：11－17.

③　周新德. 基于主体行为选择的优质农产品有效供给机制［J］. 求索，2017（12）：54－62.

验，缺乏理性主义的科学思维①；而以农业专业大户、农民专业合作社和农业企业为代表的新型农业经营主体日益显示出生机与潜力，已成为中国现代农业发展的核心主体②。新型农业经营主体在经营规模、辐射带动、盈利能力、资金来源、市场导向、产品认证、品牌建设、销售渠道等方面具有明显优势③，推广新型农业经营主体或经营模式可以为农民谋取更多利益④。也有学者将农户的类型分为创新型、求稳型、从众型和守旧型，并认为农户行为取决于他们自身的素质⑤，农民的科技文化素质偏低且不愿采用新型技术的问题阻碍了农民增收，因此培养新型职业农民以实现带动作用进而提高农民收入成为新的思路。虽然生鲜农产品供给主体拥有不同的特点和行为方式，但供给主体之间并不是固定不变的，早在20世纪90年代郭庆海⑥就提出了农村家庭经营类型及其分化、发展，简要地说明了供给主体之间是会相互转变的；钱克明等⑦则通过对一些省份调查发现，总体上传统家庭承包经营户在加速分化，许多从商品生产者逐渐衰退为生计型小农，而种养大户、农民专业合作社和龙头企业等新型农业经营主体大量涌现，将逐渐发展成为现代农业建设的"主力军"。黄海艳⑧认为新形势下的农民被分化为纯农民、兼业农民和一部分已经完全离土离乡的非农民；相应地，传统农民承包的土地开始流转，广大农村地区出现了新型的职业农民，如家庭农场、专业大户、农业龙头企业和农民合作社。总体而言，现有文献对不同的生鲜农产品供给主体的特性及其之间的转换进行了研究，为后续研究打下了基础。

2. 利益对生鲜农产品供给主体决策行为的影响研究

利益最大化是生鲜农产品供给主体决策行为的出发点。据此，生鲜农产品

① 沈冰于. 中国农村经济发展过程中农民价值观的变化 [J]. 社会学研究，1986（1）：39-49.
② 黄祖辉，俞宁. 新型农业经营主体：现状、约束与发展思路——以浙江省为例的分析 [J]. 中国农村经济，2010（10）：16-26.
③ 程伟，何磊. 西部地区新型农业经营主体培育与发展对策——以陕西省延安市调查为例 [J]. 安徽农业科学，2016，44（31）：211-213.
④ 李伟，宋发友，刘德恒，等. 供给侧改革视角下新型农业经营主体融资研究 [J]. 福建金融，2016（4）：10-16.
⑤ 谢宗权. 农业推广中农民的行为特点，规律及对策 [J]. 江西农业经济，1996（5）.
⑥ 郭庆海. 农村家庭经营的类型及其分化与发展 [J]. 农村经营管理，1996（5）：14-15.
⑦ 钱克明，彭廷军. 关于现代农业经营主体的调研报告 [J]. 农业经济问题，2013，34（6）：60-61.
⑧ 黄海艳. 农民分化、土地流转与新型农业经营主体培育的研究 [D]. 合肥：安徽农业大学，2015.

的生产成本与销售价格对供给主体品种选择、要素投入、生产数量等决策存在影响。如高珊等①研究发现农产品销售价格和销售率对沪苏地区农户的种植结构呈现显著的正效应；陈品②调查发现，近年来浅水藕等水生植物种植和水产养殖的效益较高，苏北与淮北农民即采取"退耕还水"行为，改变原来的生产品种。此外，农产品价格的变化会影响供给主体的集约化生产与新技术采用行为③。过高的生产、交易成本会抑制农户的供给积极性，造成供给数量缩减，如曹春雷④认为，价费问题和成本结构优化是影响农产品有效供给的根本原因。除上述的直接利益外，间接利益也会影响供给主体的决策行为，如制定合理的农产品质量评价标准可以为优质生鲜农产品供给带来更多利益从而改善供给结构⑤；合理有效的管理机制有助于增加农民的经济利益并促进其可持续性发展和提高生产力；生鲜农产品流通渠道的改善不仅能保证其质量还能减少运输成本，除了增加农民的利润外还减少了农产品品质的降低⑥；农产品质量安全信息追溯系统的作用是推动供需透明化，它的建立能够方便消费者了解农产品的生产过程，也能确保供给者有效接收市场信息，避免盲目生产⑦。

利益对生鲜农产品供给主体决策行为的影响已经在学术界得到认可，但如何通过利益来驱动生鲜农产品供给主体实施有效供给则成为学术界需要研究的方向。政府颁布的补贴制度是提高生鲜农产品有效供给的驱动方法之一。有研究者认为，农业补贴降低了世界农产品的价格，增加了贸易各方的净福利，双方消费

① 高珊，黄贤金，钟太洋，等. 农产品商品化对农户种植结构的影响——基于沪苏皖农户的调查研究［J］. 资源科学，2014，36（11）：2370－2378.

② 陈品，陆建飞. 农民对种植结构调整的认知和心态分析及政策启示——基于江苏淮北4县476位农民的调查［J］. 江苏农业科学，2014，42（9）：482－484.

③ Guibert H，Kueteyim P K，Bassala J P，Biandoun. M. Intensification of maize cropping systems to improve food security：is there any benefit for Northern Cameroon farmers？［J］. Cahiers Agricultures，2016，25（6）：533－547.

④ 曹春雷. 影响农产品有效供给的主要价费问题及对策建议［J］. 价格理论与实践，2011（10）：19－20.

⑤ Chai Z L，Hong B. Current Situation and Trends of Establishing Agricultural Product Quality Standard System［J］. Journal of Zhejiang Forestry Science Technology，2003，23（5）：77－80.

⑥ 黄红星，郑业鲁，刘晓珂，等. 农产品质量安全追溯应用展望与对策［J］. 科技管理研究，2017，37（1）：215－220.

⑦ 王胜. 消费需求与技术创新关系研究［J］. 科技管理研究，2007，27（3）：19－21.

者都从中获得了好处①，如将对农民的直接补贴调整为滴水灌溉补贴②。也有学者认为补贴会产生负面效应，如有研究者通过测试手段，模拟分析了补贴政策下农民的生存决策行为及其效果，结果显示，增加农作物播种面积不仅无法减少生产经营风险，反而使得农民可能面对收入减少的风险③。为了解决现有补贴制度的不足，农产品目标价格补贴制度成为新的研究方向，其具有避免农产品价格扭曲、保护相关行业发展等特点，但农产品目标价格补贴制度也存在实施风险高和实际操作技术性难等缺点④。学者们对其研究的见解也不尽相同，如汪希城等在文献研究的基础上，对中国农产品目标价格补贴制度的内涵、启动背景和意义、制约因素等三方面进行评述，认为其内涵还存在分歧⑤；张晶等以大豆为例，对政策实施效果进行评估，认为目标价格改革试点基本实现了设计之初的政策目标，建立了市场价格形成机制，保障了豆农的基本收益⑥。在国际上农业补贴还呈现出多元化的发展，随着欧盟"2020战略"的出台后，其农业补贴呈现出注重"环境保护"和"可持续性"的特点⑦。除价格补贴制度外，价格支持是另一种提高生鲜农产品有效供给的驱动方法。价格补贴侧重于增加农民收入，价格支持侧重于稳定生鲜农产品供给。因此，不能简单地以价格补贴取代价格支持，只能根据农业发展情况适时改变两者的组合比例，这从美国、欧盟的农业保护政策变化中得以印证，也应成为我国农业保护政策的立足点⑧。我国现行的农产品价格支持政策的手段主要有保护价格收购、农产品投入品价格补贴、差额补贴和缓存储备⑨。

---

① Bollman R D, Ferguson S. The Local Impacts of Agricultural Subsidies: Evidence from the Canadian Prairies [J]. Journal of Agricultural Economics, 2019, (16): 123 – 145.

② Macarena Dagnino, Frank A. Ward. Economics of Agricultural Water Conservation: Empirical Analysis and Policy Implication [J]. International Journal of Water Resources Development, 2012 (4): 577 – 600.

③ Palm-Forster L H, Suter J F, Messer K D. Experimental Evidence on Policy Approaches That Link Agricultural Subsidies to Water Quality Outcomes [J]. American Journal of Agricultural Economics, 2019, 89 (5): 1046 – 1057.

④ 张晓玲. 我国农产品目标价格补贴制度的优点、风险与完善对策分析 [J]. 经贸实践, 2018 (13): 13 – 15.

⑤ 汪希成, 秦彦腾. 农产品目标价格补贴制度研究的理论困境——基于农产品目标价格补贴制度研究进展 [J]. 农村经济, 2016 (2): 14 – 19.

⑥ 张晶, 王克. 农产品目标价格改革试点：例证大豆产业 [J]. 改革, 2016 (7): 38 – 45.

⑦ 吕苏榆. 我国农产品地理标志补贴及奖励政策反思——基于欧盟共同农业政策改革动向的启示 [J]. 国际经贸探索, 2015, 31 (10): 70 – 81.

⑧ 陈颂东. 重构农业补贴体系：直接补贴辅之以价格支持 [J]. 湖北社会科学, 2007 (5): 63 – 65.

⑨ 赵地. 我国农产品价格支持政策探究 [J]. 价格与市场, 2010 (1): 10 – 15.

3. 风险对生鲜农产品供给主体决策行为的影响研究

大量研究表明，风险对生鲜农产品供给主体决策行为存在显著影响。具体来说，生鲜农产品供给主体主要面对的是市场风险和自然风险。市场风险的主要表现形式是价格波动，农户对此的担忧对农户规模经营意愿存在显著负向影响①。自然风险方面，生鲜农产品从田地到餐桌这一过程中会遭受许多风险并可能因此而受到损失，包括自然灾害、环境污染、质量安全等，如天气情况对农产品供给的质量与数量决策存在影响②，有研究者进一步发现气候变化影响一个农业地区农产品生产的适宜性（Bonfante A，2015）；生鲜农产品的物流损耗也是风险之一，无论是仓储损耗还是运输损耗都是生鲜农产品必定会面临的风险，如雷露从数量和成本两个方面分析了生鲜农产品的损耗风险并提出了解决对策③。

与利益驱动类似，风险控制同样能驱动生鲜农产品供给主体实施有效供给。同样的风险对不同风险偏好的供给主体会产生不同的结果，如有研究者研究了风险偏好对农户转基因抗虫棉花品种选择和生产的影响，发现风险规避程度高的农户会更多地施用农药（Liu E M，2013）；有研究者基于云南省实验数据发现，市场农户倾向于多施用农药，生计农户则倾向于少施用农药（Gong Y，2010）。总体来说，农户风险偏好会影响农业生产要素投入④，而通过合理的风险控制则能促进不同风险偏好的供给主体实施有效供给。现阶段风险控制的主要方法是农业保险，中国的农业保险正处于重要的转折期，农业保险业务萎缩、灾害补偿水平低、农业保险商业性严重等问题突出⑤，而农户对农业保险的需求主要受风险大小、专业化生产程度、生产规模、务农时间长短等因素

① 陈新建，董涛. 影响农户规模经营意愿的市场风险因素分析——基于广东水果种植农户的调查 [J]. 价格理论与实践，2014 (4)：113 - 115.

② 但斌，伏红勇，徐广业，等. 考虑天气与努力水平共同影响产量及质量的农产品供应链协调 [J]. 系统工程理论与实践，2013，33 (9)：2229 - 2238.

③ 雷露，乔忠. 生鲜农产品物流损耗控制的障碍与解决对策研究 [J]. 中国商论，2012 (30)：134 - 135.

④ 侯麟科，仇焕广，白军飞，等. 农户风险偏好对农业生产要素投入的影响——以农户玉米品种选择为例 [J]. 农业技术经济，2014 (5)：21 - 29.

⑤ 史建民，孟昭智. 我国农业保险现状、问题及对策研究 [J]. 农业经济问题，2003，24 (9)：45 - 49.

的影响①。

综观该领域的研究可以看出，供给主体是生鲜农产品有效供给实现的操作者、实践者和探索者，且农户、家庭农场、龙头企业、专业合作社等供给主体的行为态度与行为方式直接制约生鲜农产品供给结构调整的方向、速度与效果，在供给结构调整过程中能否充分调动供给主体有效供给的积极性是成功实现生鲜农产品有效供给的关键。理性行为是研究供给主体行为的关键，国内外学者们皆认可利益与风险对生鲜农产品供给主体决策行为存在影响，并已具体研究了成本、销售价格、市场风险与自然风险等因素对生鲜农产品供给主体的品种选择、要素投入、技术采用、规模确定等行为的影响。目前研究的不足是欠缺对家庭农场、新农人等新型供给主体决策行为的研究，欠缺对如何控制利益与风险以影响供给主体决策行为进而达到生鲜农产品有效供给的研究，也没有形成系统的利益保障与风险防控体系。

（四）简要评述

综上所述，我国生鲜农产品有效供给研究取得了许多有价值的成果，但具体分析发现，在生鲜农产品有效供给的关键问题研究方面，尚需进一步挖掘；在生鲜农产品有效供给驱动机制研究方面，基于供给主体有效供给动力激发的内源式驱动研究相对较少，且缺乏基于科学定量研究提出的驱动方案；在利益与风险对生鲜农产品供给主体决策行为影响方面，欠缺对新型供给主体决策行为的研究，欠缺将利益与风险两者和生鲜农产品有效供给相联系的研究。鉴于此，本书拟在前期研究的基础上，进一步揭示利益诱导与风险控制对生鲜农产品有效供给的传导驱动机理，探索具体的利益诱导与风险控制驱动方案，提出保障生鲜农产品结构性供需匹配的利益诱导与风险控制政策建议。这对丰富生鲜农产品有效供给理论体系、指导生鲜农产品供给侧结构性改革、解决我国生鲜农产品供需不匹配问题具有重要的理论价值与现实意义。

---

① 宁满秀，邢鹂，钟甫宁. 影响农户购买农业保险决策因素的实证分析——以新疆玛纳斯河流域为例 [J]. 农业经济问题，2005，26（6）：38-44.

第四节　研究内容和方法

（一）研究内容

本书从利益诱导与风险控制角度出发，分析如何驱动生鲜农产品的供给主体实施有效供给行为，进而实现宏观层面上的生鲜农产品有效供给。通过多主体（Agent）系统建模研究生鲜农产品供给系统，并根据驱动机理设计对策实验，进而提出对策方案和保障措施。

（1）我国生鲜农产品供给现状与存在问题分析。结合现有的文献和相关资料剖析我国生鲜农产品供给的现状；分析当前我国生鲜农产品供给存在的问题及成因，为后续研究的开展奠定基础。

（2）生鲜农产品有效供给的理论分析。在明确分析当前我国生鲜农产品有效供给的内涵和生鲜农产品供给与需求现状的基础上，厘清生鲜农产品供需系统的框架结构、供给流程、参与主体的交互关系、供给主体的行为决策过程等；构建生鲜农产品有效供给行为影响因素的理论框架，通过实证方法验证影响因素假说；基于 DPSIR 模型构建生鲜农产品有效供给的评价指标体系。

（3）生鲜农产品有效供给的利益诱导与风险控制驱动机理分析。聚焦于利益诱导与风险控制对生鲜农产品供给主体有效供给行为的作用方式、作用过程与作用原理，以及其对有效供给的传导驱动机理。

（4）生鲜农产品供需系统的模型构建。基于前文对生鲜农产品供需系统的内外部环境，以及各个参与主体的决策行为过程的理论分析，本章采用 ABM 方法建立模型对现实的生鲜农产品供需系统进行仿真模拟。

（5）生鲜农产品有效供给的利益诱导与风险控制驱动方案研究。在分析仿真区域概况的基础上，完成仿真案例的平台架构，明确运行过程；对生鲜农产品供需系统的多主体（Agent）模型进行调试，完成仿真程序；根据利益诱导和风险控制，设置相关场景，并进行结果分析，得出研究结论。

（6）生鲜农产品有效供给的创新驱动研究。从供给创新以满足现有需求且创造新需求的维度，研究如何以创新驱动生鲜农产品有效供给；基于供给创新构建生鲜农产品供给体系的系统动力学模型；最后分别模拟农产品创新驱动方案、科技创新驱动方案、管理创新驱动方案并进行分析。

（7）生鲜农产品有效供给的利益诱导和风险控制的驱动对策与保障研究。在前面理论分析和仿真实验的基础上，补充完善了生鲜农产品有效供给的利益诱导和风险控制驱动对策体系，并从理念、技术与制度三个维度提出驱动方案实施的政策建议。

（二）研究方法

1. 文献分析法

通过多渠道获取有关生鲜农产品有效供给的国内外文献，并对这些文献进行阅读与梳理，以充分了解认识当前生鲜农产品基础问题、生鲜农产品有效供给驱动机制、利益与风险对生鲜农产品供给主体决策行为影响等方面的国内外研究现状，并厘清相关概念和理论，为后续研究奠定基础。

2. 计量经济学方法

利用主成分因子分析法对生鲜农产品有效供给的影响因素进行综合评价，利用计量经济学方法对两者进行协整检验与回归分析。

3. 解释结构模型法（ISM）

通过对相关资料和信息的整理，并运用拓扑运算，在不损失系统功能的前提下，总结出精简的有向拓扑图，并运用结合交叉影响矩阵相乘法（MIC-MAC）对风险因子进行层级构建和类别分析，揭示主要风险因子对生鲜农产品供给主体实施有效供给的作用机理。

4. 多主体（Agent）仿真建模法

生鲜农产品的供需系统是一个由多主体及其与环境间的关系组成并不断产生复杂的非线性相互作用的动态性综合性系统。本书借助多主体仿真建模法构建了生鲜农产品供需系统模型，并通过数学公式和逻辑语句对不同的主体和决策规则进行描述，实现了复杂系统中个体的映射与交互。

5. 系统动力学方法

　　运用系统动力学方法对生鲜农产品有效供给创新驱动系统的构成部分进行全面、系统的剖析，了解创新要素促进生鲜农产品有效供给的作用方式，并基于此绘制生鲜农产品有效供给创新驱动系统的因果关系图及基本反馈环，构建系统流程图并建立生鲜农产品有效供给创新驱动系统的函数关系方程。

第二章　相关概念与理论

第一节　相关概念

（一）生鲜农产品有效供给概念

当前学术界对生鲜农产品有效供给的定义并不统一，存在多种认知。为了避免混淆和歧义，此处对生鲜农产品有效供给的概念进行界定。本节以时间为脉络梳理了关于生鲜农产品有效供给的相关研究成果，归纳出不同发展阶段下生鲜农产品有效供给的主流定义和聚焦点（见表2－1）。

表2－1　　　　不同发展阶段下的生鲜农产品有效供给的定义和聚焦点

发展阶段	主流定义	聚焦点
第一阶段	新中国成立初期，我国生鲜农业的生产力低下，供给数量较少，生鲜农产品有效供给的概念就是通过发展生产力以增加生鲜农产品的供给数量，减轻或消灭生鲜农产品供给不足的情况①	保障供给数量
第二阶段	21世纪初，我国生鲜农产品数量供给不足的情况已经得到缓解，而安全质量问题频发，生鲜农产品有效供给的概念转变为治理生鲜农业安全质量的乱象、提高生鲜农产品的供给质量②	提高供给质量

---

① 俞敬忠. 避免异常波动保障有效供给——我国棉花生产波动的特点、成因剖析与对策建议 [J]. 中国农村经济, 1995 (11): 29－32.

② 张利国. 我国安全农产品有效供给的长效机制分析 [J]. 农业经济问题, 2010, 31 (12): 71－75.

续表

发展阶段	主流定义	聚焦点
第三阶段	近年来，消费者的生态环保意识和对高端生鲜的需求有了较大提高，供需结构问题日益凸显，生鲜农产品有效供给的概念转变为通过供给侧改革，改善生鲜农产品的供需匹配度①	提升供需匹配度

由表 2 - 1 可知，随着社会经济的发展，生鲜农产品有效供给的概念不断变化，从单纯的提高生产规模，发展到提升安全质量，再到如今的扩大有机绿色和优良品种的比例以使得供给结构更加合理。不难看出，生鲜农产品有效供给是一个"情景化"的概念，需要明确所处的特定时空后，再对其进行概念界定。

基于此，此处阐述本书的时间节点和社会背景。时间节点是 2015 ~ 2020 年，属于"十三五"规划时期，中央农村工作会议首次提出要着力加强农业供给侧结构性改革，提高农业供给体系质量和效率，使农产品供给数量充足、品种和质量契合消费者需要，真正形成结构合理、保障有力的农产品有效供给。而社会背景是我国经济进入新常态，人民生活条件的不断提高，居民年均农产品消耗量中生鲜农产品的比例逐年上升，居民对生鲜农产品的安全质量和品质要求也越来越高，而中国生鲜农产品的市场波动频繁、受自然灾害影响较大、种植技术落后、品种良莠不齐等问题，使生鲜农产品供给方的产出品质和数量都难以满足人们的需求。

结合本书的时间节点和社会背景不难发现，当前生鲜农产品的供需矛盾在于供给端难以满足消费端对优品生鲜的需求，结构性矛盾突出，改善生鲜农产品的供需匹配度成为有效供给问题的聚焦点。因此本书对生鲜农产品有效供给的概念界定如下：生鲜农产品有效供给是指供给端所提供的生鲜农产品在数量、品种和质量方面符合需求端消费群体的需要，利于形成结构合理的生鲜农产品供需匹配。

（二）供给主体的决策行为概念

供给主体决策行为的概念界定分为两个部分，一部分是对生鲜农产品供给

---

① 吕海宁. 基于供给侧改革的农产品结构优化机制研究 [J]. 热带农业科学, 2020, 40 (8): 110 - 114.

主体的概念界定。生鲜农产品供给主体的含义是动态变化的，这是因为现实中生鲜农产品供给侧的生产经营主体会随着时代的不同而变化（见表2－2）。

表2－2　　不同发展阶段下的生鲜农产品供给主体的相关政策与主要供给主体

发展阶段	相关政策	供给主体
第一阶段	新中国成立初期，农业经营的主力军是经过土地改革后实现"耕者有其田"的农民家庭；1951年我国政策鼓励成立农业合作社和人民公社①	农户、集体所有制的合作社与人民公社
第二阶段	改革开放后，家庭联产承包责任制的推行使农业经营的主体从农民集体回归到了农户家庭；1997年我国政策提出农业产业化推动农业企业的发展②	农户、农民专业合作社、农业企业与专业大户
第三阶段	2013年以来，党的十八届三中全会强调，推进家庭经营、集体经营、合作经营、企业经营等多种经营形式共同发展，这为新型农业经营体系的构建明确了原则③	农户、家庭农场、农民合作社、专业大户和农业企业
第四阶段	2015年政府工作报告④和2017年党的十九大报告⑤分别将培育新型职业农民与新型农业经营主体作为在新的历史时期更好地解决"小规模经营如何实现农业现代化"	新职业农民、农户、农民合作社、专业大户和农业企业

由表2－2可知，本书中的生鲜农产品供给主体主要包括新职业农民、农户、农民合作社、专业大户和农业企业。这些供给主体承担了生鲜农产品的供给责任，根据自身禀赋和接收到的外部信息，做出关于生鲜农产品供给的决策行为。

另一部分是对决策行为的界定，本书中供给主体的决策行为特指生鲜农产品的供给主体在特定的社会经济环境中，为实现自身的目标和经济利益，而根据自身意向、环境信息和社会影响等因素做出行为抉择。值得注意的是，现实中供给主体的决策行为囊括了多个方面，包括生产经营决策、生产资料购买决策、金融服务决策、日常消费决策、技术采纳决策等。由于本书聚焦于生鲜农

---

① 邹於娟. 新中国七十年农业农村发展历程及政策演变 [J]. 农业经济，2020 (10)：35－37.

② 徐俊如. 突出联产落实责任完善农村家庭联产承包责任制 [J]. 江西农业经济，1996 (6)：11－12.

③ 张鸣鸣. 新型农业经营体系和农业现代化——新型农业经营体系和农业现代化研讨会暨第九届全国农经网络大会综述 [J]. 中国农村经济，2013 (12)：84－88.

④ 李克强. 2015年政府工作报告 [EB/OL]. http：//www. gov. cn/guowuyuan/2015zfgzbg. htm.

⑤ 习近平. 决胜全面建成小康社会 夺取新时代中国特色社会主义伟大胜利 [EB/OL]. https：//www. spp. gov. cn/tt/201710/t20171018_202773. shtml.

产品的有效供给问题，为了避免歧义和缺乏聚焦，特将本书中的供给主体决策行为界定为仅关于生鲜农产品生产供给方面的决策行为。

（三）利益诱导和风险控制概念

1. 利益诱导的概念界定

目前学术界对利益诱导有较为明确的定义：特定的社会集团或组织通过社会资源分配、奖惩赏罚等手段，诱导社会成员接受并遵循特定的社会价值要求，在此基础上进一步形成所要倡导的特定行为习惯，属于社会教化的一种具体方式[①]。

在我国社会主义市场经济条件下，利益是大部分营利主体的源动力。行为决策主体会根据自身对利益的需求产生追利倾向和感知评估，且对实施行为的感知评估越好，产生的行为原动力就越强。因此对决策主体实施合理的利益诱导可以更好地推动决策主体向期望的方向前进。基于此，结合学术界的一般性定义对本书中的利益诱导界定为：在了解实现农产品供给主体的需求后，为实现生鲜农产品有效供给，通过各种手段满足其需求来调动行为主体的积极性和内在潜力，促使其实施有效供给行为。

2. 风险控制的概念界定

与利益诱导类似，学术界对风险控制也有着较为明确的定义：风险管理者采取各种措施和方法，降低风险事件发生的各种可能性，或减少风险事件发生时造成的损失[②]。

风险的本质是某一事物或事件的不确定性中风险承担者不喜欢的部分或使风险承担者得到的经济利益低于期望估值的部分。经济活动中的风险具有不同的类型，有些风险是可以预测和识别的，也有些风险是难以识别的，风险承担者在进行生产经营决策时，通常会考虑该决策会面临什么样的风险并对其进行评估。当决策行为在决策者心中风险成本大于所获的利益或不期望事件的发生概率过高时，决策者就会放弃该决策行为。因此通过风险控制把可能的损失控

---

① https://wiki.cnki.com.cn/HotWord/772957.htm.

② https://wiki.cnki.com.cn/HotWord/51335.htm.

制在一定的范围内或减少风险事件发生的各种可能性，从而驱动生鲜供给者的决策行为发生改变，同样可以更好地推动决策主体向期望的方向前进。基于此，结合学术界的一般性定义对本书中的风险控制界定为：在了解决策主体的风险偏好后，为达到某一目标而设计驱动方案，通过风险控制改变决策者对风险的感知，避免决策主体因风险原因而放弃某一特定行为。

第二节　理论基础及应用

（一）多主体系统（MAS）理论

1. 理论基础

多主体系统（Multi Agent System，MAS）理论建立在近年来人工智能、分布式计算、软件工程等技术融合的基础上，且具备对复杂性和动态性系统建模的功能，正不断向众多研究学科领域渗透和扩展，形成交叉融合的趋势，如社会系统、金融系统、战争系统等。虽然多主体系统（MAS）理论具有包容性和普适性，但本质上是通过对微观主体及其所处环境建模，进而实现对复杂系统的仿真实验。因此多主体系统（MAS）理论包含了微观和宏观两个层面上的研究。

微观层面上，学术界对主体（Agent）尚未有一致的定义，但普遍认为主体是在一定环境下具有自主行为的计算实体。主体理论的研究侧重于主体的类型、特征、结构和行为等，具体如下。

（1）主体的类型。可以从多种角度对主体进行分类，以下给出了本书所采用的一种，将按照主体的主要功能可分为界面主体、交互主体和信息主体。界面主体是指计算机与人的交互界面，即用户和计算机的沟通渠道，通过用户知识、自身知识和领域知识来协调用户与环境交互，可以对用户的反应进行反馈和主动调节，同时，在运行时能指导用户操作，减少用户的学习时间。交互主体是自封装、交互型的，并行执行自身意向的智能体，在计算机系统中起到变现复杂系统中个体的作用，每个主体都有它的内部状态，并能够对来自其他主体的信息做出反应。信息主体是用来进行信息检索的智能体，可以对分布式信息进行管理、控制和分类。信息智能体主要具有信息处理和任务安排两大功能。

（2）主体的特征。主体的基本特征包括自主性、社会性、反应性、能动性。自主性，在没有人直接干预下进行工作，可以某种方式控制自身的行动及状态。社会性，也称为协作性，能够通过对某种主体通信语言与人或其他主体相互作用。反应性，它能够接收环境的信息并做出反应，这里环境包括其他的主体、环境对象、社会对象等。能动性，它不仅对环境做出反应，而且呈现目标驱动的特性。

（3）主体的结构。建造主体的特殊的方法学，定义了主体如何被解构为一组组件模块的建造、交互过程。主体结构包括了外部交互结构和内部结构。外部交互结构通常是采用描述性质的符号模型，并通过符号推理进行决策。外部交互结构是符号系统的一个发展，首先需要把现实世界及时转换成正确的、足够的、有用的符号描述，其次是如何用符号表示复杂真实世界的实体的信息和进程，如何及时地利用这些信息得到有用的结果。内部结构是指组成主体的符号模型，按照结构可将主体分为认知型（cognitive）、反应型（reactive）和混合型（hybrid）。认知型主体具有内部推理模型，与其他主体协同，通过推理进行决策行为和实施行为。反应型主体具有感知内、外部状态变化的感知器，本质是"信念—愿望—意图"模型（BDI）、与相关感知做出反应的处理器和执行的控制器，本质是"感知—动作"模型。混合型则包括"认知"和"反应"两个部分，反应较快又具有推理能力，但更为复杂。

（4）主体的行为。表示的主流思想是赋予其精神状态，这种方法借用人类心理学中的思想，一个人的行为可以表现它的态度属性。通常主体的行为基于三种观念：信念、愿望和意图（Belif，Desire，Intention，BDI），并采用Wooldridge 发展了一系列逻辑用来表示多主体系统的特性，目标不是主体理论的通用框架，而是对实际多主体系统的说明与验证。

宏观层面是从群体角度来研究主体，通常包括系统结构和涌现，具体如下。

（1）多主体系统结构。从异构和通信的程度来分，多主体系统结构有四种类型：同构无通信、异构无通信、同构有通信和异构有通讯。同构指所有的主体都有相同的内部结构，包括目标、知识和可能的动作。不同之处在于它们的感知器输入和它们执行的动作不同，即它们在环境中所处的位置不同。异构有多种方式，如具有不同的目标、知识和动作。当无通信时，所有主体关于其他主体的内部状态和感知器输入的信息很少，不能预测其他主体的动作。当有通信时，主体可以高度协调一致地共同完成任务。

（2）多主体系统的涌现现象。涌现现象产生的根源是适应性主体在某种或多种毫不相关的简单规则的支配下的相互作用。其本质特征是由小到大、由简入繁。正如沃尔德罗普认为的，复杂的行为并非出自复杂的基本结构，极为有趣的复杂行为是从极为简单的元素群中涌现出来的。多个主体间的相互作用是主体适应规则的表现，这种相互作用具有非线性、时序性，使得涌现的整体行为更为复杂。在涌现生成过程中，主体的性质和逻辑会随着环境变化而变化，其导致的事物和信息也会变化，因而存在大量不断生成的结构和模式。因此一种相对简单的涌现可以生成更高层次的涌现，涌现是复杂适应系统层级结构间整体宏观的动态现象。

2. 理论应用

生鲜农产品供需系统具有多层次、多主体、多目标的特点，笔者实地调研所能够获取的数据也多为微观层面上生鲜农产品供给过程中各个参与主体的相关信息。这些情况符合主体理论的适用范围，且"十三五"期间，中国管理科学院将社会系统集群行为涌现机制及其原理和复杂社会经济系统运行与计算实验作为优先发展领域，说明主体理论具有较好的发展前景和应用空间。因此，本书的模型构建和仿真实验部分均建立在主体理论的基础上。结合主体理论和现状调查，本书确定生鲜农产品供需系统的宏观层面涉及多类主体，如生鲜农产品的供给者主体、市场中介主体和需求者主体等。主体之间是相互独立且相互影响的，共同主导了供给过程中生产环节、供货环节和零售环节。在微观层面上，所有类型的主体都由单个主体组成，本书参考相关文献中主体的设计方法用五元组来概括所有主体的设计内容：主体 = ⟨标识、目标、属性、规则库、决策⟩，并根据主体的类型构建了反应型和混合型主体模型，最终设计了利益诱导和风险控制的仿真政策，进行了仿真实验，详细内容见后文。

（二）计划行为理论

1. 理论基础

计划行为理论（Theory of Planned Behavior, TPB）认为人的行为是经过深思熟虑的计划结果，即 TPB 的研究方向是探索人是如何改变自己的行为模式的。计划行为理论是由伊塞克·艾奇森（Icek Ajzen，1988，1991）提出的。伊塞克·艾奇森是艾奇森（Ajzen，1975）和费斯宾（Fishbein，1980）共同提出的理性行为理论（Theory of Reasoned Action，TRA）的继承者，因为艾奇森研究发现，人的行为并不是百分之百地出于自愿，而是处在控制之下，因此，他将 TRA 予以扩充，增加了一项对自我"行为控制认知"（perceived behavior control）的新概念，从而发展成为新的行为理论研究模式——计划行为理论。

计划行为理论有以下几个主要观点：（1）非个人意志完全控制的行为不仅受行为意向的影响，还受执行行为的个人能力、机会以及资源等的制约，在实际控制条件充分的情况下，行为意向直接决定行为；（2）准确的知觉行为控制反映了实际控制条件的状况，因此它可作为实际控制条件的替代测量指标，直接预测行为发生的可能性，预测的准确性依赖于知觉行为控制的真实程度；（3）行为态度、主观规范和知觉行为控制是决定行为意向的 3 个主要变量，态度越积极、重要他人支持越大、知觉行为控制越强，行为意向就越大，反之就越小；（4）个体拥有大量有关行为的信念，但在特定的时间和环境下只有相当少量的行为信念能被获取，这些可获取的信念也叫突显信念，它们是行为态度、主观规范和知觉行为控制的认知与情绪基础；（5）个人以及社会文化等因素（如人格、智力、经验、年龄、性别、文化背景等）通过影响行为信念间接影响行为态度、主观规范和知觉行为控制，并最终影响行为意向和行为；（6）行为态度、主观规范和知觉行为控制从概念上可完全区分开来，但有时它们可能拥有共同的信念基础，因此它们既彼此独立，又两两相关。

计划行为理论包括五要素。（1）态度（attitude），是指个人对该项行为所抱持的正面或负面的感觉，亦指由个人对此特定行为的评价经过概念化之后所形成的态度，所以态度的组成成分经常被视为个人对此行为结果的显著信念的函数。（2）主观规范（subjective norm），是指个人对于是否采取某项特定行为所感受到的社会压力，亦即在预测他人的行为时，那些对个人的决策行为具有影响力的个人或团体对于个人是否采取某项特定行为所发挥的影响作用大小。（3）知觉行为控制（perceived behavioral control），是指反映个人过去的经验和预期的阻碍，当个人认为自己所掌握的资源与机会愈多、所预期的阻碍愈少，则对行为的知觉行为控制就愈强。（4）行为意向（behavior intention），是指个人对于采取某项特定行为的主观几率的判定，它反映了个人采用某一项特定行为的意愿。（5）行为（behavior），是指个人实际采取行动的行为。

2. 理论应用

现有研究中，已有一些能够解释供给者、供给者和市场中介的决策行为的社会心理学理论，这些理论已相当成熟，包括技术采纳模型（TAM）、计划行为理论（TPB）、目标导向行为理论（MGB）等。尽管这些模型结构选择不同，但作为一个行为的预测，它们之间有一个关键共同点就是行为意向的作用。其中，TPB 理论也被诸多学者们进行实证研究所证实，并在管理领域得到了广泛的运用。鉴于 TPB 理论的计划行为结构与供给者的供给决策行为相一致，许多研究也表明 TPB 理论可以解释各种行为意向，并也适合在基于多主体的仿真试验中进行建模和编码。

为此，本书参考 TPB 理论构建了于多主体的仿真试验中生鲜农产品供给主体行为意向。TPB 理论中，影响主体决策行为主要有心理、社会和环境三大因素。首先，心理因素包括经验、人格、智力、情感等，即主体自身心理对决策行为的主观倾向。在供给主体决定当前周期里不同品质生鲜农产品的生产计划的过程中，这种心理因素会影响供给主体对相关信息的主观评价和看法，从而导致生产计划的变动。鉴于心理因素主要表现为对决策行为的主观倾向，本模型中用生产意愿和风险偏好作为替代心理因素的测量指标。其次，社会因素有教育、宗教、民族、文化、习俗等。一般来说，传统农户和种植养殖大户的教育层次不高，但新职业农民和合作社或公司的教育层次却并不低。鉴于此，本书模型中用供给主体间的信息交互（即农户信息）作为替代社会因素的测量指标。最后，关于环境因素，供给主体接收到的信息主要是由市场中介传递，且通过价格来反映，结合自身的成本将信息转化为感知，即利润，因此环境因素可用供给主体对市场信息的感知作为替代测量指标。供给者主体通过对这些信息进行识别和处理形成最终生产决策的感知，并同时考虑以前自身行为的反馈结果，最后决定当前周期里不同品质的生鲜农产品的生产计划。

（三）利益驱动理论

1. 理论基础

利益驱动理论认为，特定的社会集团或组织通过社会资源分配、奖惩赏罚等手段，诱导社会成员接受并遵循特定的社会价值要求，并在此基础之上进一步形成所要倡导的特定行为习惯。边沁认为人并不天然具有高尚道德动机，高尚道德操守的养成离不开外力强制制裁。斯宾诺莎也认为人们遵循德性而行，即是以理性为指导行动、生活、保持自己的存在，而且这样做是建立在寻求自身利益的基础上的。利益诱导通过内蕴于资源分配、奖惩赏罚的价值偏好，影响人们的价值观念，在具有某种强制性同时，又具有潜移默化的功能。在这个意义上，利益诱导又是一种特殊的价值引导。其局限在于：作为社会教化的方式，其是一种工具性存在，可为不同社会力量所利用；对于信仰坚定、意志坚强者不起作用。

　　明确利益诱导的内涵仅仅是整个事情的第一步，它的作用的真正发挥还需建立和利用有关的实现机制和手段。现实中由于人们具备的条件千差万别，因此人们的思想动机非常复杂，要把这些动机整合起来，通过健全的利益诱导机制和手段以发挥作用。值得注意的是，人受到三种基本利益即经济利益、政治利益、精神利益的诱导和推动，这也是能形成利益诱导的基石。具体机制和手段如下。

　　（1）经济的机制和手段。所谓经济机制和手段，就是运用经济的方法调整人们的行为，将人们的行为纳入业已明确的利益诱导，使其顺着社会导向运行。经济机制和手段包括动力型和约束型两种。动力型包括基本的财产制度和基本的经济制度、所有制结构、经济结构、基本的经济分配制度等，其为发展经济提供动力。约束型指进行奖罚的经济政策，其作用重点在于约束人们的行为，使之不致越轨。当然，有些东西是这两种类型兼而有之。国家利用价格、税收、信贷和给予部分人某些专有产品经营权等，对社会经济生活进行调控，起着杠杆作用。经济的机制和手段是其他机制和手段不可取代的。当然，这一机制和手段也不是万能的，应该与其他机制和手段结合起来使用。

　　（2）行政的机制和手段。行政的机制和手段是指依靠行政机构和领导者的权力，通过强制性的行政命令直接对管理对象发生影响，按照行政来管理的机制。行政的机制和手段具有权威性和强制性的特点。一般而论，信息的接受率取决于发讯息人的权威和地位，而行政管理发布命令和讯息正是具有权威的性质。同时，行政方法通过国家管理机关发布的命令、指示、规定等，对被管理者而言，具有强制性。行政管理的强制性是要求人们在思想上、行动上、纪律上服从统一的意志，但主要是原则上的统一，允许人们在做法上有灵活性。除此之外，行政的机制和手段还具有稳定性、时效性、具体性、垂直性的特点。

（3）道德的机制和手段。所谓道德的机制和手段，就是利用社会舆论和内心反省，通过对善恶的道德评价，使人们自觉去完成"自我"，从善去恶，从而实现业已形成的社会利益导向和社会建设。道德协调个人之间利益、协调个人与群体之间的利益，它起着利益诱导的作用。

2. 理论应用

扩大生鲜农产品有效供给是我国由传统农业大国向现代农业强国转型的关键一步。现有的文献资料和研究成果大多意识到了这点，但忽视了对家庭农场、新农人等新型供给主体决策行为的研究，以及如何控制利益以影响供给主体决策行为进而达到生鲜农产品有效供给的研究。摸清利益诱导对生鲜农产品产业有效供给的作用机理，是一项亟待解决的前置性研究。

为此，笔者试图从利益诱导视角探析生鲜农产品有效供给的驱动机理，并根据利益诱导理论设计了政策仿真实验。一方面，对利益诱导的基本要素进行界定，包括生鲜农产品有效供给的利益诱导驱动含义、参与主体和利益关系；另一方面，通过逻辑分析厘清利益诱导的驱动原理，总结生鲜农产品有效供给的利益诱导驱动机理，并构建了多元参与主体的利益诱导驱动机制网络。针对政策仿真实验，首先对前文中的利益诱导方法进行梳理，归纳出适合对策实验的方法；然后根据合适的政策方法依次对模型参数和变量进行调整，以进行仿真实验分析；最后根据所有的仿真分析结果抽象出有利于解决生鲜农产品有效供给问题的一般性结论及管理启示。

（四）风险控制理论

1. 理论基础

风险控制是指风险管理者在面对各类型风险时，采取各种措施和方法，消灭后减少风险事件发生的概率，或减少风险发生所造成的损失。总会有些事情是不能控制的，风险总是存在的。作为管理者会采取各种措施减小风险事件发生的可能性，或者把可能的损失控制在一定的范围内，以避免在风险事件发生时带来难以承担的损失。风险控制的四种基本方法是风险回避、损失控制、风险转移和风险保留。

（1）风险回避是投资主体有意识地放弃风险行为，完全避免特定的损失风险。简单的风险回避是一种最消极的风险处理办法，因为投资者在放弃风险行为的同时往往也放弃了潜在的目标收益。所以一般只有在以下情况下才会采用这种方法：投资主体对风险极端厌恶；存在可实现同样目标的其他方案，其风险更低；投资主体无能力消除或转移风险；投资主体无能力承担该风险，或承担风险得不到足够补偿。

（2）损失控制不是放弃风险，而是制定计划和采取措施降低损失的可能性或者减少实际损失。控制的阶段包括事前、事中和事后三个阶段。事前控制的目的主要是为了降低损失的概率，事中和事后控制主要是为了减少实际发生的损失。

（3）风险转移是指通过契约将让渡人的风险转移给受让人承担的行为。通过风险转移有时可大大降低经济主体的风险程度。风险转移的主要形式是合同和保险。合同转移是通过签订合同，可以将部分或全部风险转移给一个或多个其他参与者，而保险转移则以购买保险的形式将风险转移给其他参与者，也是使用最为广泛的风险转移方式。

（4）风险保留即风险承担，也就是说，如果损失发生，经济主体将以当时可利用的任何资金进行支付。风险保留包括无计划自留、有计划自我保险。其中无计划自留是指风险损失发生后从收入中支付，即不在损失前做出资金安排。当经济主体没有意识到风险并认为损失不会发生时，或低估风险造成的损失，就会采用无计划保留方式承担风险。一般来说，无计划自留应当谨慎使用，因为如果实际总损失远远大于预计损失，将引起资金周转困难。有计划自我保险则是指在可能的损失发生前，通过做出各种资金安排以确保损失出现后能及时获得资金以补偿损失。有计划自我保险主要通过建立风险预留基金的方式来实现。

2. 理论应用

我国目前用以促进生鲜农产品供给主体有效供给的对策措施仍依赖于强制性的法律法规，而非内源式的激励方法。在对生鲜农产品有效供给的驱动方面，风险控制理论与利益诱导理论是相互补充的，两者能够对供给主体形成内源式激励。同理，想要从风险控制视角驱动生鲜农产品的有效供给，就需要对如何控制风险以影响供给主体的决策行为进行研究。

为此，本书重点研究了自然风险与市场风险控制对生鲜农产品供给主体有效供给，尤其是供给创新动力的激发过程及相关主体间的交互过程。首先，对生鲜农产品供给过程中所有的风险类型进行归纳总结；其次，运用解释结构模型方法分析风险因子的层次结构，通过最简的有向拓扑图把风险关系梳理归纳为清晰的层次化的结构模型，并运用 ISM-MICMAC 分析法揭示生鲜农产品供给中各类风险的重要程度和相互之间的关联性；最后，总结生鲜农产品有效供给的风险控制驱动机理，并构建了多元参与主体的风险控制驱动机制网络。

第三章 我国生鲜农产品的供给现状与存在问题

第一节 生鲜农产品的供给现状分析

(一) 生鲜农产品供给数量现状

为了更加细致地了解生鲜供给数量的发展格局和变化趋势，按照通常所说的生鲜三品划分，从果蔬类、水产类和肉蛋类三个方面进行供给数量分析。

1. 果蔬类生鲜的供给数量现状

果蔬类生鲜农产品的供给数量现状可用历年水果和蔬菜的总产量来反映。

表 3-1 显示 2000~2019 年果蔬类生鲜的生产总量，蔬菜的总产量从 2000 年的 44467.94 万吨增长到 2018 年的 70346.72 万吨，增幅达 158.20%，年平均增长速度达到了 8.8%。水果的总产量从 2000 年的 6225.15 万吨增长到 2018 年的 25688.35 万吨，产量是 2000 年的 4.13 倍，年平均增长速度达到了 22.9%。《2017~2023 年中国水果行业现状分析与发展趋势研究报告》显示，我国水果的人均占有量已超过国际平均线，达到了 131 千克，水果数量已不再是问题，而我国蔬菜自 2011 年总产值首次超过粮食后，达到 6.7 亿吨。看似不占食品主流的蔬菜，在产量和产值上都已超过粮食，满足了广大消费者对蔬菜的需求。

2. 水产类生鲜的数量供给现状

水产类生鲜农产品的供给数量现状可用历年的总产量来反映。

表 3-2 显示了 2000~2019 年水产类生鲜的生产总量，水产的总产量从 2000 年的 3706.23 万吨增长到 2019 年的 6450.00 万吨，增幅达 74.03%，年平

表 3 - 1　2000~2019 年果蔬类生鲜的产量

单位：万吨

指标	2019 年	2018 年	2017 年	2016 年	2015 年	2014 年	2013 年	2012 年	2011 年	2010 年
蔬菜产量	—	70346.72	69192.68	67434.16	66425.10	64948.65	63197.98	61624.46	59766.63	53030.86
指标	2009 年	2008 年	2007 年	2006 年	2005 年	2004 年	2003 年	2002 年	2001 年	2000 年
蔬菜产量	55300.30	54457.96	51767.67	53953.05	56451.49	55064.66	54032.32	52860.56	48422.36	44467.94
指标	2019 年	2018 年	2017 年	2016 年	2015 年	2014 年	2013 年	2012 年	2011 年	2010 年
水果产量	—	25688.35	25241.90	24405.24	24524.62	23302.63	22748.10	22091.50	21018.61	20095.37
指标	2009 年	2008 年	2007 年	2006 年	2005 年	2004 年	2003 年	2002 年	2001 年	2000 年
水果产量	19093.71	18108.75	16800.07	17101.97	16120.09	15340.90	14517.40	6952.00	6658.04	6225.15

注："—"表示该部分的数据缺失。

资料来源：2000~2019 年《中国统计年鉴》。

表 3 - 2　2000~2019 年水产类生鲜的产量

单位：万吨

指标	2019 年	2018 年	2017 年	2016 年	2015 年	2014 年	2013 年	2012 年	2011 年	2010 年
水产	6450.00	6457.66	6445.33	6379.48	6210.97	6001.92	5744.22	5502.15	5603.21	5373.00
指标	2009 年	2008 年	2007 年	2006 年	2005 年	2004 年	2003 年	2002 年	2001 年	2000 年
水产	5116.40	4895.60	4747.52	4583.60	4419.86	4246.57	4077.02	3954.86	3795.92	3706.23

资料来源：2000~2019 年《中国统计年鉴》。

均增长速度达到了 3.9%。多年来，我国水产品的生产经营模式主要以人工养殖为主，捕捞为辅，极大丰富了我国水产品市场，尤其是最近几年，我国水产品产量比新中国成立初期增长近 70 倍，从曾经的"吃鱼难"实现了如今的"年年有鱼"，说明我国在增加水产类生鲜产量方面取得了良好的成果。

3. 肉蛋类生鲜的数量供给现状

肉蛋类生鲜农产品的供给数量现状可用历年总产量来反映。

表 3 - 3 显示，2001～2019 年，我国肉蛋类生鲜产量从 6013 万吨大幅攀升至 7649 万吨，年复合增长率 1.43%。值得注意的是，2019 年我国肉蛋类生鲜产量从 2018 年的 8624.63 万吨下降至 7649.00 万吨，下降幅度为 11.3%，主要是受到了非洲瘟疫的影响。纵观近 20 年肉蛋类生鲜的产量数据可知，肉蛋类生鲜的总产量整体上稳定上升，只有 2019 年肉蛋类生鲜的产量受到非洲猪瘟的影响，导致产量下降。

表 3 - 3　　　　　　　**2001～2019 年肉蛋类生鲜的产量**　　　　　　单位：万吨

指标	2019 年	2018 年	2017 年	2016 年	2015 年	2014 年	2013 年	2012 年	2011 年
肉类	7649.00	8624.63	8654.43	8628.33	8749.52	8817.90	8632.77	8471.10	8022.98
指标	2009 年	2008 年	2007 年	2006 年	2005 年	2004 年	2003 年	2002 年	2001 年
肉类	7706.67	7370.88	6916.40	7099.85	6938.87	6608.70	6443.30	6234.30	6105.80

资料来源：历年《中国统计年鉴》。

（二）　生鲜农产品供给质量现状

生鲜农产品的供给质量是生鲜农产品使用价值的具体体现，包括食用安全和食用品质两个方面。而这两方面也对需求者的生活健康起到重要的影响，是实现生鲜农产品有效供给的重要基础之一。本节从安全质量和品质两个角度描述生鲜农产品供给质量的现状，具体如下。

1. 生鲜农产品供给的安全质量发展现状

无安全质量隐患是生鲜农产品供给质量的最低要求，即要求生鲜农产品不会对人体造成危害。但频发的生鲜农产品恶性安全事件，都说明生鲜农产品供给的安全质量问题仍是一个世界性难题。其主要原因是辅助性农用化学制品作为生鲜农产品高效生产中难以或缺的一部分，难免会污染生鲜农产品，进而对人体造成危害。

表 3-4 是 2009～2017 年果蔬类生鲜、肉蛋类生鲜和水产类生鲜的质检合格率。

表 3-4 　　　　　　　　**2009～2017 年生鲜农产品的质检合格率** 　　　　　单位：%

指标	2017 年	2016 年	2015 年	2014 年	2013 年	2012 年	2011 年	2010 年	2009 年
果蔬	96.8	96.8	96.1	96.3	97.8	98.0	97.4	96.8	96.4
肉类	99.4	99.4	99.4	99.2	99.8	99.4	99.6	99.6	99.5
水产品	96.9	95.9	95.5	93.6	93.8	97.1	96.8	96.4	97.2

资料来源：历年《中国统计年鉴》。

（1）果蔬类生鲜。近年来我国果蔬类生鲜上农药残留监测合格率稳中有升，居民主要食用农产品质量安全得到了较好的保障。其中 2017 年，对蔬菜中甲胺磷等农药残留例行监测结果合格率为 96.8%（见图 3-1）。自 2008 年以来，已连续 8 年保持在 96% 以上的较高水平。

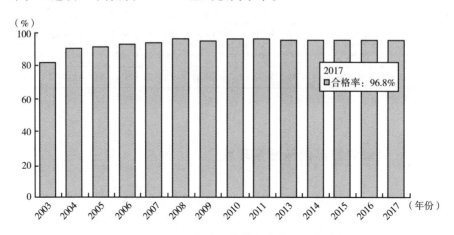

图 3-1　2003～2017 年我国蔬菜上农药残留监测合格率

数据来源：惠农网，https://news.cnhnb.com/.

（2）肉蛋类生鲜。检测和抽查结果表明，近年来我国肉蛋类产品中"瘦肉精"污染监测合格率较为稳定，自 2008 年以来，已连续 8 年保持在 99% 以上。2017 年农业部对全国 31 个省（区、市）155 个大中城市的畜禽产品中"瘦肉精"抽样检测，合格率为 99.4%（见图 3-2），说明我国肉蛋类生鲜的质量安全情况很好。

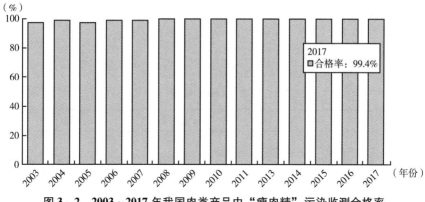

图 3 – 2　2003 ~ 2017 年我国肉类产品中"瘦肉精"污染监测合格率

数据来源：惠农网，https：//news. cnhnb. com/.

（3）水产类生鲜。检测和抽查结果表明，近年来我国水产品中氯霉素等污染监测合格率稳中向好。2017 年农业部对全国 31 个省（区、市）155 个大中城市的水产品中氯霉素等污染抽样检测，合格率为 96.9%（见图 3 – 3）。

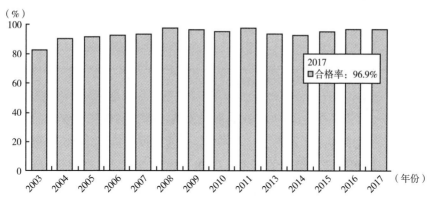

图 3 – 3　2003 ~ 2017 年水产品中氯霉素等污染监测合格率

数据来源：惠农网，https：//news. cnhnb. com/.

上述情况说明，近年来我国政府对食品的安全问题十分重视，完善与食品安全相关的法规和标准，严厉打击食品造假行为，从源头、生产、流通、销售各环节控制食品的污染，运用相应的检测手段以提高污染检测能力。虽然食品安全问题依然严峻，但政府的整顿措施已经卓有成效。

2. 生鲜农产品供给品质发展现状

生鲜农产品的供给质量也可以从营养成分、口感、外观和新鲜度等角度进行衡量。由于生鲜农产品的差异性和特殊性，尚未形成统一和完善的品质评价体系，但在生鲜农产品的实际供给中已有初步的评价标准，即"三品一标"工程，具体见表3–5。

表3–5 国家生鲜评价标准

名称	含义	规定部门	质量标准
无公害食品	产地环境、生产过程、产品质量符合国家标准和要求，获得认证的未加工的食用农产品	国家有关标准规范	无公害农产品质量标准参照国内普通食品卫生标准
绿色食品	遵循可持续发展原则，按照特定生产方式生产，经专门机构认定，许可使用绿色食品标志商标的无污染的安全、优质、营养类食品	中国绿色食品发展中心	绿色食品质量标准参照联合国粮农组织和世界卫生组织标准
有机食品	根据有机农业生产要求和相应标准生产加工，并且通过合法的、独立的有机食品认证机构认证的农副产品及其加工品	有机食品认证机构	有机食品质量标准参照欧盟和国际有机农业运动联盟（IFOAM）的有机农业和产品加工基本标准

资料来源：根据课题组收集资料整理归纳得出。

"三品一标"工程是2001年农业部提出的，旨在确保我国农产品的质量安全，以及推动高端农产品的生产和供给。通常是按照特定的标准，对农产品进行划分，最底层是无公害农产品，其次是绿色食品，最高层是有机食品。2017年国务院办公厅印发《国民营养计划（2017—2030年）》，提出将"三品一标"在同类农产品中总体占比提高至80%以上，印证了国家对中高端生鲜的重视程度日益提高。截止到2019年，我国获得"三品一标"的产品有121743个，其中获得绿色、有机和地理标志的只有37778个，说明虽然我国农产品的质量安全已经得到一定的保障，但是绿色、有机和地标性农产品的占比仍然较小，提高这部分农产品的占比是未来的发展方向。

除了"三品一标"的国家生鲜评价标准，针对不同的生鲜品种，又有特定的评价标准，如百果园的水果品质评价标准"四度一味一安全"。"四度"包括水果的糖酸度、鲜度、脆度、细嫩度，"一味"是指水果的香味，"一安全"是指水果的安全性。同时，基于"好吃"的标准，将水果划分为五个等级以满足不同消费者对生鲜水果的需求，如图3－4和表3－6所示。

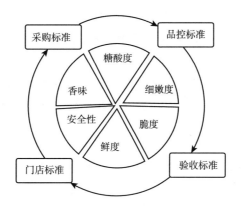

图3－4　百果园的水果品质评价标准

表3－6　　　　　　　　　百果园生鲜评价标准

名称	标　准
C级果品	内质标准、糖度标准、外观标准、规格标准、新鲜度均达到C级及以上
B级果品	内质标准、糖度标准、外观标准、规格标准、新鲜度达到B级及以上
A级果品	内质标准、糖度标准、外观标准、规格标准、新鲜度达到A级及以上
招牌级果品	内质标准、糖度标准、外观标准、规格标准、新鲜度达到A级及以上，且为优质品种
珍稀级果品	内质标准、糖度标准、外观标准、规格标准、新鲜度达到A级及以上，且为珍稀品种

资料来源：百果园官网 https：//www.pagoda.com.cn/standard。

为了提高生鲜农产品的供给质量，我国政府持续推进农业标准化的工作，初步形成相对完整的风险防范体系，源头控制能力、质量追溯管理能力等均有所提高，但生鲜农产品的品质提升仍有很大的上升空间。

（三）生鲜农产品供给结构现状

生鲜农产品供给结构现状主要描述了供给侧供给主体所生产的生鲜农产品能否与消费者的需求相匹配，供给结构越合理，供给主体生产的生鲜农产品就越畅销，其获取的收益就越高。本节用投入产出比来衡量生鲜农产品的供给结构现状。由于目前只有农林牧渔业的总投入与增加值的相关数据，所以只能以此替代生鲜农产品的供给结构现状。

从表3-7中可发现，从2000年起我国农、林、牧、渔业的总投入和增加值均是年年递增的，但是2000~2015年的投入产出比基本保持不变，说明我国以往很少关注于提高农、林、牧、渔业的供给结构状况。2017年的供给结构状况明显发生变化，说明近几年我国开始重视供给结构的改善，也侧面证明了我国供给侧改革已经产生了一定效果，供给端的盈利方式开始从依靠产量向提高品质、多样化和品牌化发展。

表3-7   2000~2017年农、林、牧、渔业的投入与产出现状

指标	2017年	2015年	2012年	2010年
农、林、牧、渔业总投入（亿元）	11012.40	10705.64	8942.13	6931.98
农、林、牧、渔业增加值（亿元）	65452.35	62904.05	52358.82	40533.60
投入产出比	0.1683	0.1702	0.1707	0.1710
指标	2007年	2005年	2002年	2000年
农、林、牧、渔业总投入（亿元）	4889.30	3935.67	2857.87	2644.83
农、林、牧、渔业增加值（亿元）	28659.17	23080.94	16630.47	15296.04
投入产出比	0.1706	0.1705	0.1718	0.1729

资料来源：2000~2017年《中国农村统计年鉴》。

综上所述，目前我国生鲜农产品在数量上已经属于供大于求，安全质量上也达到97.5%的合格率，但是在品质上，与注重发展高端农业的国家相比，仍有很大的差距，也缺少在国际市场上具有一定影响力的标志性生鲜农产品。国内生鲜农产品的供给端盲目生产，注重产量而非品质，供给结构与市场需求不匹配，导致丰产不丰收的现象频发。

第二节   生鲜农产品供给的主要问题及成因分析

（一）生鲜农产品供给的主要问题

目前我国生鲜市场呈现出既"过剩"又"短缺"的怪象，一方面是低端生鲜农产品的大量滞销，另一方面是优质生鲜农产品的供不应求。笔者对此进行梳理，发现该现象出现的原因是我国现阶段生鲜农产品供给的有效性严重不

足。由供给现状的分析结果可知，生鲜农产品的供给数量问题基本得到了解决，而供给质量问题和供给结构问题则日益凸显，因此，目前我国生鲜农产品供给的主要问题可分为供给质量和供给结构问题，具体如下。

1. 生鲜农产品的供给质量问题

综观我国的生鲜消费市场的发展变化，不难看出我国生鲜农产品的需求偏好正向高端化发展，并开始追求生鲜农产品的高营养化、新鲜安全、较好口感、卓越品质等。但现实是我国的生鲜农产品的供给仍是低档次供给富余而高档次供给不足，甚至出现了有害供给。整个生鲜农产品市场呈现出低端廉价的国内生鲜农产品和高端昂贵的进口生鲜农产品的两极分化。我国高端生鲜农产品的发展仍处于初期，无论在产量还是在品质上都无法和日本、荷兰等国家相比。

2. 生鲜农产品的供给结构问题

2018 年农业农村部关于构建现代农业体系、深化农业供给侧结构性改革工作情况的报告显示，我国农业的供给侧改革已初有成效，优质农产品的供给显著增加，但低端农产品仍是市场主流，而居民日益增长和多样化的需求，导致供需矛盾激烈。一方面，低端农产品滞销的情况屡见不鲜，另一方面，高端农产品缺货的情况也随处可见。经过两年农业结构调整，农产品供给结构性问题仍然存在。这说明农业供给结构问题虽有改善，但仍显不足。从我国现阶段生鲜农产品的分类中可以看到，当前市场供应的生鲜农产品结构无法与生鲜需求的多样化选择相匹配，且我国生鲜农产品的进口依存度较高，高端生鲜的供给来源大多为国外进口。丰富的生鲜农产品资源与多元化的消费需求出现了方向性、轨道性错位，导致卖方找不到买方，买方遇不到卖方。这种由于生产方式与消费方式的变化引起的结构性矛盾是当前我国生鲜农产品有效供给不足问题的主要表现形式之一。

（二）生鲜农产品供给问题的成因分析

我国生鲜农产品供给问题就是供给的有效性不足，其具体表现形式为供给结构失衡和供给质量偏低，那么造成这些有效供给不足情况的成因是什么？具体分析如下。

1. 生鲜农产品的特殊性导致供给数量和质量不稳定

不同于一般工业品和日用消费品，生鲜农产品的供给数量和质量往往受地理环境、人为因素、品种因素、自然气候等多种因素影响，这些因素导致每一生产周期生鲜农产品的供给数量和质量差异明显。

我国农业的现代化、产业化、标准化的水平较低，生鲜农产品受外部环境的影响较大。我国自然灾害发生频繁，干旱、低温、病害、气象灾害、地质灾害、生物灾害等均会使生鲜农产品的供给数量和质量受到严重影响，导致减产减质，甚至绝收。此外，过度的低端生产和农田掠夺式经营生产使得土壤退化流质，环境问题导致供给数量和质量极不稳定，加剧了供给结构失衡的情况。

2. 生鲜农产品供给主体的决策行为

我国生鲜农产品的供给端大多是广大农民，生产经营模式较为粗放，由于自身的文化素质不高而缺乏对市场的敏锐嗅觉，往往依赖以往的种养习惯和经验，或是盲目跟风。而现阶段我国部分能掌握生鲜市场需求信息的经营组织并不从事生鲜农产品的生产，导致供需信息脱节，整体供给水平一直不高。同时供给端的农户和经营组织也尚未形成像日本一样的精细化、品牌化、高端化的农业生产理念。即使生鲜农产品需求端的变化日新月异，他们在分配农业生产要素时仍旧依赖于以往的经验或是具有从众心理，缺乏对高品质生鲜的追求，没有生产高端生鲜农产品的意愿。不注重生鲜农产品质量的提升，是当前我国生鲜农产品有效供给不足的主要原因之一。

3. 高品质生鲜农产品的供给风险和投入较高

高品质生鲜农产品的供给风险较大，大多数供给主体不愿意生产。首先，高端生鲜农产品对生产要素的需求大于低端生鲜农产品，意味着其成本较大，如果发生减产或绝收的情况，供给者难以承受。其次，我国大部分生鲜农产品供给主体很少或是从来没有生产高品质生鲜农产品的经验，对这类生鲜农产品的培育方法不熟悉，遇到突发状况难以处理，更容易出现减产和绝收的情况。最后，高品质生鲜农产品的市场风险较大，老品种生鲜农产品通常都有固定的收购渠道或固定的消费者，高品质生鲜则不一样，有可能生产出来却没有人收购，这对经济情况较差的供给主体来说，需要冒很大的风险。因此，大多生鲜农产品供给主体往往倾向于依赖以往的生产经验，以避免承受较大的风险，使得低品质的生鲜农产品的供给过多。

高品质生鲜农产品对生鲜农产品供给端来说往往意味着更多的成本投入。以日本的高级和牛为例，松阪牛作为和牛中的顶级品牌畅销海内外，凭借自身高超的品质享有盛誉并被称为"肉类中的艺术品"。首先，在种苗选择上松阪牛就经过了精挑细选，必须是三重县松阪市及其近郊的黑毛和牛。其次，在后续培育过程中也投入了较多的时间与成本。松阪牛需要经过当地农家饲养3年，且每天饲以精制的混合饲料，并用烧酒给和牛按摩，给予它极好的生活环境。此例已经很好地说明了高品质生鲜农产品的投入往往是较高的，对广大并不富裕的农户来说是个难以跨越的门槛，这也是目前我国生鲜农产品供给端向高品质、个性化发展的一大阻碍。简而言之，高品质生鲜农产品生产的高门槛会使得供给主体即使有改善供给结构和质量的意愿，却由于资本不足而难以实施。因此高品质生鲜农产品的投入要求高也是导致当前我国生鲜农产品有效供给不足的主要原因之一。

4. 我国高端生鲜农业的发展基础薄弱

纵观新中国成立以来的生鲜农产品产量和进出口的数据，不难发现，我国生鲜农产品的产量是明显呈上升趋势，与此同时，进口量也与日俱增，但出口量偏低，这说明我国在生鲜农产品数量供给上有较强的优势，但是在品质供给上却较差，鲜有享誉全球的高端品种。

自新中国成立以来，百废待兴，工业一直是我国资源倾斜的重点，农业则成为工业的坚实基石。近年来，农业成为需要反哺的一方，但缺乏高端品质生鲜农产品的培育经验，相应的科学研究与品种培育仍处于起步阶段，导致当前我国生鲜农业的高端发展受到阻碍，这也间接导致了我国高品质生鲜供给不足的情况。

5. 生鲜农产品供给的政策体系不完善

随着经济的高速发展，我国生鲜农产品的需求结构发生明显变化，向追求营养、安全、卫生与品质等方向发展，这时早期注重总量增长的农业发展政策体系就凸显疲态，导致现阶段我国生鲜农产品的生产与消费在品种结构上的矛盾比较突出，例如，太平猴魁、六安瓜片等我国驰名品牌茶叶由于其质量达不到欧美国家的标准，而只能销往非洲国家。近年来，生鲜农产品供给的政策体系有了一定的改善，每年发布的中央一号文件都会强调农业的供给侧改革，并根据我国国情颁布一系列的政策法规，以完善生鲜农产品供给的政策体系，引导生鲜农产品向有效供给的方向发展。

（三）生鲜农产品供给问题的归纳总结

现阶段我国生鲜农产品供给的主要问题是供给的有效性严重不足，具体表现是生鲜农产品的供给质量和供给结构难以满足日益变化的市场需求，导致我国生鲜市场呈现出"过剩"又"短缺"的现象。结合成因分析，不难发现，生鲜农产品的特殊性和不断变化的市场均属于事物发展的自然规律，是无法改变的；高端生鲜农产品的供给风险、投入较高和发展基础薄弱问题，短时间内若没有大量资金和技术的支持是难以得到根本性改善的；完善生鲜农产品供给的政策体系则属于起效较慢的；只有生鲜农产品供给主体的决策行为是既易于改变又起效较快的，才适合作为解决生鲜农产品供给问题的切入点。

解决现阶段我国生鲜农产品供给的主要问题，实现生鲜农产品有效供给的关键在于改善生鲜农产品的供给结构，而供给结构的调整则依赖于供给主体的供给行为。这是因为农户、家庭农场、龙头企业、专业合作社等生鲜农产品供给主体作为供给行为的直接操作者、实践者与探索者，其行为态度与行为方式直接制约生鲜农产品供给结构调整的方向、速度与效果。供给主体的行为态度与行为方式属于决策行为，是其对生鲜农产品供给规划的最终表现，主要受供给主体对有效供给行为积极性的影响，换言之，内源式激励能够直接有效地调动供给主体的主观能动性，促使其实施有效供给行为。因此在供给结构调整过程中，能否形成直接有效的内源式激励以充分调动供给主体有效供给的积极性，成为能否达到生鲜农产品有效供给的关键。

第四章 生鲜农产品有效供给的理论分析

第一节 实现生鲜农产品有效供给的相关要素

本质上，有效供给是我国对生鲜农产品供给方向的指引和今后结构性调整的期望，也是本书期望实现的目标，后续研究均是围绕该目标展开的。基于行为理论可知，目标产生计划，计划产生行为，行为达成目标。运用到本书中，不难发现，目标是生鲜农产品有效供给，实现该目标的计划可分为宏观层面和微观层面，宏观计划是生鲜农产品供给侧改革，通过改善供给体系，使生鲜农产品的供给与市场需求相匹配，微观计划是激发生鲜农产品供给主体的主观能动性，促使他们实施有效供给行为。计划产生的行为则是生鲜农产品供给主体受到外部刺激后所实施的决策行为，最后该决策行为会与生鲜农产品系统中其他参与主体和要素产生供给的结果，实现供需匹配度的提高，达成有效供给的目标，具体如图4-1所示。

由图4-1可知，实现生鲜农产品有效供给的相关要素较多，为了方便后续研究展开，有必要对相关要素进行阐释。

首先，生鲜农产品供需系统作为实现生鲜农产品有效供给这一目标的承载体，包含了需求者、供给者、市场中介等完成供给行为的主要参与主体，以及生产资料商、金融机构、物流企业、外部环境等协助供给行为完成的次要参与主体。

其次，生鲜农产品的供给过程是指参与主体实施的关于供给行为的一系列反应和活动过程，通常由所有参与主体共同完成。该过程涉及生鲜农产品的生产规划、实际生产和仓储运输、销售、供需匹配以及对其有效供给的评价。

最后是宏观计划和微观计划的关系。宏观计划本质上是围绕生鲜农产品

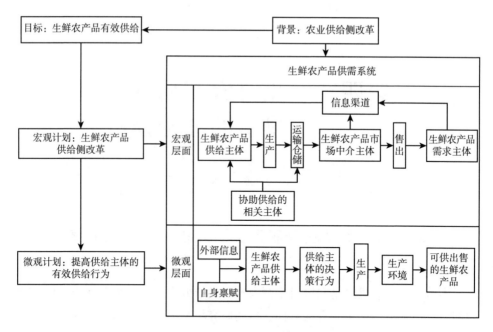

图 4 – 1　实现生鲜农产品有效供给的相关要素

资料来源：作者自制。

供给主体的生产供给环境提出的优化方案，通过改善基础设施、资源禀赋、自然环境、经济环境和政策环境等，为保障微观计划的实施奠定基础。微观计划本质上是通过内源式激励，激发生鲜农产品生产者对有效行为的追求信念和欲望。前者是后者实施的保障，两者相结合，最终完成生鲜农产品有效供给的目标。

本书侧重于生鲜农产品有效供给的研究，在明确生鲜农产品有效供给相关要素的基础上，还需对这些相关要素进行梳理，获取后期仿真建模所需的信息资料，包括生鲜农产品供需系统的框架结构、有效供给的流程、参与主体的交互关系和供给主体的决策行为过程等。

（一）生鲜农产品供需系统的框架结构及组成要素

1. 生鲜农产品供需系统的框架结构

本书参考实际情景，以需求者、供给者和市场中介作为重点研究对象，辅以生产资料商、金融机构、物流企业、外部环境等次要研究对象，描绘了生鲜农产品供需系统的框架结构，具体如图4－2所示。

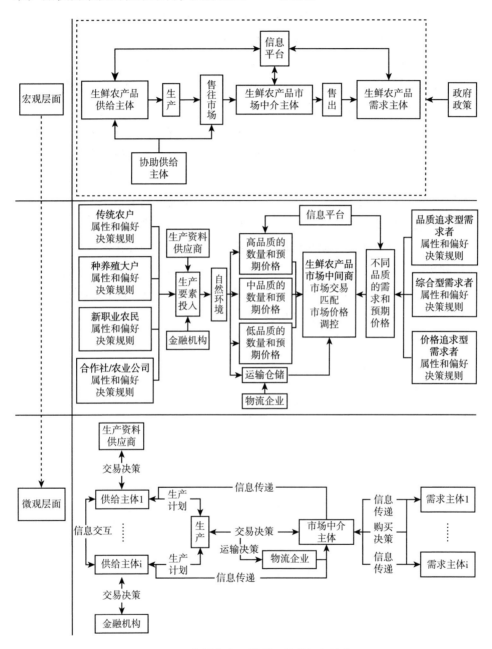

图4－2 生鲜农产品供需系统的框架结构

资料来源：作者自制。

图 4 - 2 中的箭头表示参与主体间的交互方式。纵观该框架结构可知，整个系统分成宏观层面和微观层面两个层次。其中宏观层面的研究主要是指供给方、需求方和市场中介等参与主体在相关政府政策的引导下生鲜农产品的供需行为，其目标是实现生鲜农产品的有效供给；微观层面的研究则是指各参与主体的决策者根据理性原则，进行生鲜农产品计划、生产、运输、仓储、购买、出售和消费等相关行为的决策。

系统中最基本的微观个体具有不同的决策行为方式，这种行为方式与微观个体所处的社会经济发展水平、自然环境、社交环境、基础设施和政策环境等因素密切相关。微观个体的决策行为及结果会通过涌现效应，影响更高层面上生鲜农产品供需参与主体的行为特征，这种行为特征影响了整个生鲜农产品供需系统及有效供给行为。这种涌现现象表现了系统的层次性。虽然高层次和低层次的参与主体并不处于同一层面的环境中，但彼此之间存在着直接或间接的作用和影响，较低层次的主体可以聚集成高一层次的主体。低层次的参与主体根据自身的需求、目标和外部环境的反馈，实施和改变自身的决策行为方式，进而导致事件的发展和变化；高层次的主体则遵循自身的需求和供需的实际情况，通过制定相应的规则来间接影响低层次参与主体的决策行为，而非直接控制低层次参与主体的行为。

2. 生鲜农产品供需系统的组成要素

结合供给理论和现状调查，本书确定生鲜农产品供需系统涉及多类组成要素。其一是生鲜农产品的供给过程的参与主体，包括：

（1）实施生鲜农产品有效供给行为的主体——生鲜农产品供给主体；

（2）为供给主体提供金融服务的主体——金融机构；

（3）为供给主体提供生产资料的供销主体——生产资料供应商；

（4）负责对生鲜农产品进行运输仓储的主体——物流企业；

（5）代表多种销售方式的媒介主体——生鲜农产品市场中介主体；

（6）生鲜农产品供给的消费终端——生鲜农产品需求主体。

此外，政府机构和信息平台也属于生鲜农产品的供给过程的参与主体。这些参与主体之间是相互独立且相互影响的，共同主导了供给过程中生产环节、供货环节和零售环节。由于风险偏好、家庭情况和决策规则等因素的不同，参与主体的基本行为千差万别，具体的参与主体分类如表 4 - 1 所示。

表 4 - 1 生鲜农产品供需系统中参与主体的分类及基本行为

系统层级	参与主体名称	对应实体	基本行为
宏观层面 (第一层)	政府	中央政府	制定和落实生鲜农产品有效供给政策
	供给主体	生鲜农产品 供给群体	1. 根据生产要素、信息、环境等制定生产计划 2. 生鲜农产品生产 3. 与市场中介、物流企业、金融机构、生产资料商等协助供给的主体进行交易协商
	市场中介主体	生鲜农产品 交易市场上的 各类中间商	1. 根据信息、环境和自身情况等与供给主体交易协商 2. 传递和接收生鲜农产品的相关信息 3. 根据信息、环境和自身情况等制定生鲜农产品的卖价
	需求主体	生鲜农产品 需求群体	1. 根据信息、环境和自身情况等与市场中介主体交易协商 2. 传递和接收生鲜农产品的相关信息
	协助供给主体	为生鲜农产品 生产提供服务 的群体	1. 与供给主体进行交易协商 2. 为供给主体提供相关服务和产品
	物流	提供物流 服务的企业	1. 与市场中介和供给主体进行交易协商 2. 为供给主体提供运输仓储服务和产品
微观层面 (第二层)	政府	地方政府	制定和落实生鲜农产品有效供给政策
	传统农户	传统型的生鲜 供给群体	1. 根据生产要素、信息、环境等制定生产计划 2. 生鲜农产品生产 3. 与市场中介、物流企业、金融机构、生产资料商等协助供给的主体进行交易协商
	种植养殖大户	领头型的生鲜 供给群体	1. 根据生产要素、信息、环境等制定生产计划 2. 生鲜农产品生产 3. 与市场中介、物流企业、金融机构、生产资料商等协助供给的主体进行交易协商
	新职业农民	现代型的生鲜 供给群体	1. 根据生产要素、信息、环境等制定生产计划 2. 生鲜农产品生产 3. 与市场中介、物流企业、金融机构、生产资料商等协助供给的主体进行交易协商

系统层级	参与主体名称	对应实体	基本行为
微观层面 （第二层）	合作社/ 农业企业	生鲜农产品 供给企业	1. 根据生产要素、信息、环境等制定生产计划 2. 生鲜农产品生产 3. 与市场中介、物流企业、金融机构、生产资料商等协助供给的主体进行交易协商
	生产资料 供应商	提供生产 资料的企业	1. 与供给主体进行交易协商 2. 为供给主体提供相关的农用物资
	金融机构	提供金融 服务的企业	1. 与供给主体进行交易协商 2. 为供给主体提供金融服务
	物流企业	提供物流 服务的企业	1. 与市场中介和供给主体进行交易协商 2. 为供给主体提供运输仓储服务和产品
	生鲜农产品 市场中介组织	生鲜农产品 交易市场上的 各类中间商	1. 根据信息、环境和自身情况等与供给主体交易协商 2. 传递和接收生鲜农产品的相关信息 3. 根据信息、环境和自身情况等制定生鲜农产品的卖价
	品质追求型需求者	偏好生鲜品质 的需求者	1. 根据信息、环境和自身情况等与市场中介主体交易协商 2. 传递和接收生鲜农产品的相关信息
	综合型需求者	既考虑价格又 注重生鲜品质 的需求者	1. 根据信息、环境和自身情况等与市场中介主体交易协商 2. 传递和接收生鲜农产品的相关信息
	价格追求型 需求者	注重生鲜价格 的需求者	1. 根据信息、环境和自身情况等与市场中介主体交易协商 2. 传递和接收生鲜农产品的相关信息

资料来源：作者自制。

其二是生鲜农产品的供给过程所处的环境，包括自然环境和社会环境。其中，自然环境是指生鲜农产品的种植养殖所依托的地理区位、土壤肥沃、气候、降雨量、海拔和日照时长等；社会环境则是指生鲜农产品的市场青睐程度、政策扶持力度、经济区位、基础设施和人文环境等。这类要素是形成生鲜农产品的供给的基石，良好的环境有利于生鲜农产品的生长、收获、运输、包装和销售。

其三是生鲜农产品的供给过程中的现金流、信息流和物流。生鲜农产品供给过程中的现金流是指各类经济主体在一定期间内因进行经济活动而产生的现金流动情况，信息流是指各类参与主体通过一定渠道传递相关信息的运动，整个传递过程包括信息的收集、传递、处理、储存、检索、分析等。物流是指将生鲜农产品及相关物品从供应地向接收地运输的过程，这种实体流动会根据实际需要将运输、储存、装卸搬运、包装、流通加工、配送、信息处理等功能有机结合起来。

（二）生鲜农产品的供给流程

完成生鲜农产品供给需要经过一个较长的周期，具体过程如图4－3所示。

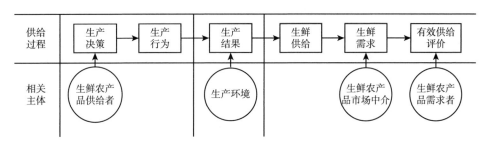

图4－3 生鲜农产品的供给过程

资料来源：作者自制。

图4－3展示了生鲜农产品的供给过程。首先，生鲜农产品供给者会根据接收到的信息和自身禀赋形成生产决策；其次，供给者会依据生产决策实施生产，而生鲜农产品会在生产环境中生长和成熟；继而，供给者会收获可供出售的生鲜农产品，将其卖给生鲜市场中介主体，而中介主体也会将生鲜农产品出售给需求者；最终，国家会对生鲜农产品的供需匹配情况进行评价。

其中，整个生产决策计划由生鲜农产品供给主体实施，且会受到生产环境的影响。经过一段时间，供给主体培育的生鲜农产品会成熟，且愿意出售的部分生鲜农产品会作为商品被物流公司运往生鲜农产品市场中介[1]。

由于生鲜农产品具有易损易腐性，物流公司会通过特殊的包装和冷链技术

---

[1] 此处的生鲜农产品市场中介包含多种销售方式的中介主体，包括各级批发市场、连锁超市、生鲜卖场、销售团队、直销公司、电商平台等。

进行运输和仓储以防出现过高的损耗。收到生鲜农产品后，生鲜农产品市场中介会根据进价和当前的供需情况制定出售价格，而生鲜农产品需求主体则会根据自身对生鲜农产品的需求和出售价格决定自身的购买量，且需求主体的购买量会被汇总成当期的销售状况。这些销售信息和需求主体对生鲜农产品的评价会被转换成市场信息，通过信息交互平台和其他信息渠道反馈给市场中介、供给主体和政府。

政府会根据供给主体和需求主体的反馈信息对现行的政策进行调整，以制定出更适合当前发展现状的政策法规，且政策法规对整个生鲜农产品供需系统起到引导和支撑的作用。供给主体会通过信息交互平台和其他信息渠道获取相关的市场信息，并根据这些反馈回来的信息调整下个生产周期的生产计划，且每个周期可供出售的生鲜农产品信息也会被汇编成供给信息，通过信息交互平台和其他信息渠道传递给收购的市场中介。

生鲜农品农产品市场作为需求主体和供给主体间的桥梁同时接收两方的信息反馈，并在一定程度上受政府政策法规的影响，起到调节生鲜农产品供需平衡的作用。具体的供给流程结构可见图4－4。

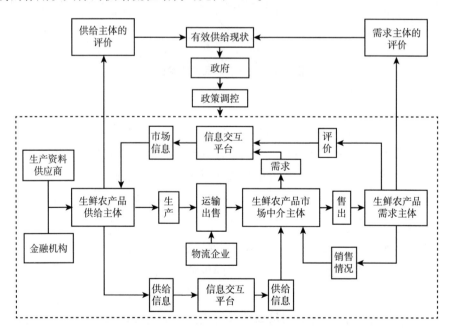

图4－4　生鲜农产品供给流程的结构

资料来源：作者自制。

（三）参与主体的交互关系

根据多主体系统理论的涌现性，宏观层面上的系统行为是由其微观层面上个体的微观行为所导致的，且系统的复杂性也是由个体的适应性造成的。为此，应先厘清生鲜农产品供给过程中参与主体的交互关系，再对生鲜农产品供给主体的决策行为过程进行分析。

图 4－5 参考了金淳设计的交互流程图[①]，最顶部的方框表示生鲜农产品供给的参与主体，竖虚线表示时间，横虚线是对时间阶段的分割，竖条块表示参与主体行为的始末，箭头表示信息交互的方向和内容。整个交互流程是在外部环境的影响下完成的，生鲜农产品供给的生产行为和决策行为均会受到环境的影响，进而影响整个生鲜农产品的供给过程。参与主体间的交互过程可以分为四个阶段：生产阶段；供给匹配阶段；需求匹配阶段；管理分析阶段。前三

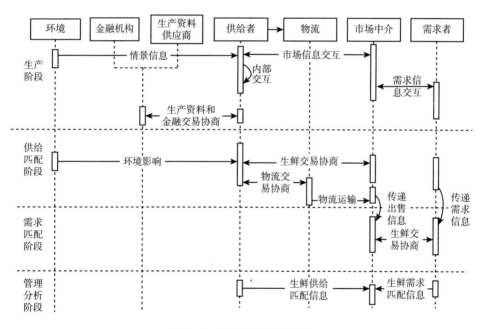

图 4－5 主体间的交互流程

资料来源：作者自制。

---

① 金淳，张一平. 基于 Agent 的顾客行为及个性化推荐仿真模型 [J]. 系统工程理论与实践，2013，33（2）：463－472.

个阶段对应了现实情景中的生产环节、供货环节和零售环节和有效供给的分析评价环节。

环境是由金融机构、生产资料供应商、政府和自然环境等组成的，体现了生鲜农产品供需系统所处的环境是包括自然环境和社会环境的。其主要功能是向其他参与主体提供相关的情景信息，如生鲜农产品的种子费用、化肥费用、维护费用、自然灾害情况等，并与生鲜农产品供给进行协商交易。

供给主体通常会通过交互协商模型接收到环境和其他供给主体传递的相关信息（情景信息和内部交互信息），再根据这些信息处理调用自身的规则库以做出当前生产周期的种植决策，并与金融机构、生产资料供应商进行协商交易以获取所需的生产必需品。经过一定的生长周期后，生鲜农产品供给所执行的生产决策会转变成生产结果，即可供出售的生鲜农产品。供给主体会对自己的农产品有一个预期的售价，而这个预期售价是由以往经验、当前的市场价格和生产成本决定的。

供货环节中，经销商、批发市场、零售商等市场中介主体会派人进行收购，并通过交互协商规则和供给方进行磋商交易。完成与供给主体的交易后，市场中介会按照收购的均价和利润率向需求方传递当前生鲜的出售价格。

零售环节中，需求方会根据出售价格进行购买，需求量会随价格而产生波动。最终管理分析模型会根据生鲜农产品的供需匹配信息来评价当期生鲜农产品是否达到有效供给。

（四）供给主体的决策行为过程

根据赫伯特·西蒙（Herbert Simon）的决策理论，决策者是整个决策行为过程中最重要的因素，所有的资源、技术、信息等要素均是为决策者服务的，只有在决策无误的时候，这些要素才会起到作用，决策者的重要性不言而喻。同理，在生鲜农产品的供需系统中，农户、家庭农场、龙头企业、专业合作社等供给主体作为生鲜农产品供给的直接操作者、实践者与探索者，其行为态度与行为方式直接制约生鲜农产品供给结构调整的方向、速度与效果，这说明生鲜农产品有效供给的实现依赖于供给主体的决策行为，因此需要从现实的生鲜农产品供需系统中提炼出微观层面上供给主体的决策行为过程。

目前学术界关于生鲜农产品供给主体决策行为的研究成果较为丰富，大多学者都参考了西蒙的有限理性模型和决策过程，将生鲜农产品供给主体的决策行为划分成四个阶段：搜集情况；拟定计划；实施计划；计划评价。供给主体在这四个阶段中通过对外部信息进行识别和处理，并基于自我的主观倾向，形成需要实施的生产决策和价格预期，然后根据决策计划实施行为，最后对决策行为进行评价。同时，西爱琴、汤颖梅、赵鑫和王海涛等学者，通过实证确定了影响供给主体决策行为的相关因素。对这些研究成果进行归纳总结，不难发现，非农就业收入、受教育水平、感知利益、感知风险及家庭劳动力状况等因素会对生鲜农产品供给主体的决策行为产生影响。本书基于 TPB 理论和甘臣林对供给主体决策影响因素划分的观点①，将这些因素划分为心理、社会和环境三类，具体如下。

心理类因素包括经验、人格、智力、情感等，即主体自身心理对决策行为的主观倾向。在供给主体决定生鲜农产品的供给决策时，这种心理因素会影响供给主体对相关信息的主观评价和看法，从而导致决策行为的变动。鉴于心理因素主要表现为对决策行为的主观倾向，可用生产意愿和风险偏好作为主要的心理类因素。

社会类因素主要有教育、民族、文化、习俗等。传统农户和种植养殖大户的文化素质和科技水平普遍不高，而新职业农民和合作社或公司的文化素质、科技水平一般较高。由于同一民族的供给主体通常集聚在一起，其习俗和文化也较为相同，供给主体的决策行为也会受到本地区周围群体的观念的影响。因此可用供给主体间的信息交互（即农户信息）、科技水平、文化素质等作为社会类因素。

环境类因素有自然环境、地理区位、市场环境等。自然环境主要是该区域是否适合种植养殖某种生鲜农产品，地理区位则是生产出来的生鲜农产品能否及时供货给周边的需求者，而市场环境的影响体现在市场信息通过价格信息的方式传递给供给主体，供给主体接收到信息后会及时改变自己的决策行为。

基于上述分析，本书参考西蒙的有限理性模型、决策过程和实地访谈对象的思维方式，构建生鲜农产品供给主体的决策行为过程（见图 4-6）。

---

① 甘臣林，谭永海，陈璐，陈银蓉，任立. 基于 TPB 框架的农户认知对农地转出意愿的影响 [J]. 中国人口·资源与环境，2018，28（5）：152-159.

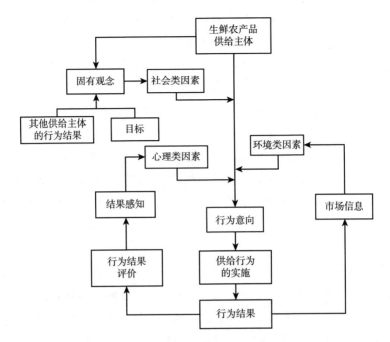

图4-6 生鲜农产品供给主体的决策行为过程

资料来源：作者自制。

图4-6展现了生鲜农产品供给主体在受社会类因素、环境类因素和心理类因素的影响后，对生产供给行为产生了行为意向，并付之于实践。供给行为的实施导致生鲜农产品供给主体与市场中介主体之间发生供货行为，且市场中介主体在收购完生鲜农产品后，会向需求端销售，完成供需匹配。部分行为结果会被供给主体感知，成为心理类因素影响供给主体的决策行为，而另一部分的行为结果会成为市场信息反馈给供给主体，成为环境类因素影响供给主体的决策行为。此外，供给主体的目标和其他供给主体的行为结果也会改变供给主体的固有观念，成为社会因素影响供给主体的决策行为。

第二节 生鲜农产品有效供给的影响因素研究

本节将构建生鲜农产品有效供给行为影响因素的理论框架并提出研究假说，通过实证方法进行验证，厘清生鲜农产品有效供给行为的影响因素，为后续生鲜农产品有效供给驱动机制的研究奠定基础。

（一）影响因素的研究假说与理论框架

1. 研究假说

结合生鲜农产品的供给过程分析和 TPB 理论模型，可知生鲜农产品有效供给的评价取决于生鲜农产品的供给与市场需求的匹配程度，且生鲜农产品的供给是供给主体的有效供给行为、资源禀赋等因素共同作用的结果，其中生鲜农产品供给主体的有效供给行为取决于供给主体对有效生产的行为意向，而生鲜农产品有效生产的行为意向则是由心理的行为态度、社会的主观规范和环境的知觉行为控制的共同影响而形成的。因此，本书认为生鲜农产品有效供给的影响因素与研究假说如下。

（1）生鲜农产品有效供给行为。生鲜农产品有效供给行为是指生鲜农产品供给主体在生产过程中能够影响生鲜农产品结构性匹配、生鲜质量和供给效率的行为。目前学术界对影响生鲜农产品有效供给的供给主体行为指标尚未有统一的定论，且随生鲜供给环境的变化，行为指标也不断发生变化，但理性生产行为、绿色生产行为和降本增效行为均作为考察供给主体是否实施生鲜农产品有效供给行为的指标。因此，本书从以下四方面设置了生鲜农产品有效供给行为指标。第一类，理性决策行为，包括生产决策、农用物资购买和规划种植行为。第二类，绿色生产行为，包括无害培育行为、有机化肥的使用情况和生态养殖情况。第三类，降本增效行为，包括节约生产成本行为和提高生产效率行为。

（2）心理因素变量。行为态度、主观规范、知觉行为控制、行为意识属于影响生鲜农产品供给主体施行有效供给的内部潜变量，即心理因素变量，不能够直接被观测，要通过观测变量进行表达。

①行为态度（AB）。行为态度是影响个体行为选择的重要因素之一[1]，通常情况下，个体的行为态度与行为意向方向保持一致[2]。卡尔皮宁[3]研究发现，

① Conner M, Armitage CJ. Extending the theory of planned behavior: A review and avenues for further research [J]. Journal of Applied Social Psychology, 1998, 28 (15): 1429 – 1464.

② Kotchen MJ, Reiling SD. Environmental attitudes, motivations, and contingent valuation of nonuse values: A case study involving endangered species [J]. Ecological Economics, 2000, 32 (1): 93 – 107.

③ Karppinen H. Forest owners' choice of reforestation method: An application of the Theory of Planned Behavior [J]. Forest Policy and Economics, 2005 (7): 393 – 409.

农户对安全生产的行为态度越积极，农产品质量越能得到保障。肖开红等①发现，规模农户参与农产品质量追溯的行为态度受收益、成本和是否期望提升农产品质量等因素的影响显著，且行为态度显著影响意向。主体实施有效供给的行为态度对其实施有效供给行为意向是否有着显著的影响，有待统计验证。基于以上分析，本书提出如下假设：

H1：行为态度因素对主体实施有效供给行为意向具有显著影响。

②知觉行为控制（PBC）。有部分研究文献证实知觉行为控制与行为意向相关②，即行为主体越认为自己所能控制的资源与条件能够较为容易地实施，其选择执行该行为的意向就越强。谢贤鑫等③基于江西省农户微观调查数据的研究得出，知觉行为控制对农户生态耕种采纳意愿有着显著的影响。此外，知觉行为控制也会对行为态度产生影响，石志恒等④通过对农户绿色生产意愿的研究得出，知觉行为控制通过行为态度对绿色生产意愿产生影响。在本书中反映为：当主体认为自己具备实施有效供给的资源条件，并且有能力将所供给的蔬菜销售出去，其对于实施有效供给行为的态度就是积极的；反之，则不乐于接受该种行为。基于以上分析，本书提出如下假设：

H2a：知觉行为控制对主体实施有效供给的行为意向具有显著影响；

H2b：知觉行为控制对主体实施有效供给的行为态度具有显著影响；

H2c：行为态度在知觉行为控制和行为意向之间起到中介作用。

③主观规范（SN）。主观规范会对主体的行为态度产生影响，万亚胜等在计划行为理论的基础上，对农户宅基地退出意愿展开研究，发现农户感受到的社会压力越大，对宅基地退出的态度也越积极⑤。在蔬菜生产过程中，主体越认为实施有效供给符合家庭其他成员的道德观念，周围邻居对主体实施有效供

① 肖开红，王小魁. 基于TPB模型的规模农户参与农产品质量追溯的行为机理研究［J］. 科技管理研究，2017，37（2）：249－254.

② 崔亚飞，黄少安，吴琼. 农户亲环境意向的影响因素及其效应分解研究［J］. 干旱区资源与环境，2017（12）：45－49.

③ 谢贤鑫，陈美球. 农户生态耕种采纳意愿及其异质性分析——基于TPB框架的实证研究［J］. 长江流域资源与环境，2019，28（5）：1185－1196.

④ 石志恒，崔民，张衡. 基于扩展计划行为理论的农户绿色生产意愿研究［J］. 干旱区资源与环境，2020，34（3）：40－48.

⑤ 万亚胜，程久苗，吴九兴，等. 基于计划行为理论的农户宅基地退出意愿与退出行为差异研究［J］. 资源科学，2017，39（7）：1281－1290.

给行为越认同，供给主体就越喜欢和偏好实施有效供给①。同时，主观规范对知觉行为控制有正向促进作用②。政策制度等因素对主体实施有效供给的支持力度的加强，会在一定程度上降低主体实施有效供给行为的难度。此外，有学者指出，拥有积极主观规范的行为主体通常也具有积极的行为意向③，主观规范会显著影响意向④。在本书中反映为主体对实施有效供给行为的主观规范越强，即家庭其他成员、村组织成员等对主体实施有效供给行为越鼓励，相关政策制度对主体约束力越强，越有利于其实施有效供给行为。基于以上分析，本书提出如下假设：

H3a：主观规范对主体实施有效供给的行为态度具有显著影响；

H3b：主观规范对主体实施有效供给的知觉行为控制具有显著影响；

H3c：主观规范对主体实施有效供给的行为意向具有显著影响；

H3d：行为态度在主观规范和行为意向之间起到中介作用；

H3e：知觉行为控制在主观规范和行为意向之间起到中介作用。

行为意向是指行为个体在现有的条件下或未来通过学习和努力可能会执行的行为的意愿。根据计划行为理论，行为意向受个体的行为态度、主观规范和行为控制感知的综合影响，个体的行为意向会对其最终行为的产生具有导向性⑤，是最终影响行为的动机因素⑥。本书中，主体实施有效供给行为意向是指主体在现有条件下或未来是否有通过实施有效供给行为保证或提高自己供给水平的意愿，主体实施有效供给的行为意向越强，其最终实施有效供给行为的可能性越大。基于以上分析，本书提出如下假设：

H4：行为意向对主体实施有效供给行为具有显著影响。

（3）资源禀赋变量。资源禀赋是指生鲜农产品供给主体所拥有的各种生产要素，包括劳动力、资本、土地、技术、管理等。通常情况下，供给主体的

① 赵建欣，张忠根. 基于计划行为理论的农户安全农产品供给机理探析 [J]. 财贸研究，2007（6）：40 - 45.

② 问锦尚，张越，方向明. 城市居民生活垃圾分类行为研究——基于全国五省的调查分析 [J]. 干旱区资源与环境，2019，33（7）：24 - 30.

③ Taylor SE, Peplau LA. Social psychology [M]. New York：Person Education Inc，2006：232 - 240.

④ 林轶，田茂露，曾慧珠. 乡村旅游经营者参与网络营销的意愿及行为研究——基于广西融水、阳朔的调查数据 [J]. 中国农业资源与区划，2019，40（2）：56 - 63.

⑤ Halder P, Pietarien J, Havunuutinen S, et al. The theory of planned behavior model and students' intentions to use bioenergy：A cross-cultural perspective [J]. Renewable Energy，2016（89）：627 - 635.

⑥ 熊升银，周葵. 农户参与秸秆资源化利用行为的影响机理研究 [J]. 农村经济，2019（4）：110 - 115.

有效供给行为会受到自身资源禀赋的制约，其拥有的各种生产要素都会制约供给行为并导致最终供给结果的变化。土地是农业生产的第一要素，土地的规模和土壤的品质都会影响供给结果，在亩产量①不变的前提下，土地规模决定了生鲜农产品的总产量，而土壤品质则决定了生鲜农产品的质量，因此土地要素对生鲜农产品的供给行为有着重要的影响。农业生产离不开劳动力和生产技术，这二者同样是影响有效供给行为的重要因素。资本要素也会制约有效供给行为实施的效果，缺少资本会使得生产的农用物资缺失，供给主体只能减少生产规模或降低生产质量。此外，管理和组织要素同样会影响生鲜农产品的有效供给。农业合作社能够为下属的供给主体提供统一的生产资料购买、技术培训、生产资金贷款等服务，间接影响生鲜农产品的有效供给行为；管理则对生产经营规模较大的供给主体有一定的影响，良好的管理有利于生产的进行。基于以上分析，本书提出如下假设：

H5：资源禀赋对生鲜农产品供给主体实施有效供给行为具有显著影响。

（4）气候环境变量。本书中的气候环境特指生鲜农产品供给主体在进行有效供给时所处的自然环境。在生鲜农产品的生产过程中，气候环境是影响有效供给行为的重要因素，越是高端的生鲜农产品，其对气候环境的要求就越高，且为了保证高端生鲜最终的产出质量，就必须严格把控生产的气候环境，通常包括降雨量、日照时长、温度、生物病害等。一般情况下，如果降雨量、日照时长、温度、生物病害的情况在适合范围内，生产情况是正常进行的。若是出现问题且情况不严重，可以通过温室大棚技术、水利灌溉技术等解决，但是这些技术所需要的资金和劳动力则会导致生鲜农产品的供给效率下降，而如果情况严重，降雨量、日照时长、温度、生物病害升级为涝灾、旱灾、低温灾害、生物灾害等，则会直接导致生鲜农产品的减产甚至绝收。换句话说，气候环境越不适合当前生鲜农产品的生长，供给主体的生产成本就越高，效率就越低，供给主体也越不愿尝试生产，最终导致生鲜农产品供给主体难以实施有效供给行为。基于以上分析，本书提出如下假设：

H6：气候环境对生鲜农产品供给主体实施有效供给行为具有显著影响。

（5）市场变量。市场变量是指生鲜农产品市场的需求情况，包括生鲜农产品的价格或收益状况、缺货状况、滞销状况、品种满意情况等。生鲜农产品

---

① 本书涉及农田面积的计量单位，按农业生产中的习惯，使用"亩"，一亩约等于0.0667公顷。

的供给行为最终要与生鲜市场的需求进行匹配才能实现生产收益，生鲜市场因素必定会影响生鲜供给主体的供给行为。通常情况下，某种生鲜农产品的价格越高，缺货情况越严重，市场的满意度越高，生鲜供给主体的生产意愿就会越强烈。就我国现阶段的生鲜市场情况可知，我国居民对生鲜农产品的需求结构也发生明显变化，向追求营养、安全、卫生与品质等方向发展，因此生鲜市场对高端生鲜农产品的满意评价是较多的，且高端生鲜农产品的价格是普遍高于低端生鲜的，也经常出现缺货。因此会使得生鲜供给主体更愿意实施有效供给行为。基于以上分析，本书提出如下假设：

H7：生鲜市场对生鲜农产品供给主体实施有效供给行为具有显著影响。

（6）风险变量。供给风险通常包括生产风险和市场风险，生产风险是指生鲜农产品供给主体在农用物资、设备、劳动力、生产技术及生产组织等方面有难以预料的障碍存在，且会引起供给主体的生鲜产出难以达到预期目标或无法按预定成本完成生产。而市场风险则是指生鲜需求市场对供给主体生产的生鲜农产品的需求波动。通常来说，某种生鲜农产品的供给风险越大，生鲜的供给主体就会越排斥。

H8：生产风险和市场风险市场对生鲜农产品供给主体实施有效供给行为具有显著影响。

（7）政府政策变量。本书中的政府政策是指我国政府对扩大生鲜农产品有效供给的相关政策，通常包括生产补贴政策和技术指导政策。生产补贴政策是指政府通过对种植养殖优质生鲜农产品的农户发放资金补贴、引导生鲜供给主体的生产决策。技术指导政策是指政府雇用具有优质生鲜生产技术的人员为区域内所有的生鲜农产品供给主体提供生产技术指导，帮助他们进行合理科学的种植。基于以上分析，本书提出如下假设：

H9：政府政策对生鲜农产品供给主体实施有效供给行为具有显著影响。

2. 理论框架

在初步分析生鲜农产品有效供给影响因素的基础上，结合 TPB 计划行为理论与农业供给的相关文献。本书构建了生鲜农产品有效供给的影响因素理论模型（见图 4-7）。

其中，行为态度、主观规范、知觉行为控制、行为意向属于影响生鲜农产品供给主体施行有效供给的心理变量，即内部潜变量，不能够直接被观测，要通过观测变量进行表达；资源禀赋和气候环境属于影响供给主体有效供给行

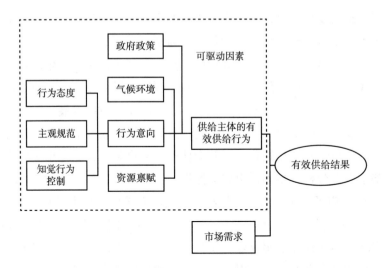

图4-7 生鲜农产品有效供给的影响因素理论模型

资料来源：作者自制。

为的外部变量。因此根据心理变量和外部变量的分类方式，本书将通过两阶段对提出的研究假说展开实证研究，具体研究任务包括两个方面。第一，验证生鲜农产品有效供给的行为态度、主观规范和行为控制感知对生鲜农产品有效供给行为意向的影响模型，并验证行为态度、行为控制感知和主观规范三者之间的关系。第二，在完成心理因素分析的基础上，研究生鲜供给主体的行为意向（心理因素）、资源禀赋和气候环境对生鲜农产品有效供给行为的综合影响，探寻扩大生鲜农产品有效供给行为的关键影响因素。

3. 研究区域与数据收集

在进行实证研究前，本节对研究区域的选择与研究数据的收集方式进行阐述。首先，考虑到不同农业区域生产的生鲜品种可能不同，为保证研究具有一定的可比性，本书统一选取了生产生鲜蔬菜的供给主体（包括主要生产蔬菜的农户、种植大户、合作社、农业公司菜等）作为调研对象。其次，兼顾到区域的农业发展水平和农业技术的普及情况，本书选取江苏省作为调研区域。最后，本书的实证数据主要来源于调研小组进行实地访谈式调研、发放问卷和通过网络向相关农业人士发放问卷的结果。

（1）研究区域。

江苏省作为农业大省，其农业地理位置与气候条件优越，农业基础较好。

近年来江苏省第一产业的发展势态较好，农、林、牧、渔业产值的增长比例也较大（见表4-2），其中农业在江苏省第一产业中占比较大，说明江苏农业发展的良好势态是显而易见的，因此以江苏省作为农业研究的调研区域是科学可行的，也具有一定的代表性。

表4-2　　　　　　　　江苏省农、林、牧、渔业产值状况

年份	农、林、牧、渔业产值（亿元）	增长比例（%）	农业（亿元）	林业（亿元）	畜牧业（亿元）	渔业（亿元）
"九五"期末	1869.73	—	1096.02	30.17	430.53	313.01
"十五"期末	2576.98	137.83	1291.06	45.27	599.14	511.86
"十一五"期末	4283.21	166.21	2269.56	78.12	921.9	805.25
"十二五"期末	6980.37	162.97	3675.87	129.09	1257.92	1517.51

资料来源：历年《江苏省统计年鉴》。

2017年我国蔬菜产量约为6.92亿吨，其中江苏省蔬菜产量排名前三，总产量约达5540万吨。蔬菜已成为江苏省继水稻后的第二大种植作物，其创造的经济总量第一，因此选择江苏省的生鲜蔬菜的供给主体作为研究对象具有一定代表性。江苏省发展农业地理位置与气候条件优越，其各市地理特征的多样性与经济发展的不一致，造就了农业生产位置分区的区别。由表4-3可知，2018年，江苏省蔬菜种植面积排名前三的城市是徐州市、盐城市和南通市，具体比重为徐州市23.97%、盐城市18.87%、南通市9.65%，三市亩均产量分别为2499.17千克、3214.41千克、2212.23千克，三市均以苏北地区为主。

表4-3　　　　　　　江苏省2018年各地市蔬菜种植面积及产量

地区	面积（万亩）	产量（万吨）	单产（千克）
徐州市	512.37	1280.50	2499.17
盐城市	403.26	1259.95	3124.41
南通市	206.24	456.25	2212.23
淮安市	143.57	393.15	2738.39
泰州市	139.67	331.05	2370.23
宿迁市	136.37	486.50	3567.50

续表

地区	面积（万亩）	产量（万吨）	单产（千克）
连云港市	129.26	383.85	2969.60
南京市	123.15	284.45	2309.78
苏州市	106.32	214.35	2016.08
扬州市	87.84	218.65	2489.18
无锡市	65.45	129.65	1980.90
常州市	43.49	93.35	2146.47
镇江市	40.53	94.15	2322.97
全省	2137.52	5625.85	2518.99

资料来源：《2018 年江苏省统计年鉴》。

从以上分析我们可以看出，在全国范围内，江苏省以蔬菜为代表的农产品的种植面积与产量均名列前茅，当下从家庭农场角度研究江苏省的农产品质量安全，能够更好地解决我省家庭农场安全农产品的问题并促进发展。

（2）数据收集。

本书的数据收集方式主要分为三种：其一，部分数据是调研小组通过实地访谈式调研所得。为了确保数据的全面性与客观性，调研小组按照江苏省的苏南、苏中和苏北地区分别选取了农业发展较好的句容市、扬州市和连云港市作为调研地点，在做好前期准备工作后，调研小组于 2019 年 1 ~ 3 月，针对当地的菜农、蔬菜种植大户、合作社、新职业农民和菜蔬类农业公司等进行了调研，通过问卷调查和深入访谈的形式收集了相关数据。其二，还有部分数据是调研小组通过委托大学生回乡发放问卷的方式所得，筛选出江苏籍的农村大学生并委托他们利用假期回家的机会发放问卷。其三，剩余部分的数据是来源于农产品专家和新型职业农民培训会上所做调查问卷。此次调研共计发放问卷360 份，回收有效问卷 324 份，有效回收率达 90%。

（二）心理因素对生鲜农产品有效供给行为意向的影响

1. 实证模型

本节采用结构方程模型（SEM）对生鲜农产品有效供给的行为意向理论模型进行验证，结构方程不但能处理多个潜变量，也能探究变量间的影响路径，还能避免常见的共线性问题。理论模型共有四个潜变量，分别为行为态度（AB）、主观规范（SN）、知觉行为控制（PBC）和行为意向（BI）。结构方程模型通常分成两部分：一是测量模型，表现了观察变量与前变量之间的关系；二是结构模型，体现了不同潜变量之间的关系（具体如图4-8所示）。本节将对假设H1至H3e进行验证。

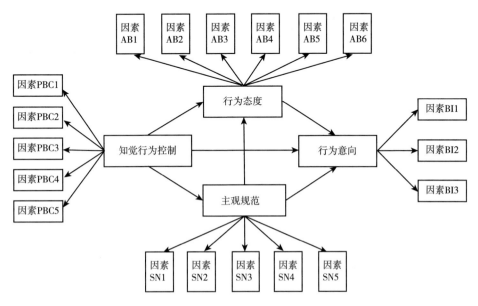

图4-8　结构方程模型结构

资料来源：作者自制。

2. 量表设计

在生鲜农产品有效供给问题项的测量上，笔者借鉴了其中相关重要概念的量表，并在计划行为理论的基础上，结合实地访谈对相关题项进行修正，最后与相关研究领域多位专家学者进行探讨，制定出相应的测量题项。为达到最佳效果，本书采用李克特五级量表（完全不同意=1，有点不同意=2，中立=3，有点同意=4，完全同意=5）。该方法的内部一致性较高，在管理学的调查研究中得到广泛的应用，能够避免单纯的是或否的回答，也使测度的结果能用于定量数据分析。本书采取问卷调查法，以生鲜农产品的供给主体（包括农户、种植大户、合作社、新职业农民、农业公司等）为调查对象，主要测量了行为态度（AB）、知觉行为控制（PBC）、主观规范（SN）、行为意向

（BI）等心理变量。对生鲜农产品的供给主体的具体统计特征如表 4 - 4 所示。

表 4 - 4 心理因素问卷量表

潜变量	题项编号	观测变量	均值	标准差
行为态度（AB）	AB1	认为实施有效供给正确且重要	3.81	0.963
	AB2	认为实施有效供给能够降低风险	3.76	0.909
	AB3	实施有效供给是为了赢得别人的尊重	3.41	0.826
	AB4	实施有效供给是为了获得更高的收益	3.93	0.797
	AB5	实施有效供给是为了卖出更高的价格	3.96	0.780
	AB6	实施有效供给能改善农村人居环境	3.44	0.917
知觉行为控制（PBC）	PBC1	我能获取实施有效供给行为的技术与条件	4.18	0.777
	PBC2	我实施有效供给销路有保障	3.74	0.819
	PBC3	我能获得生鲜农产品的市场需求信息	3.90	0.796
	PBC4	当我面临困难时能得到政府的帮助和指导	3.41	0.772
	PBC5	绿色或有机认证费用我能承受	3.94	0.827
主观规范（SN）	SN1	市场检测机制对我实施有效供给有影响	3.78	0.927
	SN2	我应该服从政府号召实施有效供给	3.81	0.898
	SN3	同行的做法和意见对我有影响	4.32	0.727
	SN4	家人和朋友的建议对我有影响	3.18	0.818
	SN5	村干部和村组织的意见对我有影响	4.01	0.810
行为意向（BI）	BI1	我愿意预测市场需求理性生产	4.20	0.744
	BI2	我愿意提高生鲜农产品的质量	3.58	0.919
	BI3	我愿意降本增效提高供给效率	4.05	0.784

资料来源：根据课题组调研材料梳理后获得。

3. 信度与效度检验

在采用结构方程模型进行分析之前，本书首先对实地调研获取的数据做信度效度检验，以确保题项的可靠和有效。

本书采用 Cronbach's α 系数和 CITC 值作为信度检验的判断标准，当 Cronbach's α 系数大于或等于 0.7 时，问卷数据具有较高的信度，而当题项的 CTIC 值小于 0.3 时，则需要考虑删除该题项。从 SPSS22.0 输出结果来看（见

表4－5），所有潜变量的 Cronbach's α 系数均大于 0.7，且各题项的 CITC 值均大于 0.3，说明问卷数据的信度较高。

表4－5　　　　　　　　　　　　信度分析结果

潜变量	观测变量	Cronbach's α	CITC
AB	AB1	0.897	0.876
	AB2		0.884
	AB3		0.887
	AB4		0.886
	AB5		0.866
	AB6		0.873
SN	SN1	0.914	0.891
	SN2		0.899
	SN3		0.899
	SN4		0.889
	SN5		0.893
PBC	PBC1	0.879	0.852
	PBC2		0.847
	PBC3		0.857
	PBC4		0.857
	PBC5		0.852
BI	BI1	0.929	0.886
	BI2		0.927
	BI3		0.881

资料来源：作者自制。

　　本书采用 SPSS 22.0 和 Amos 17.0 对问卷数据的收敛效度和区别效度进行检验。笔者主要从因素负荷量、平均方差抽取量（AVE）和信度三个方面对收敛效度加以检核。测量量表中，观测变量信度系数值为因素负荷量的平方，测量误差值为"1－信度系数值"，测量误差值越大，则测量误差越大[1]。平均

---

　　① 孙佳佳，霍学喜. 进口苹果消费行为及其影响因素——基于结构方程模型的实证分析 [J]. 中国农村经济，2013（3）：58－69，96.

方差抽取量（AVE）表示被潜在构念所解释的变异量中有多少来自测量误差，一般判别标准是 AVE 大于 0.5，则测量误差可以接受①。CFA 模型的信度采用的是构念信度，潜在变量的构念信度又称为组合信度（CR），如果 CR 值在 0.7 以上，则说明测量模型构念信度良好。表 4 – 6 显示，本书测量量表因素负荷量均大于 0.70 小于 0.95，且信度系数、测量误差、组合信度、AVE 值均符合标准，收敛效度良好。

表 4 – 6   收敛效度分析

潜变量	观测变量	因素负荷量	信度系数	组合信度（CR）	平均方差抽取量（AVE）
AB	AB1	0.800	0.640	0.9006	0.6024
	AB2	0.754	0.569		
	AB3	0.740	0.548		
	AB4	0.710	0.504		
	AB5	0.849	0.721		
	AB6	0.796	0.634		
SN	SN1	0.870	0.757	0.9150	0.6830
	SN2	0.803	0.645		
	SN3	0.792	0.627		
	SN4	0.839	0.704		
	SN5	0.826	0.682		
PBC	PBC1	0.763	0.582	0.8800	0.5945
	PBC2	0.788	0.621		
	PBC3	0.762	0.581		
	PBC4	0.775	0.601		
	PBC5	0.767	0.588		
BI	BI1	0.944	0.891	0.9337	0.8246
	BI2	0.857	0.734		
	BI3	0.921	0.848		
适配标准值		> 0.700	> 0.500	> 0.600	> 0.500

资料来源：作者自制。

---

① 吴明隆. 结构方程模型——AMOS 的操作与应用 [M]. 重庆：重庆大学出版社，2009：62 – 63.

根据吴明隆[①]的研究,区别效度一般采用卡方差异检验法检验。在本书的区别效度检验中,受限模型与未受限模型的卡方差异量 $\Delta\chi^2$ 均大于 10.827($\Delta df = 1$),且都达到 0.01 显著水平,说明测量量表因素构念间有良好的区别效度。

4. 模型结果与分析

（1）模型整体结果适配性检验。

结构方程模型的拟合情况可以通过适配度指标来测量。有研究者将整体模型适配度评估分为三类:绝对适配度测量（χ^2、GFI、RMR、RMSEA 等）、增值适配度测量（NFI、RFI、IFI、TLI、CFI 等）及简约适配度测量（PGFI、PNFI、CN 等）[②]。本书评估模型适配度时,综合选取 $\chi^2/d.f.$（卡方自由度比）、GFI、RMR、NFI、RFI、IFI、TLI、CFI、PGFI 这 9 个指标评价结构方程的拟合情况。表 4-7 列出结构方程模型整体适配度检验的统计值和参考值,结果表明样本数据通过适配度检验,拟合理想。

表 4-7 模型整体适配度检验结果

指标	统计值	参考值	检验结果
$\chi^2/d.f.$	2.171	≤3.00	理想
GFI	0.904	≥0.90	理想
RMR	0.020	≤0.05	理想
RFI	0.932	≥0.90	理想
NFI	0.942	≥0.90	理想
IFI	0.968	≥0.90	理想
TLI	0.962	≥0.90	理想
CFI	0.967	≥0.90	理想
PGFI	0.699	≥0.50	理想

资料来源:作者自制。

（2）模型假说检验。

根据模型估计的结果,假说 H3c 并没有通过显著性检验。表 4-8 的结果

[①] 吴明隆. 结构方程模型——AMOS 的操作与应用 [M]. 重庆:重庆大学出版社,2009:62-63.

[②] Hair J F, Anderson R E, Tatham R L, et al. Multivariate data analysis (5th.) [M]. Upper Saddle River, NJ: Prentice Hall, 1998.

显示，家庭农场安全蔬菜生产行为模型中，主观规范对行为意向的影响不显著，表明主观规范对家庭农场安全蔬菜生产行为意向的强弱没有直接影响。而在实际调研过程中，笔者确实发现家庭农场主不会特别重视国家或地方政府出台的质量安全法之类的制度文件，对文件具体内容知之甚少，此类文件对家庭农场的安全蔬菜生产行为意向没有直接的约束力。

表 4 - 8　　　　　　家庭农场安全蔬菜生产行为模型心理因素路径系数

变量关系			标准化路径系数	显著性概率
BI	<---	AB	0. 264 **	0. 050
BI	<---	PBC	0. 801 ***	0. 000
AB	<---	PBC	0. 292 *	0. 051
BI	<---	SN	- 0. 099	0. 589
AB	<---	SN	0. 665 ***	0. 000
PBC	<---	SN	0. 943 ***	0. 000

注：* 表示在 10% 水平上显著，** 表示在 5% 水平上显著，*** 表示在 1% 水平上显著。
资料来源：作者自制。

根据模型检验结果，对模型中潜变量间的关系略做调整，删除主观规范到行为意向的路径。对调整后的模型再一次进行分析检验，估计结果如表 4 - 9 所示，各潜变量与其对应观测变量的估计参数也列于表中。假说 H1、H2a、H2b、H3a、H3b 得到验证。

表 4 - 9　　　　　　调整后的家庭农场安全蔬菜生产行为模型分析结果

变量关系			标准化路径系数	显著性概率
BI	<---	AB	0. 223 **	0. 044
AB	<---	PBC	0. 306 **	0. 030
BI	<---	PBC	0. 743 ***	0. 000
AB	<---	SN	0. 652 ***	0. 000
PBC	<---	SN	0. 940 ***	0. 000
AB1	<---	AB	0. 800	—
AB2	<---	AB	0. 754 ***	0. 000
AB3	<---	AB	0. 740 ***	0. 000
AB4	<---	AB	0. 710 ***	0. 000
AB5	<---	AB	0. 849 ***	0. 000

续表

变量关系			标准化路径系数	显著性概率
AB6	<---	AB	0.796 ***	0.000
PBC1	<---	PBC	0.763	—
PBC2	<---	PBC	0.788 ***	0.000
PBC3	<---	PBC	0.762 ***	0.000
PBC4	<---	PBC	0.775 ***	0.000
PBC5	<---	PBC	0.767 ***	0.000
SN1	<---	SN	0.870	—
SN2	<---	SN	0.803 ***	0.000
SN3	<---	SN	0.792 ***	0.000
SN4	<---	SN	0.839 ***	0.000
SN5	<---	SN	0.826 ***	0.000
BI1	<---	BI	0.944	—
BI2	<---	BI	0.857 ***	0.000
BI3	<---	BI	0.921 ***	0.000

注：** 表示在 5% 水平上显著，*** 表示在 1% 水平上显著。
资料来源：作者自制。

（3）中介效应检验。

本书利用 Amos 17.0 对研究假说中的中介效应进行检验，采用 Bootstrap 法，自抽样 5000 次得到运算结果。对假说 H2c、H3d 和 H3e 的具体检验步骤如下。

由表 4 - 10、表 4 - 11 可知，知觉行为控制对行为意向的总效应下限值为 0.639，上限值为 0.963，两者之间不包含 0；主观规范对行为意向的总效应下限值为 0.883，上限值为 0.931，两者之间不包含 0。表 4 - 12 标准化总效应双尾检验结果显示，知觉行为控制对行为意向的总体效应值显著，P = 0.001；主观规范对行为意向的总体效应值显著，P < 0.000，可以进入下一步中介效应检验。

表 4 - 10　　　　　　　　　　标准化总效应下限值（BC）

指标	SN	PBC	AB
PBC	0.910	0.000	0.000
AB	0.908	0.002	0.000
BI	0.883	0.639	0.024

资料来源：作者自制。

表 4 – 11   标准化总效应上限值（BC）

指标	SN	PBC	AB
PBC	0. 964	0. 000	0. 000
AB	0. 965	0. 598	0. 000
BI	0. 931	0. 963	0. 405

资料来源：作者自制。

表 4 – 12   标准化总效应双尾显著性检验（BC）

指标	SN	PBC	AB
PBC	0. 000	…	…
AB	0. 001	0. 048	…
BI	0. 000	0. 001	0. 069

资料来源：作者自制。

由表 4 – 13、表 4 – 14 可知，知觉行为控制对行为意向的间接效应下限值为 0. 003，上限值为 0. 199，两者之间不包含 0；主观规范对行为意向的间接效应下限值为 0. 883，上限值为 0. 931，两者之间不包含 0。表 4 – 15 标准化间接效应双尾检验结果显示，知觉行为控制对行为意向的间接效应值显著，$P = 0. 041$；主观规范对行为意向的间接效应值显著，$P < 0. 000$。

表 4 – 13   标准化间接效应下限值（BC）

指标	SN	PBC	AB
PBC	0. 000	0. 000	0. 000
AB	0. 004	0. 000	0. 000
BI	0. 883	0. 003	0. 000

资料来源：作者自制。

表 4 – 14   标准化间接效应上限值（BC）

指标	SN	PBC	AB
PBC	0. 000	0. 000	0. 000
AB	0. 569	0. 000	0. 000
BI	0. 931	0. 199	0. 000

资料来源：作者自制。

表 4 – 15　　　　　　　　标准化间接效应双尾显著性检验（BC）

指标	SN	PBC	AB
PBC	…	…	…
AB	0.047	…	…
BI	0.000	0.041	…

资料来源：作者自制。

由表 4 – 16、表 4 – 17 可知，知觉行为控制对行为态度的直接效应下限值为 0.002，上限值为 0.598，两者之间不包含 0；行为态度对行为意向的直接效应下限值 0.024，上限值为 0.405，两者之间不包含 0。表 4 – 18 标准化直接效应双尾检验结果显示，知觉行为控制对行为态度的直接效应值显著，P = 0.048；行为态度对行为意向的直接效应值显著，P = 0.069，说明行为态度在知觉行为控制对行为意向的影响中起到中介作用，下一步就是检验该中介效应是完全中介还是部分中介。表 4 – 18 显示，知觉行为控制对行为意向的直接效应值显著，P < 0.000。因此，行为态度在知觉行为控制对行为意向的影响中起到的是部分中介作用，假说 H2c 成立。由于主观规范对行为意向直接影响的路径系数不显著，该路径已被剔除，而主观规范对行为态度和知觉行为控制的直接效应值均显著，且行为态度和知觉行为控制对行为意向直接效应值均显著，因此可知，行为态度和知觉行为控制在主观规范和行为意向之间均起到完全中介作用，假说 H3d 和 H3e 成立。

表 4 – 16　　　　　　　　标准化直接效应下限值（BC）

指标	SN	PBC	AB
PBC	0.910	0.000	0.000
AB	0.359	0.002	0.000
BI	0.000	0.563	0.024

资料来源：作者自制。

表 4 – 17　　　　　　　　标准化直接效应上限值（BC）

指标	SN	PBC	AB
PBC	0.964	0.000	0.000
AB	0.954	0.598	0.000
BI	0.000	0.974	0.405

资料来源：作者自制。

表4-18   标准化直接效应双尾显著性检验（BC）

指标	SN	PBC	AB
PBC	0.000	…	…
AB	0.000	0.048	…
BI	…	0.000	0.069

资料来源：作者自制。

由表4-19可知，知觉行为控制对行为态度的标准化估计值为0.306，行为态度对行为意向的标准化估计值为0.223。由表4-20可知，知觉行为控制对行为意向的总体效应值为0.811。计算0.306×0.223/0.811 = 0.084，因此，中介效应与总体效应的比例接近1/12。

表4-19   模型标准化估计值

变量关系			估计值
PBC	<---	SN	0.940
AB	<---	SN	0.652
AB	<---	PBC	0.306
BI	<---	AB	0.223
BI	<---	PBC	0.743

资料来源：作者自制。

表4-20   总体效应值

指标	SN	PBC	AB	BI
PBC	0.940	0.000	0.000	0.000
AB	0.940	0.306	0.000	0.000
BI	0.908	0.811	0.223	0.000

资料来源：作者自制。

（4）模型估计结果分析。

①研究假说分析。本节的研究假说检验通过情况如表4-21所示。

表4-21   假说检验通过情况

编号	假说内容	验证结果
H1	行为态度因素对实施有效供给行为意向具有显著影响	通过
H2a	知觉行为控制对实施有效供给的行为意向具有显著影响	通过
H2b	知觉行为控制对实施有效供给的行为态度具有显著影响	通过

续表

编号	假说内容	验证结果
H2c	行为态度在知觉行为控制和行为意向之间起到中介作用	通过
H3a	主观规范对实施有效供给的行为态度具有显著影响	通过
H3b	主观规范对实施有效供给的知觉行为控制具有显著影响	通过
H3c	主观规范对实施有效供给的行为意向具有显著影响	未通过
H3d	行为态度在主观规范和行为意向之间起到中介作用	通过
H3e	知觉行为控制在主观规范和行为意向之间起到中介作用	通过

资料来源：作者自制。

结构方程模型估计结果显示，行为态度对行为意向的标准化路径系数为0.223，并达到5%的显著性水平，假说H1验证通过，即主体对实施有效供给的喜好程度会显著影响其行为意向。知觉行为控制对行为态度的标准化路径系数为0.306，达到了5%的显著性水平，假说H2a得到了验证，即主体对实施有效供给难易度的感知会影响他们对执行这项行为的喜好程度。知觉行为控制对行为意向的标准化路径系数为0.743，通过了1%的显著性检验，假说H2b得到了验证，即主体认为实施有效供给行为越容易，其越有可能有更强烈的执行该行为的行为意向。行为态度在知觉行为控制和行为意向之间起到部分中介作用，假说H2c得到了验证，主体对实施有效供给难易度的感知会影响他们对有效供给的喜好程度，从而影响其行为意向。主观规范对行为态度的标准化路径系数为0.652，通过了1%的显著性检验，假说H3a得到了验证，即主观规范越强，主体对实施有效供给的行为态度越积极。主观规范对知觉行为控制的标准化路径系数达到了0.940，且达到1%的显著性水平，假说H3b得到了验证。主观规范虽然对主体实施有效供给行为没有直接影响（假说H3c没有通过显著性检验），但主观规范通过知觉行为控制和行为态度的完全中介作用间接地影响主体实施有效供给行为。主体实施有效供给行为时，家庭其他成员、村集体组织、周围邻居等对家庭农场主的支持或反对，制度和政策对其的约束，都会显著影响主体对实施有效供给行为喜欢与否的评估，以及对执行该行为难易度的感知，从而影响主体实施有效供给行为的意向，假说H3d、假说H3e得到了验证，行为态度和知觉行为控制在主观规范和行为意向之间起到中介作用。

②测量模型的因子载荷分析。在知觉行为控制变量中，影响最大的因素是PBC2，路径系数为0.788，说明实施有效供给销路有保障对于主体实施有效供

给的影响是最大的。在实际调研中，笔者发现对于大部分主体而言，实施有效供给都是能够做到的，但顺利将这些所生产的优质蔬菜销售出去却是最大的难题。其次是 PBC4，路径系数为 0.775，说明有效供给面临困难时所需要的技术指导对于主体而言同样非常关键。欠缺技术指导会令其花费很多不必要的成本，绕很多弯路，这是制约主体实施有效供给行为的重要因素。PBC5 的路径系数为 0.767，说明是否有能力承受绿色或有机认证费用对主体实施有效供给行为的影响也比较大。认证费用如果过高，一旦超出主体的承受范围，会在一定程度上打击他们申请认证的积极性，加大了主体选择生产不安全蔬菜的投机心理。

在行为态度变量中，最大的影响因素是 AB5，路径系数为 0.849，说明优质、安全的蔬菜能够卖出的价格越高，主体实施有效供给的行为态度就越积极。主体将精力集中在生产上，种植出优质、安全的蔬菜后，如果无法卖出理想的价格，必然会打击其积极性。这主要有两点原因：首先，目前蔬菜交易市场上劣质菜以低价吸引消费者，而有机蔬菜这一类的优质安全蔬菜产量低、生产成本高，价格远高于普通农产品，很难被广大消费者接受。其次，很多地区主体组织化程度不高，有些规模小一点的主体已然存在"小生产大市场"的矛盾，导致主体议价能力不高。

在主观规范变量中，最大的影响因素是 SN1，路径系数为 0.870，说明政府及农业相关部门的检测力度越大，对主体供给行为的约束力越大，主体越有可能有积极的行为态度和较强的知觉行为控制，进而实施有效供给行为。

（三）生鲜农产品有效供给行为的影响因素分析

1. 理论模型构建

此本部分为影响因素分析的第二阶段，在完成心理因素分析的基础上，研究生鲜供给主体的心理因素（行为意向）、资源禀赋、政府政策、市场因素、风险因素和气候环境对生鲜农产品有效供给行为的综合影响。生鲜农产品有效供给行为影响因素的理论模型具体如图 4-9 所示。

根据理论模型，本节将对假设 H4 至假设 H9 进行验证，以厘清影响我国生鲜农产品有效供给行为的关键因素。

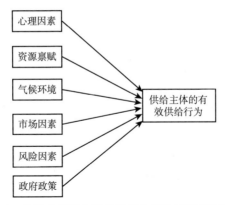

图 4 – 9　生鲜农产品有效供给行为影响因素的理论模型

资料来源：作者自制。

2. 描述性统计分析

（1）有效供给行为。

①理性决策行为。通过访谈了解到，供给主体在进行生鲜农产品生产的初期，首先会对生产的数量、品种、质量有个初步的生产决策，而这个决策往往会受以往经验、同行的决策、专家建议、市场需求等因素的影响。其次会进行农用物资的购买，包括种子、化肥、农药等，在购买时供给主体会根据决策规划和农用物资的属性选择购买的品种。最后在真正实施生产前，供给主体还会决定种植的行为，即选择普通生产方式、绿色生态的生产方式或高新精益的生产方式。生鲜农产品供给主体的理性决策行为统计描述如表 4 – 22 所示。

表 4 – 22　　　　　　　　生鲜农产品理性决策行为的描述性统计

统计指标	指标选择	频数	百分比（%）
您制定生产决策时主要是根据	市场需求	92	28.40
	同行决策	119	36.73
	以往经验和专家意见	113	34.87
您购买农用物资时最关心	品质效果	147	45.37
	价格	95	29.32
	安全无污染	82	25.31
您偏向于选择哪种生产方式	非健康生产方式	95	29.32
	绿色无害生产方式	96	29.63
	精益有机生产方式	133	41.05

资料来源：根据实际调查整理计算所得。

②有效生产行为。在调查中发现，生鲜农产品供给主体在生产期间通常会根据做出的决策实施生产行为。在种苗培育期间，供给主体会进行施肥和病害防治以保证种苗的健康萌芽；在定植期间，供给主体主要是对种植地消毒以保障土壤易于种苗生长；在生长管理期，根据生鲜品种的特性进行施肥、病害防治和实施易于生长的辅助措施等；在采摘期，选择合适的时间与合理的采摘方式以防止给生鲜农产品留下伤口，导致细菌趁机进入；在包装运输期间，选用无污染的水清洗、整理后，进行无毒包装、臭氧杀菌、低温运输等。生鲜农产品供给主体有效生产行为的统计描述如表 4 - 23 所示。

表 4 - 23　　　　　　　生鲜农产品有效生产行为的描述性统计

统计指标	指标选项	频数	百分比（%）
在种苗培育期实施哪种行为进行施肥和病害防止	使用禁用药剂或药剂使用超标	80	24.69
	符合国家规定的药剂处理	174	53.70
	有机物理处理（如温汤浸种）	70	21.61
在定植期实施哪种行为进行种植地消毒	未实施或种植后采用农药处理	66	20.37
	使用石灰水或符合标准的农药	133	41.05
	有机物理处理（如高温闷棚）	125	38.58
在生长管理期实施哪种行为进行施肥和病害防止	使用有害激素和农药	113	34.88
	符合国家规定的无机肥和农药	104	32.10
	有机物理处理（如捕虫板、有机肥）	107	33.02
在采摘期实施哪种行为	采摘时间与方式随意	52	16.05
	傍晚采摘	128	39.51
	傍晚采摘且采摘后清洗	144	44.44
在包装运输期实施哪种行为	使用未处理过的水源和无包装	60	18.52
	无污染清洗、无毒包装与运输	112	34.57
	无污染清洗、杀菌包装与低温运输	152	46.91

资料来源：根据实际调查整理计算所得。

③降本增效行为。调研显示（见表 4 - 24），绝大多数的访谈对象在进行生鲜农产品供给行为时都考虑过降本增效的问题，且通常会从申报种植补贴、学习提质增产技术、合理生产布局、风险管理等方面着手。我国种植补贴的领取是需要种植户自己申报的，而不了解或不去申报的是无法领取的；提质增产技术就是在生鲜农产品生产过程中，采用科学的方法提高产品的质量和产量以获取更多的收益；生产过程中，进行合理生产布局，提高生产资料的利用效率，减少农资浪

费，是大多数供给主体降本增效主要途径；风险管理方面，主要是以较小的保险费用减轻意外带来的损失。

表 4 - 24　　　　　　　　生鲜农产品降本增效行为的描述性统计

统计指标	指标选项	频数	百分比（%）
是否有申报种植补贴的行为	不了解或没有	25	7.70
	有时会	156	48.30
	总是	143	44.00
是否有学习提质增产的技术	不了解或没有	141	43.52
	有时会	116	35.80
	总是	67	20.68
是否会合理布局、提高农资利用率	不会	83	25.62
	有时会	99	30.56
	总是	142	43.82
是否有风险管理行为	不了解或没有	97	29.94
	有时会	152	46.91
	总是	75	23.15

资料来源：根据实际调查整理计算所得。

（2）资源禀赋。

①自然资源禀赋。受访生鲜农产品供给主体的自然资源禀赋见表 4 - 25。样本供给主体种植面积 25 亩以下的占 11.11%，25 ~ 50 亩的占 16.36%，51 ~ 75 亩的占 29.63%，76 ~ 100 亩的占 24.69%，100 亩以上的占 18.21%。从供给主体种植土地的土壤质量来看，土壤优良率达到 62.66%，总体来说土壤质量较高。

表 4 - 25　　　　　　　　自然资源禀赋的描述性统计

统计指标	指标选项	频数	百分比（%）
种植面积	25 亩以下	36	11.11
	25 ~ 50 亩	53	16.36
	51 ~ 75 亩	96	29.63
	76 ~ 100 亩	80	24.69
	100 亩以上	59	18.21

续表

统计指标	指标选项	频数	百分比（％）
土壤质量	优	90	27.78
	良	113	34.88
	差	121	37.34

资料来源：根据实际调查整理计算所得。

②社会资源禀赋。从收入来源来看，调查的324家供给主体种植收入占总收入超过90%的有98家，占样本量的30.24%；71%~90%的有186家，占调查样本的57.41%；50%~70%的有40家，占调查样本量的12.35%。供给主体的受教育程度在初中及以下的占81.79%，仅有18.21%在大专或本科及以上。超过一半（51.23%）的主体表示存在劳动力短缺的现象。在优质生鲜及生产技术的掌握程度方面，小部分主体（37.34%）表示已经完全掌握。对于所拥有的资本能否支撑优质生鲜的生产，51.54%的主体认为不能，48.46%的主体认为能（见表4-26）。

表4-26   社会资源禀赋的描述性统计

统计指标	指标选项	频数	百分比（％）
收入占比（种植收入占总收入）	50%~70%	40	12.35
	71%~90%	186	57.41
	超过90%	98	30.24
劳动力素质	小学及以下	28	8.64
	初中	124	38.27
	高中	113	34.88
	大专或本科及以上	59	18.21
劳动力数量	不足	166	51.23
	足够	122	37.65
	富余	36	11.12
对优质生鲜及生产技术的掌握程度	完全没掌握	90	27.78
	掌握一点	113	34.88
	完全掌握	121	37.34
资本能否支撑优质生鲜的生产	不能	167	51.54
	能	157	48.46

资料来源：根据实际调查整理计算所得。

（3）气候环境。

气候环境情况是否适宜优质生鲜农产品的生产，从降雨量、日照时长、温度、生物病害四个方面进行了解。调研区域降雨过度的情况较多（64.50%），日照较为充足（48.46%），温度正常（65.12%），生物病害时有发生的情况更多（54.50%），自然灾害较多（34.60%），对农业生产有效供给造成一定影响（见表4-27）。

表4-27　　　　　　　　　气候环境的描述性统计

统计指标	指标选项	频数	百分比（%）
降雨量	较少	23	7.10
	充沛	92	28.40
	过度	209	64.50
日照时长	偏少	72	22.22
	充足	157	48.46
	偏多	95	29.32
温度	偏低	52	16.05
	正常	211	65.12
	偏高	61	18.83
生物病害	较少出现	87	27.00
	时有发生	177	54.50
	出现频繁	60	18.50
出现自然灾害的频率	罕见（8年以上才出现）	14	4.32
	较少（6~8年才出现）	48	14.81
	一般（5~6年会出现）	88	27.16
	较多（2~4年就会出现）	107	34.60
	时常发生（1~2年就会出现）	67	19.11

资料来源：根据实际调查整理计算所得。

（4）市场因素。

生鲜农产品的价格或收益状况61.72%的供给主体认为优质生鲜农产品难以获得更高的收益，多数受访者也认为优质生鲜农产品会或多或少面临缺货（62.96%），低端生鲜农产品则会出现滞销（74.39%）。对于品种满意情况，超过半数（51.85%）的供给主体认为市场非常满意（见表4-28）。

表 4 – 28   市场因素的描述性统计

统计指标	指标选项	频数	百分比（%）
优质生鲜农产品的收益	低于	137	42.28
	差不多	63	19.44
	高于	124	38.28
优质生鲜农产品的缺货状况	缺货严重	69	21.29
	缺货	135	41.67
	不缺货	120	37.04
低端生鲜农产品的滞销状况	滞销严重	135	41.67
	存在滞销	106	32.72
	不滞销	83	25.61
市场对品种的满意度	不满意	38	11.73
	满意	118	36.42
	非常满意	168	51.85

资料来源：根据实际调查整理计算所得。

（5）风险因素。

供给风险通常包括生产风险和市场风险。生产风险是指生鲜农产品供给主体在农用物资、设备、劳动力、生产技术及生产组织等方面有难以预料的障碍存在，且会引起供给主体的生鲜产出难以达到预期目标，或无法按预定成本完成生产。市场风险指生鲜市场对供给主体生产的生鲜农产品的需求波动，或由于难以预料的情况导致的市场波动。调研数据显示，有47.22%的供给主体认为优质生鲜农产品的生产风险相较于普通生鲜农产品会更高，仅有24.38%的受访者认为会更低一些。供给风险方面也是绝大多数（60.80%）受访者认为优质生鲜农产品风险更大。更多的受访者（62.96%）表示愿意购买农业保险（见表4 – 29）。

表 4 – 29   风险因素的描述性统计

统计指标	指标选项	频数	百分比（%）
是否认为优质生鲜农产品的生产风险大于普通生鲜	是	153	47.22
	差不多	92	28.40
	否	79	24.38

续表

统计指标	指标选项	频数	百分比（%）
是否认为优质生鲜农产品的供给风险大于普通生鲜	是	197	60.80
	差不多	103	31.79
	否	24	7.41
是否愿意购买农业保险	不愿意	120	37.04
	愿意	204	62.96

资料来源：根据实际调查整理计算所得。

（6）政府政策。

本书中的政府政策是指我国政府对扩大生鲜农产品有效供给的相关政策，通常包括生产补贴政策和技术指导政策。生产补贴政策是指政府通过对种生产优质生鲜农产品的农户发放资金补贴，以引导生鲜供给主体的生产决策。技术指导政策是指政府雇用具有优质生鲜生产技术的人员，为区域内所有的生鲜农产品供给主体提供生产技术指导，帮助他们进行合理、科学的种植。

调查中发现，供给主体期望政府能够在促进优质市场农产品有效供给过程中发挥积极的作用。在问到"您认为有无必要实施品质分级制度"时，66.36%的受访者认为有这个必要。58.95%的受访者认为在生产技术上遇到困难时，政府应该提供技术支持以及政策扶持来解决。在问及对政府补贴政策的满意程度时，34.57%的主体反映满意程度一般，倾向于不满意（39.50%）的受访者明显超过满意者（25.93%）。此外，多数受访者（57.10%）认为政府有必要推动农业保险的推广和发展（见表4-30）。

表4-30　　　　　　　　生鲜农产品有效供给的政策与服务

统计指标	分类指标	频数	百分比（%）
您认为有无必要实施品质分级制度	没必要	67	20.68
	可有可无	42	12.96
	有必要	215	66.36
在生产技术上有困难	农场主自行解决	97	29.94
	政府政策扶持并技术支持	191	58.95
	其他	36	11.11

续表

统计指标	分类指标	频数	百分比（%）
您对政府补贴政策的满意程度	非常不满意	42	12.96
	比较不满意	86	26.54
	一般	112	34.57
	比较满意	55	16.98
	非常满意	29	8.95
您认为政府有无必要推动农业保险的推广和发展	没必要	38	11.73
	可有可无	101	31.17
	有必要	185	57.10

资料来源：根据实际调查整理计算所得。

3. 实证分析

（1）计量模型建立。

根据假说分析，影响生鲜农产品有效供给行为的因素分为以下几个方面：行为意向（BI），资源禀赋（RE），气候环境因素（CE），市场因素（M），风险因素（R），政府政策（GP）。生鲜农产品有效供给行为的影响因素模型可用函数形式 $B_i = g(BI_i, RE_i, CE_i, M_i, R_i, GP_i) + \varepsilon_i$ 表示，式中 B_i 表示第 i 个供给主体的有效供给行为情况，ε_i 为随机干扰项。

（2）计量方法的选择。

本书所考察的是生鲜农产品供给主体实施有效供给行为，结果有两种：实施有效供给行为和未实施有效供给行为。采用二元 Logistic 模型，因变量的取值范围为 [0,1]，采用最大似然估计方法对模型回归参数进行估计，将"实施有效供给行为"定义为 y = 1，"未实施有效供给行为"定义为 y = 0，设 x_1，$x_2, \cdots, x_k$ 是与 y 相关的自变量，共有 n 组观测数据，即 $x_{i1}, x_{i2}, \cdots, x_{ik}$；$y_i$；i = 1,2,3,$\cdots$,n，k = 1,2,$\cdots$,12。$y_i$ 是取值为 0 或 1 的因变量 y_i 与 $x_{i1}, x_{i2}, \cdots, x_{ik}$ 的关系为：

$E(y_i) = p_i = \alpha + \beta_1 x_{i1} + \beta_2 x_{i2} + \cdots + \beta_k x_{ik} + \varepsilon_i$，则 y_i 的概率分布函数为：

$p(y_i) = g(p_i)^{y_i} [1 - g(p_i)]^{(1-y_i)}$。Logistic 回归函数为：

$$g(p_i) = \frac{1}{1 + e^{p_i}} \frac{1}{1 + e^{-(\alpha + \beta_1 x_{i1} + \beta_2 x_{i2} + \cdots + \beta_k x_{ik})}} = \frac{e^{(\alpha + \beta_1 x_{i1} + \beta_2 x_{i2} + \cdots + \beta_k x_{ik})}}{1 + e^{(\alpha + \beta_1 x_{i1} + \beta_2 x_{i2} + \cdots \beta_k x_{ik})}}$$。其似然函

数为：

$$L = \prod_{i=1}^{n} p_{y_i} = \prod_{i=1}^{n} g(p_i)^{y_i} [1 - g(p_i)]^{(1-y_i)} 。对似然函数取自然对数，得：$$

$$LnL = \sum_{i=1}^{n} [y_i(\alpha + \beta_1 x_{i1} + \beta_2 x_{i2} + \cdots \beta_k x_{ik}) - Ln(1 + e^{(\alpha + \beta_1 x_{i1} + \beta_2 x_{i2} + \cdots \beta_k x_{ik})})]$$

对上式进行似然估计，得出其参数的估计量。

（3）变量设定。

①模型中 y 值的含义与赋值说明。模型中的 y 为被解释变量，表示生鲜农产品供给主体是否实施有效供给行为。在模型中，以表 4 - 31 中的生鲜农产品供给主体的行为来评价其是否执行了有效供给行为。各选项总分为 27 分，总分大于 20 分的定义为"实施了有效供给行为"，y 赋值为 1；得分小于或等于 20 分的定为"未实施有效供给行为"，y 赋值为 0。表中各选项得分超过 20 分的受访者为 157 名，占被调查样本的 48.46%。同时，从均值可以看出，定植期实施种植地消毒的行为，生长管理期施肥、病害防止的行为，采摘期实施的采收行为三项得分低于 2，说明样本中生鲜农产品供给主体产前、产中及产后的供给行为均存在有效性不足的问题。

表 4 - 31　　　　　　　　　有效供给行为评价指标及赋值

有效供给行为变量评价指标		指标赋值	平均值
生产决策行为	制定种植规划和生产决策时主要根据	1 = 以往经验	2.06
		2 = 同行决策与建议	
		3 = 市场需求和专家意见	
	制定决策时偏向于哪种生产方式	1 = 非健康的生产方式	2.12
		2 = 绿色生态的生产方式	
		3 = 高新精益的生产方式	
生鲜农产品的产前期	种苗培育期间施肥、病害防治的行为	1 = 使用禁用药剂或超标施药	2.18
		2 = 符合国家规定的药剂处理	
		3 = 有机物理处理（如温汤浸种）	
	定植期实施种植地消毒的行为	1 = 未实施或种植后采用农药处理	1.98
		2 = 使用石灰水或符合标准的农药	
		3 = 有机物理处理（如高温闷棚）	
产中蔬菜安全保障水平	生长管理期施肥和病害防治的行为	1 = 使用有害激素和农药	1.97
		2 = 符合国家规定的无机肥和农药	
		3 = 有机物理处理（如生物肥和农药）	

续表

有效供给行为变量评价指标		指标赋值	平均值
产后蔬菜安全保障水平	采摘期实施的采收行为	1 = 采摘时间与方式随意	1.77
		2 = 采摘时间随意与避免造成伤口	
		3 = 傍晚采摘与避免造成伤口	
	包装运输期的保质行为	1 = 使用未处理过的水源和无包装	2.18
		2 = 无污染清洗、无毒包装与运输	
		3 = 无污染清洗、杀菌包装与低温运输	
降本增效行为	是否学习提质增产的技术	1 = 从未学习	2.28
		2 = 偶尔学习	
		3 = 总是学习	
	是否合理布局提高农资利用率	1 = 从未实施	2.04
		2 = 偶尔实施	
		3 = 总是实施	

资料来源：作者自制。

②解释变量 x 值的定义与赋值。解释变量 x 值的指标是根据理论模型与假说设定的。从被调查的生鲜农产品供给主体的资源禀赋，气候环境，市场因素，风险因素，政府政策中共选取 12 个自变量。有关定义与赋值见表 4 – 32。

表 4 – 32 解释变量的定义和赋值

类别	变量	变量定义	平均值
资源禀赋	种植规模	1 = 30 亩以下；2 = 30 ~ 60 亩；3 = 61 ~ 90 亩；4 = 91 ~ 120 亩；5 = 120 亩以上	3.23
	受教育程度	1 = 小学及以下；2 = 初中；3 = 高中；4 = 本科及大专；5 = 硕士及以上	2.68
	收入来源（农场生产经营性收入占家庭收入）	1 = 50% ~ 70%；2 = 71% ~ 90%；3 = 超过 90%	2.18
	对优质生鲜及生产技术的掌握程度	1 = 不了解或不会；2 = 了解一点；3 = 完全掌握	2.10
	资本能否支撑优质生鲜的生产	1 = 不能；2 = 能	0.48

续表

类别	变量	变量定义	平均值
气候环境	出现自然灾害的频率	1 = 罕见；2 = 较少；3 = 一般；4 = 较多；5 = 时常发生	3.51
市场因素	高端生鲜农产品的收益	1 = 较低；2 = 差不多；3 = 较高	1.96
	低端生鲜农产品的滞销状况	1 = 滞销严重；2 = 存在滞销；3 = 不滞销	1.79
	市场对品种的满意度	1 = 不满意，2 = 满意；3 = 非常满意	2.40
风险因素	高端生鲜农产品的供给风险	1 = 较低；2 = 差不多；3 = 较高	2.53
	是否愿意购买农业保险	1 = 不愿意；2 = 愿意	1.63
政府政策	对优质生鲜价格补贴政策的满意程度	1 = 非常不满意；2 = 比较不满意；3 = 一般；4 = 比较满意；5 = 非常满意	2.82
心理因素	实施有效供给的行为意向	因子分析后的综合得分	

资料来源：作者自制。

（4）模型估计结果。

本书通过 SPSS 22.0 对模型数据进行估计。首先对模型中的各变量依次进行共线性诊断，表 4 - 33 显示，方差膨胀因子（VIF）均在 1 ~ 1.5 之间，说明各变量间不存在多重共线性，符合做二元 Logistic 回归的基本要求。接下来采用向后筛选法，将所有解释变量都代入模型方程，得到模型一；逐步将各个不显著的变量删除，对剩余变量重新拟合，最终得到模型二。结果显示，模型一、模型二的模型系数 Omnibus 检验卡方值分别为 308.449 和 304.337，p 值均小于 0.000；Hosmer and Lemeshow 检验卡方值分别为 11.396 和 6.425，p 值均符合检验水准（p > 0.05），说明样本中的信息已被充分提取，模型拟合优度较高；样本总体预测正确百分比分别为 91.4% 和 91.7%。回归结果见表 4 - 34。

表 4 - 33　　　　　　　　　　共线性诊断结果

变量	共线性统计	
	容差	VIF
种植规模	0.961	1.041
受教育程度	0.864	1.157
收入来源（生产经营性收入占家庭收入）	0.978	1.022

续表

变量	共线性统计	
	容差	VIF
对优质生鲜及生产技术的掌握程度	0.879	1.138
资本能否支撑优质生鲜的生产	0.941	1.063
出现自然灾害的频率	0.973	1.028
高端生鲜农产品的收益	0.900	1.111
低端生鲜农产品的滞销状况	0.864	1.157
市场对品种的满意度	0.958	1.043
高端生鲜农产品的供给风险	0.962	1.039
是否愿意购买农业保险	0.983	1.017
对优质生鲜价格补贴政策的满意程度	0.966	1.035
实施有效供给的行为意向	0.700	1.429

资料来源：作者自制。

表 4 – 34 综合影响因素模型估计结果

解释变量	模型一			模型二		
	B	S. E	Sig.	B	S. E	Sig.
种植规模	− 0. 207	0. 181	0. 252			
受教育程度	0. 726 **	0. 250	0. 004	0. 701 **	0. 246	0. 004
收入来源（生产经营性收入占家庭收入）	− 0. 430	0. 348	0. 216			
对优质生鲜及生产技术的掌握程度	0. 808 ***	0. 280	0. 004	0. 750 ***	0. 270	0. 005
资本能否支撑优质生鲜的生产	1. 489 ***	0. 476	0. 002	1. 421 ***	0. 465	0. 002
出现自然灾害的频率	0. 003	0. 217	0. 990			
高端生鲜农产品的收益	0. 739 ***	0. 268	0. 006	0. 738 ***	0. 261	0. 005
低端生鲜农产品的滞销状况	1. 057 ***	0. 261	0. 000	1. 039 ***	0. 256	0. 000
市场对品种的满意度	0. 037	0. 354	0. 916			
高端生鲜农产品的供给风险	0. 693	0. 427	0. 105	0. 671 *	0. 405	0. 097
是否愿意购买农业保险	0. 385	0. 368	0. 296			
对优质生鲜价格补贴政策的满意程度	0. 214	0. 205	0. 296			
实施有效供给的行为意向	2. 895 ***	0. 378	0. 000	2. 840 ***	0. 363	0. 000

续表

解释变量	模型一			模型二		
	B	S. E	Sig.	B	S. E	Sig.
模型系数的综合检验	卡方值 = 308.449，p < 0.000			卡方值 = 304.337，p < 0.000		
HL 检验	卡方值 = 11.396，p = 0.180			卡方值 = 6.425，p = 0.600		
预测正确百分比	91.4%			91.7%		
−2 对数似然值	140.402			144.514		
Cox&Snell R 方	0.614			0.819		
Nagelkerke R 方	0.609			0.812		

注：*表示在 10%水平上显著，**表示在 5%水平上显著，***表示在 1%水平上显著。
资料来源：作者自制。

在选取的 13 个变量中，供给主体的受教育程度、资本能否支撑优质生鲜的生产、对优质生鲜及生产技术的掌握程度、低端生鲜农产品的滞销状况、高端生鲜农产品的收益、实施有效供给的行为意向 6 个变量通过了 1%的显著性水平检验，高端生鲜农产品的供给风险则通过了 10%的显著性水平检验。表明这 7 个变量对生鲜农产品的有效行为有显著影响。

第三节　生鲜农产品有效供给的评价指标体系构建

国内外专家和学者对生鲜农产品有效供给的评价取得了一定研究成果，但指标体系的系统性还不强，客观性较弱，评价方法以及指标体系的应用范围较狭隘，部分指标属于定性指标，很难量化，有些指标已不符合新时代发展的要求，需要更新。鉴于此，有必要对生鲜农产品有效供给的评价指标体系进行设计完善。

（一）评价指标选取原则

为了客观、全面、科学地衡量生鲜农产品的供给现状，在研究和确定生鲜农产品有效供给的评价指标体系时，需要考虑实际情况和数据可获得性，根据生鲜农产品物流有效供给的特征和目标，在指标选取时要遵循以下原则。

（1）科学性。生鲜农产品有效供给评价指标体系必须建立在科学基础之上，一是要能够反映出生鲜农产品供给的实际情况和发展目标；二是所选择的指标含义必须明确，能够体现出生鲜农产品有效供给的特点；三是指标测定的方法必须合理，指标数据统计的方法必须科学。

（2）针对性。相关评价指标必须围绕生鲜农产品有效供给相关的社会、经济、环境来设定，并与我国生鲜农产品供给侧的发展规划相适应。

（3）动态性。生鲜农产品有效供给既是一个目标，又是一个发展过程，需要指标在一段时间内能够保证稳定性，即要求指标体系能够反映一定时空尺度的生鲜农产品供给发展状况。

（4）系统性。生鲜农产品有效供给发展是一个多元素、多目标的复杂问题，在对其进行评价的时候需要构建全面反映有效供给特征的指标体系。不可孤立地研究生鲜农产品有效供给发展的各项指标，而是通过所建立的评价指标体系，系统性地反映本质。

（5）可操作性。选取的指标概念要明确，指标的定量化数据要易于获得和更新，选择指标要充分考虑到我国目前的技术发展水平和生产水平。另外，还要考虑该指标数据是否便于测量、是否可取得充足的数据值，并能够反映生鲜农产品供给系统的关键特征和有效供给的发展趋势。

（二）生鲜农产品有效供给的 DPSIR 评价模型

1. DPSIR 模型框架

该模型框架包括驱动力模块、压力模块、状态模块、影响模块和响应模块，具体如图 4 – 10 所示。它回答了"怎样发生的、发生了什么、为什么会发生、造成的后果、人类如何做"5 个基本问题。DPSIR 模型主要思想：社会、经济或体制结构等的改变，引起人类活动方式、生产方法的变革；而由于目前的活动方式或生产方法的不合理对变革产生压力，使得该变革不能顺利进行，两种方式的相互抵制形成目前的状况，对外部环境形成积极或消极影响；人们为促进积极或消除消极影响采取相关的管理措施或政策。措施响应会作为下一个循环中的驱动力，在一定程度上降低对变革的压力，进而改变上一循环中的状态。积极影响则会激励人们完善管理措施。驱动力描述的是造成行为主体发生变革的原因。压力是指阻碍主体变革的影响因素。状态是描述区域环境动态变化和系统处于驱动力、压力两者作用下所呈现出来的现状。影响是在前 3 个因子共同作用下产生的必然结果。响应是指机构或组织在全面掌握现存的问题、其产生的原因和影响的基础上，采取某些措施来减少或解决问题。

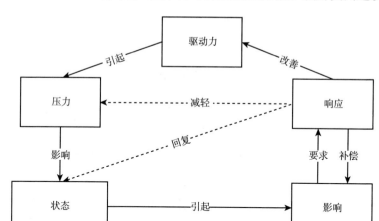

图 4 – 10　DPSIR 模型基本框架

资料来源：作者自制。

2. DPSIR 模型的适用性

DPSIR 模型可以很好地分析生鲜农产品物流有效供给发展起因、制约原因、所呈现出的状态、对外部环境的影响以及人们采取的措施五大环节之间相互影响和相互制约的关系。与其他的概念模型相比，该模型具有以下优势。

首先，生鲜农产品供给系统是一个自然—社会—经济复合系统，对其进行有效供给评价要充分考虑经济属性、社会属性和自然属性等三方面的内容。DPSIR 模型具有很强的综合性，综合考虑生鲜农产品供给活动的经济效益和社会效益，能够结合经济、社会与环境的协调作为生鲜农产品有效供给的发展目标来分析。

其次，DPSIR 模型体现生鲜农产品有效供给的因果关系。与其概念模型相比较，DPSIR 模型逻辑关系较强，可以展现出生鲜农产品有效供给发展五大因子之间的关系。有针对性选取相关指标，可以使得各级指标与上一层的逻辑关系非常严密，指标更具针对性。

最后，DPSIR 模型蕴藏着较强的管理思想，不仅能评价生鲜农产品有效供给发展的状态，而且能评价政府和行业为促进生鲜农产品有效供给发展所采取的改善措施的有效性。对生鲜农产品有效供给发展评价的最终目的就是其进行管理和调控，DPSIR 模型通过对管理者所实施的措施的成效评价，激励管理者进一步改进对策，并再一次对所改进的对策或措施进行评估。这种循环的评价和管理方式可以促进生鲜农产品供给活动与社会活动、自然环境间的协调，是生鲜农产品有效供给发展的重要措施和保障。

3. 生鲜农产品有效供给发展在 DPSIR 中的因果关系

本书为解决生鲜农产品有效供给评价指标体系缺失的问题，以实现科学、合理地评价生鲜农产品有效供给的水平为目标，提出驱动力、压力、状态、影响和响应五大准则，选取相关的评价指标，最终形成基于 DPSIR 分析框架的生鲜农产品有效供给模型（见图 4 - 11）。具体表现为：在经济高度全球化的今天，快速发展的社会经济和日新月异的技术创新推动生鲜农产品供给的变革，对生鲜农产品有效供给发展形成强有力的驱动力（D）；目前生鲜农产品的交易成本过高、盲目生产、农民收入较低等不可持续发展现象制约了生鲜农业的发展，给生鲜农产品有效供给的实现带来压力（P）；在驱动力和压力相互作用下，生鲜农产品供给的发展呈现出目前的状态（S）；这种状态会对生鲜农产品供给的外部环境产生积极或消极的影响（I），其中生鲜农产品供给的外部环境包括与之息息相关的社会环境、经济环境以及自然环境；为实现生鲜农产品有效供给，获得良好的自然环境、可持续发展社会、经济环境，政府会引导参与生鲜农产品供给的相关主体采取有效的管理措施和政策建议，即响应（R）。

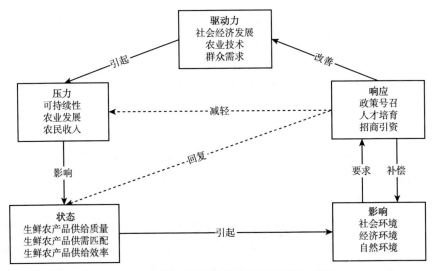

图 4 - 11　生鲜农产品有效供给的 DPSIR 模型

资料来源：作者自制。

同时，通过小组讨论、专家筛选删除冗余指标，即应用隶属度来源模糊数学理论，视生鲜农产品的有效供给发展为一个模糊概念。因此，可以把生鲜农产品有效供给发展评价指标体系看作一个模糊集合，把每个指标看作为模糊集合中的元素，再进行隶属度分析。对第 i 个指标 X_i 进行评价时，假设总共有 M 位专家，那么专家选择的总次数为 N_i（$N \leq M$），N_i 表示为 M 位专家中有 N 位专家认同 X_i 是生鲜农产品的有效供给发展的重要评价指标，其中该评价指标的隶属为 $R_{ij} = N_i / M$。最后根据隶属度来评判指标是否为应删指标，根据指标的隶属度原则，数值 0.3 一般是 R_i 的临界取值点，如 $R_i > 0.3$，表示该指标在很大程度是属于生鲜农产品的有效供给发展评价指标体系的，应予以保留，反之则需删除。

本书用 DPSIR 模型为框架分析生鲜农产品有效供给的发展因素，根据评价指标的选取原则，选取驱动力、压力、状态、影响和响应相应的指标，采用小组讨论法对初步指标体系进行修正，采用专家筛选法筛选出冗余指标。最终构建由驱动力、压力、状态、影响和响应 5 个一级指标组成的生鲜农产品有效供给的发展评价指标体系（见表 4 – 35）。

表 4 – 35　　　　　　　有效供给行为评价指标及赋值

目标	准则层	因素层	指标层
生鲜农产品有效供给水平	驱动力	社会环境	供给理念
			基础设施
		经济环境	金融服务
			地区产值
		农业技术	农业生产技术
			农产品物流技术
	压力	可持续性	符合国家规定的生产过程
			农业品牌的知名度
		农业发展	农业产值
	状态	生鲜农产品的供给质量	优质生鲜农产品的总占比
		生鲜农产品的供需匹配	生鲜农产品的供需匹配程度
		生鲜农产品的供给效率	生鲜农业的投入产出比

续表

目标	准则层	因素层	指标层
生鲜农产品有效供给水平	影响	自然环境	对地区自然环境的影响
		经济环境	对区域经济的贡献率
		社会环境	从业人数占区域就业人数的增长率
	响应	政策号召	政策的完善
			理念的宣传
		人才培育	新职业农民的培养
			农业技术的宣讲
		招商引资	招商引资的力度

资料来源：作者自制。

第四节　利益诱导和风险控制对生鲜农产品有效供给的驱动作用

在当前我国农业供给侧改革的背景下，从激发供给主体积极性的角度形成内源式驱动成为较好的切入点。这是需求管理在面对生鲜农产品供需问题严峻、管理费用增加和边际效益递减背景下的必然选择，也是对供给侧结构性改革在生鲜农产品供给领域的细化，符合新时期我国进行农业转型升级的需要，具有重要的理论价值与实践意义。内源式驱动在本质上就通过各种手段满足驱动对象的需求，激励其产生实施某种行为的驱动力。

本书的内源式驱动对象就是生鲜农产品供给主体。经济人假说与新制度经济学说明了市场中的主体都具有追求利益最大化的逐利性，对利益的追逐是经济主体行为的基本动机，前景理论也说明了所有人都具有风险偏好，人对风险的偏好决定了其愿意冒险的程度。特别是，人的行为受其需要和动机影响，而需要和动机于本质上又是人对利益的追逐和对风险的规避，在一定程度上，人通常会按照自身对利益和风险的判断来选择行为目标。具体来说，供给主体在进行决策行为时，接收到的信息较多，但对信息处理的方式是将各类信息转化为利益和风险的认知，并根据自身的偏好和承担能力制定出符合实际的决策计划。此外，利益驱动论和风险控制论也论证了利益保障与风险防控对生鲜农产品供给主体的决策行为影响巨大。上述理论均说明了可以通过利益诱导和风险控制的手段改变当前生鲜农产品供给主体的感知利益和感知风险，激发供给主体实施有效供给行为的主观能动性，实现生鲜农产品的有效供给。

现阶段受"价格天花板"封顶和"成本地板"抬升的双重制约和挤压，我国生鲜农产品供给的利益对农民的驱动力越来越小，如何增加生鲜农产品的供给利益和减少生鲜农产品的供给风险已经成为内源式驱动的关键。因此，本书的核心思路是：探析如何进行利益诱导与风险控制来激发生鲜农产品供给主体采取有效供给行为的积极性，进而实现生鲜农产品的有效供给。

第五章 生鲜农产品有效供给的利益诱导和风险控制驱动机理研究

第一节 利益诱导对生鲜农产品有效供给的驱动机理研究

利益诱导是指为实现某一特定的目标,通过满足行为主体的某些需求来激发行为主体的主观能动性。心理学表明,利益产生动力,人的行为受利益的支配和驱使,通过利益诱导的手段满足行为主体的需求,能够激发其潜能,诱导行为主体向特定的方向努力。此外,经济人假说与新制度经济学也进一步说明市场中的主体都具有逐利性,因此行为主体是按照自身的价值判断和追求利益最大化而表现出行为倾向,这是经济主体最基本的动力源泉之一。

(一) 利益诱导的相关要素分析

在我国市场经济条件下,整个社会的方方面面必然都受到利益的影响和驱动,生鲜农产品有效供给的实现依赖于供给主体的供给行为,而供给主体的行为又受自身需求和逐利天性的影响,最终形成了利益诱导作用于微观主体,微观主体传导实现宏观目标的驱动机理。从动力激发维度来看,供给主体会对有效供给行为进行利益感知,且评价越高,其采取该行为的倾向就越强烈,换言之,通过利益诱导以提高经济主体对行为效用价值的评价,可激发供给主体采取有效供给行为,最终促进生鲜农产品有效供给目标的实现。然而利益类型的不同、供给主体类型的不同、利益效用评价的不同和利益关系的复杂性等都论证了利益诱导驱动的复杂性,要正确认识利益诱导对生鲜农产品供给主体采取有效供给行为的作用原理，就必须先明确参与主体的利益追求、实现途径和利益关系①，具体如下。

1. 参与主体的利益追求

从表5－1中可以看出，生鲜农产品供给的主要参与主体和细分后的类型，及其追求利益的类型。

表5－1　　　　　　　　　　　参与主体的利益追求

参与主体	类型	追求类型			
		物质需求		精神需求	
供给主体	传统农户	保稳求利		维持生计	
	种植大户	利润上升	供给有效销量增加	提高社会地位	发挥自我价值
	新职业农民	利润上升	供给有效销量增加 / 品质提高	发挥自我价值	
	农业合作社、农业公司	利润上升	供给有效销量增加 / 品质提高	配合政府工作	发挥企业价值
市场中介主体	市场中介	利润上升	结构性供给增强	配合政府工作	发挥企业价值
需求主体	注重价格型	售价下降		基本需求的满足	
	注重性价比型	售价合适	品质不差	个性化的满足	
	注重品质型	品质优良		高端化的满足	
政府	中央政府	供给有效性扩大		社会安定富足	

资料来源：作者自制。

（1）供给主体中的传统农户是指在我国乡村地区定居、拥有一定数量规模的生产性耕地、投入大量的精力和时间种植单一农作物的农户，这类农户极少有副业增收，其经济收入主要来源于农业生产和农业经营，他们追求维持生计，畏惧风险，安于现状，只有在确保稳定的前提下才会追求利润。

---

① 黎振强，杨新荣. 生态农业投入产出的经济利益诱导机制研究 [J]. 经济问题，2014（12）：104－110.

（2）种植大户种植面积规模大，有较高的技术水平，在同等土地和物质投入条件下，单产明显超过当地平均水平，通常年收入高于传统农户平均水平3倍以上。他们往往追求降低成本和提高产量，以提高利润。因为有固定的销售渠道，他们也注重根据市场需求进行生产，具有一定的社会地位和影响力，并期望发挥自我价值和示范带动效应，帮助周围农民增收致富。

（3）新职业农民是指以农业生产为职业的现代农业从业者，他们的收入主要来自农业生产经营并达到了一定水平，通常具备现代农业生产经营的先进理念，富有自主创新创业精神，具有现代农业所要求的能力素质、职业素养和社会责任感。新职业农民除了会注重利润的提升和品质口碑的改善，还会根据市场需求调整生鲜农产品的供给结构，增加销量。以农业为职业的新职业农民具有很强的积极性和创造性，更注重发挥自我的价值。

（4）农业合作社和农业公司被归为一类是因为两者都是以组织形式存在的，均能提高生产经营水平，提高生鲜农产品的盈利能力，并可通过法定流程申请补助，且在实际环境中可以注册合作社或农业公司。农业合作社和农业公司是通过整合一个地区的资源，既生产出售生鲜农产品，也对生鲜农产品进行加工出售，其从事的范围较为广阔，是政府比较支持的生鲜农产品供给主体。两者的区别在于，合作社主要目的是配合政府工作帮助农民致富，农业公司则以营利和发挥自身的企业价值为主。

（5）市场中介特指负责生鲜农产品收购和出售的主要经济业态和贸易组织，除了以营利为目的外，其还具备促进生鲜农产品集散、形成合理价格、把关生鲜农产品质量、保障城市生鲜农产品供应、引导生鲜农作物生产的作用。通常来说，市场中介主体会注重生鲜收购的成本和生鲜供需的匹配，提高利润和避免不必要的库存浪费，同时也期望配合政府工作把关质量，引导生产和保障供应以及发挥企业价值。

（6）注重价格型的需求主体因为其收入较低，不足以支撑昂贵的高端生鲜农产品的购买，其更关注于价格实惠的中低端生鲜农产品，且希望能够以较低的价格获取足够的生鲜农产品，满足自身的基本需求。

（7）注重性价比型的需求主体收入较高，注重生活品质的提升，但其收入又不足以支持过高的消费，因此该类型的需求者追求性价比较高的生鲜农产品，即价格合适且品质不差的产品。

（8）注重品质型的需求主体具有很好的收入情况和社会地位，为了追求优质的生活和彰显自身地位的不同，他们往往愿意为优质少见的生鲜农产品一掷千金。

（9）中央政府追求的是生鲜农产品有效供给的实现和社会安定富足，这也是本书期望实现的目标。

2. 参与主体实现利益的途径

（1）生鲜农产品供给主体主要通过三条路径实现自身利益。其一是降本增效以增加利润，即供给主体在确保不减产和不降质的前提下，通过各种手段减少生产成本，并利用科学技术提高单位产量和减少生鲜农产品的损耗，最终供给主体能以较低的生产成本获得更高的收益，或是因为可供出售量的增加而获得额外的收益。其二是预测市场需求以提高销量和增加利润，即供给主体合理预测未来的市场需求来决定生产生鲜农产品的品种和质量，使可供出售的生鲜农产品符合市场需求。其三是提高售价以增加利润，通常分为因成本增加或个人原因而提高售价，以及因品种受欢迎、供不应求和品质较好而提高售价。

（2）市场中介主体通过三条路径实现自身利益。一是降低收购价以提高利润；二是预测消费主体的需求以确定合理的收购量；三是提高市场售价以增加利润。

（3）需求主体往往会根据市场价格的涨落幅度改变自身的购买行为。如果低端生鲜农产品的价格比以往高出很多，注重价格类型的需求主体会减少低端生鲜农产品的购买量，注重性价比类型的需求主体则会转向价格增长并不厉害的中高端生鲜农产品。注重价格和注重性价比类型的需求主体感知到生鲜农产品的价格高出自身的预期，就会降低购买量，或是寻找可替代的生鲜农产品以弥补自身对生鲜农产品的需求，而注重品质类型的需求主体对生鲜农产品价格的涨跌并不敏感，而更注重生鲜农产品的质量和品质。

（4）政府主要通过两条路径扩大供给有效性和实现社会安定富足。一是通过颁布条例惩罚滥用农药、化肥等行为以规范供给主体的生产行为，二是针对有效供给行为实施补贴政策，以引导供给主体向有效供给行为转型。

3. 参与主体间的利益关系

在明确参与主体追求的利益以及实现利益的主要途径后，结合参与主体间的利益冲突点和利益共同点，可归纳出五条利益关系，即供给主体与市场中介、供给主体与政府、市场中介与需求主体、市场中介与政府、需求主体与政府。

（1）供给主体与市场中介主体的利益关系。在供给主体与市场中介主体的交易过程中，两者由于相互之间的利益冲突点和利益共同点形成了利益关系。观察生鲜农产品供给主体与市场中介主体实现自身利益的主要途径，可知两者之间的利益冲突点在于供给主体希望提高售价以增加利润，而市场中介主体则希望降低收购价以提高利润。两者之间利益共同点有两点：其一是供给主体希望预测市场需求，以确保市场中介愿意以正常或更高的价格收购，市场中介则希望收购符合需求主体要求的生鲜农产品，以避免低端生鲜卖不出去和高端生鲜供不应求的情况；其二是供给主体降本增效，市场中介可以以较低的收购价获取同样的生鲜农产品。

（2）供给主体与政府的利益关系。政府会通过法律规章引导供给主体的供给行为向其期望的方向发展。在这个引导过程中，两者由于相互之间的利益冲突点和利益共同点形成了利益关系。观察生鲜农产品供给主体与政府实现自身利益的主要途径，可知两者之间的利益冲突点在于，供给主体中资源禀赋较差的传统农户往往因为生产技术不足导致生鲜农产品的病虫害频发，为了保证产量，过度使用农药和化肥，这与政府所倡导的有效供给行为有很大的差距。两者之间的利益共同点则在于，供给主体愿意为了实现自身追求的利益而实施降本增效、按照市场预期选择品种、提高生鲜农产品质量等行为，且这些行为本质上就是政府所倡导的有效供给，而政府针对有效供给行为实施补贴政策，以确保部分资源禀赋不足的供给主体能够实施这些行为。

（3）市场中介与需求主体的利益关系。在生鲜农产品的供给过程中，市场中介根据以往经验和对消费者需求的预测，确定不同品质生鲜的售价，而需求主体则根据市场的售价和自身对生鲜农产品的需求进行购买。在这个购买过程中，两者由于相互之间的利益冲突点和利益共同点形成了利益关系。观察市场中介与需求主体实现自身利益的主要途径，可知两者之间的利益冲突点在于需求主体希望能以较低的价格满足自身对生鲜农产品的需求，而市场中介则希望提高市场售价以获取更多的利润。两者之间的利益共同点在于注重品质的需求主体愿意为优质生鲜付出更多的金钱，而市场中介也因此能获得比低端生鲜农产品更多的利润。

（4）市场中介与政府的利益关系。在市场中介确定不同品质生鲜的收购和出售的过程中，政府期望其能够间接影响供给主体的生产行为。在这个过程中，两者由于相互之间的利益冲突点和利益共同点形成了利益关系。观察市场中介与政府实现自身利益的主要途径，可知两者之间的利益冲突点在于市场中介希望以较低的价格收购供大于求的低端生鲜农产品，这往往会导致生鲜农产品供给主体中资源禀赋较差的传统农户愈发贫困，不愿意再进行农业生产，社会不稳定因素增多,这与政府带动农民发家致富的初衷并不一致。两者之间的利益共同点则在于市场中介愿意为了实现自身利益而预测需求主体的购买量,并依此决定生鲜农产品的收购品种和数量,愿意以更高的价格收购供不应求的高端生鲜农产品,以及降低供大于求的低端生鲜农产品的收购价格,这一行为实际上是对供给主体释放市场的需求信号,有利于促进供给主体改善当前的生产结构和方式,为政府实现生鲜农产品的有效供给提供帮助。

(5)需求主体与政府的利益关系。观察需求主体与政府实现自身利益的主要途径,可知两者之间的利益共同点则在于随着经济社会的发展,居民对生活品质的要求也越来越高,需求主体中注重性价比和注重品质类型的需求者比例增多,有利于推动政府倡导的生鲜农产品有效供给以及推动农业发展、带动农民发家致富。

(二)利益诱导驱动生鲜农产品有效供给的机理分析

本节具体阐释利益诱导对生鲜农产品供给主体有效供给行为的作用方式、作用过程与作用原理,以及其对有效供给的传导驱动机理。

1. 利益诱导对供给主体实施有效供给行为的作用方式分析

本书搜集了有关利益驱动的文献资料,并编制成表格,内容包括利益诱导因素、方法和参与主体,具体如表5-2所示。

表5-2　　　　　　　　　　利益诱导的作用方式

利益诱导因素	方法	参与主体			
降低成本	降低交易成本	供给主体	市场中介	物流公司	金融机构
	降低生产成本	供给主体		生产资料供应商	
	提高单产	供给主体	生产资料供应商	政府	
提高售价	单价提升	供给主体	市场中介	需求主体	
	价格补贴	供给主体		政府	
增加销量	宣传营销	供给主体			
	精准生产	供给主体	市场中介	需求主体	
精神利益	鼓励表彰	供给主体		政府	
	提升社会地位	供给主体			

资料来源:根据课题组调研材料梳理后获得。

以下对上述利益诱导的作用方式进行归纳总结。

（1）交易成本包括搜寻需求对象和信息交流的成本、协商决策所花费的成本、执行交易契约的成本，以及违反交易契约所支付的代价。在降低交易成本的过程中，市场中介是生鲜农产品供给主体搜寻的交易对象，金融机构确保了资金的支持，而物流公司则是保障生鲜农产品流通的载体。因此，降低交易成本的参与主体是供给主体、市场中介、物流公司和金融机构。

（2）生产成本主要是生产生鲜农产品所花费的生产资料、劳动耗费和间接费用，降低这三项花费就是降低生产成本。在这个过程中，生产资料是由生产资料供应商提供的，劳动耗费则取决于市场人工价格，而间接费用则是生鲜农产品供给主体所承受的。因此降低生产成本的参与主体是供给主体和生产资料供应商。

（3）提高单产是通过学习高效的种养殖技术、选取高产优质品种和改善生产环境实现的。政府为扶持生鲜农产品供给主体往往会派遣技术专家传授高效的种养殖技术以提升生产效率；高产优质品种则是生产资料供给商提供的；改善生产环境是指采用高新技术和无污染的方法使生鲜农产品的生产环境逐渐变好，因此提高单产的参与主体是供给主体、政府和生产资料供应商。

（4）单纯提升单价会影响销量，生鲜农产品供给主体不一定能获得额外利润，因此需要先提高生鲜农产品的品质，开拓生产领域（种植养殖新品种）和调整上市时间，再提升单价，确保差异性。在这个过程中，出售生鲜农产品的供给主体、收购生鲜农产品的市场中介和最终消费的需求主体均会参与。

（5）价格补贴作为政府的政策，用于弥补因生鲜农产品的价格过低而给供给主体带来的损失。补贴保护了生鲜农产品供给主体的生产积极性，因此价格补贴的参与主体是供给主体和政府。

（6）宣传营销是通过宣传和提升口碑，形成具有一定影响力的生鲜农产品品牌，进而扩大市场需求和销量。通常宣传营销工作是由生鲜农产品供给主体自己负责，即宣传营销的参与主体只有供给主体。

（7）精准生产就是预测市场需求，并制定对应的生产计划以确保产品的供给能够满足需求。在精准生产的过程中，合理的市场需求预测是必要的前提，供给主体需要根据自身搜集的和市场中介提供的需求信息进行预测并制定相应的生产计划，进而认真实施。因此精准生产的参与主体是供给主体、市场中介和需求主体。

（8）鼓励表彰和实现自我价值均是政府和社会对某些贡献的认可和鼓励，

即只有生鲜农产品供给主体做出符合政府和社会所期望的行为时才会受到鼓励表彰，也只有这些行为对社会形成了贡献，政府和社会才会认可，供给主体才会感到自己实现了价值。鼓励表彰和实现自我价值的参与主体是供给主体和政府。

（9）提升社会地位特指能够通过后天努力而提升地位，供给主体在摆脱盲目生产、向有效供给转变时，自身地位会因为经济地位和文化素质的改善而提升，因此提升社会地位的参与主体只包括供给主体。

值得注意的是，虽然利益诱导的作用方式的类型有多种，但总体来看，这些作用方式本质上都可视为两种：提升供给主体的物质利益和精神利益。

2. 利益诱导对供给主体实施有效供给行为的作用原理分析

本书借鉴了哈塞尔曼（Hasselmann F）[①] 提出的一种可行的研究思路：研究微观决策主体行为对驱动因子的响应而涌现出的宏观现象变化过程，这种思路在一定程度上能够更为科学合理地解释利益诱导对供给主体实施有效供给行为的作用原理，具体如图 5 - 1 所示。

图 5 - 1　利益诱导对供给主体实施有效供给行为的作用原理

资料来源：作者自制。

从图 5 - 1 中可知，供给主体是决定生鲜农产品生产供给行为的决策主体，这意味着驱动因子的作用对象是生鲜供给行为的决策主体，而不是对生

---

① Hasselmann F, Csaplovics E, Falconer I, et al. Technological driving forces of LUCC：Conceptualization, quantification, and the example of urban power distribution networks ［J］. Land Use Policy, 2010, 27 （2）：628 - 637.

鲜农产品供给过程的驱动，说明了供给主体采取有效供给的行为是对利益诱导驱动因子的响应。整个利益诱导对供给主体实施有效供给行为的作用原理可以分为两个阶段：第一阶段是利益诱导驱动因子激发生鲜农产品供给主体采取有效供给行为的积极性；第二阶段是生鲜农产品供给主体制定并实施决策行为。

第一阶段中，利益诱导驱动因子能够激发生鲜农产品供给主体积极性的原因在于：不论是任何组织还是个人，生存是首要需求，无法盈利的供给主体是无法在市场经济下生存的，转型或转行是唯一的出路。在激烈的市场竞争中，供给主体只有不断发展前进才能跟上市场和多样化需求的脚步，进而获取更多的利润和生存空间。生存和发展的需求决定了生鲜农产品供给端对物质利益和精神利益的渴求。

值得注意的是，虽然生鲜农产品供给主体类型不同，他们的自治性、学习性、适应性等特征也均有差异，且生鲜农产品供给主体期望的利益类型也并不一样，导致了不同的利益诱导对不同类型供给主体的效用价值也不尽相同，最终的生产供给行为也将呈现显著的差异性、动态性和相关性（Bousquet and Le Page，2004）。但对生存资料、享受资料和发展资料的需求是所有供给主体都具备的特点，即经济社会中的各类型生鲜农产品供给主体对利润的追求是一致的。

为了获得额外的供给利润和实现精神上的追求，生鲜农产品供给主体会受到利益的驱动，期望通过实施一些特定的行为以获取满足自身需求的利益。这就说明了利益诱导对供给主体实施有效供给行为具有驱动作用，即合理的利益诱导驱动能够推动供给主体采取有效的供给行为。换言之，对物质利益和精神利益的渴求是生鲜农产品供给主体行为的驱动力，对感知利益的评价越好，其主观能动性就越强，也就越愿意实施该行为。

第二阶段中，供给主体受利益诱导驱动因素的影响，激发了积极性，根据所处的社会环境、自然环境和经济环境，以及自身所具备的生产要素、外部信息、市场信息等，改变以往的决策行为。决策行为包括一系列与生鲜农产品供给相关的决策，如与金融机构、生产资料供应商协商获取生产资料的决策，生鲜农产品的品质和数量，物流运输和期望的供货价格等。供给主体在制定决策行为后，会与生鲜农产品供需系统中的其他参与主体发生交互，执行决策行为，并产生结果，通常为获取生产计划所需的生产资料、以特定的价格得到生鲜农产品的运输仓储服务、生产出可供出售的生鲜农产品等。

上述作用原理的分析说明利益诱导对供给主体实施有效供给行为的驱动作用和可行性，即通过能够激发供给主体积极性的利益诱导方式，提高供给主体对生鲜农产品有效供给行为的效价评估，进而使其产生较强的行为原动力，制定生鲜农产品有效供给的决策行为，并与其他参与主体发生交互，完成决策行为。

3. 利益诱导对供给主体实施有效供给行为的作用过程分析

结合作用方式和作用原理分析，本节进行利益诱导对供给主体实施有效供给行为的作用过程分析，具体如图 5-2 所示。

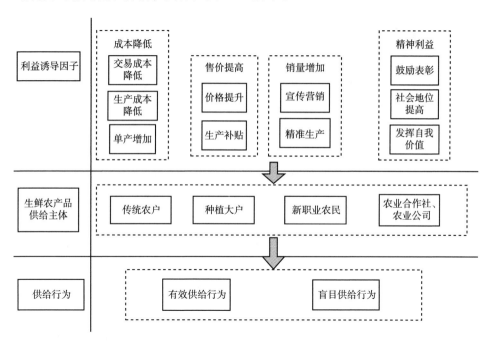

图 5-2　利益诱导对生鲜农产品有效供给行为的作用过程

资料来源：作者自制。

其中降低成本以形成物质利益的方法有三种，包括降低交易成本、降低生产成本和提高单位面积产量。

交易成本是指供给主体在向需求端出售生鲜农产品时，为使得交易成功所支付的费用和成本，且按照交易阶段通常可分为事前成本和事后成本。结合生鲜农产品的交易过程，不难发现，事前成本就是交易形成前期所需要支付的代价，包括搜寻信息成本和协商决策成本。前者是生鲜农产品供给主体为寻找交易对象所需要支付的成本，后者是找到交易对象后，为最终达成交易签订契约而支付的成本。事后成本则是交易形成后，生鲜农产品供给主体为执行交易而支付的成本，以及违反契约时所应当支付的成本。

生产成本是指在生产可供出售的生鲜农产品时，供给主体消耗的各种生产资料、劳动耗费和间接费用。结合生鲜农产品的生产过程可知，生产资料就是指供给主体在生产过程中直接用于生鲜农产品生产和有益于生长的消耗资料及费用；劳动耗费则是直接参加生鲜农产品生产的人工费用以及按人工费用总和规定的比例需支付的福利费用等；间接费用是指供给主体为组织和管理生鲜农产品生产而产生的各项间接费用，包括农用器械的折旧费和修理费、信息咨询费、水电费和物料消耗等。

单产增加是指在相同的时间和生产成本内提高单位面积上收获的平均数量，也是另一种意义上的降低成本。提高单产的方法主要有三种：一是通过高效的种养殖技术以提高生鲜农产品的单位产量；二是选取高产优质品种以实现单产提高；三是改善生产环境以提高生鲜农产品的单位产量。

售价提高以形成物质利益的方法有价格提升和生产补贴两种。价格提升能够直接增加生鲜农产品供给主体利益，但是考虑到生鲜农产品的需求弹性较大，价格的提升会导致销量的减少，简单地提升出售单价是不可取的，因此供给主体应先提高生鲜农产品的品质，开拓生产领域（种植养殖新品种）和调整上市时间，实现优质优价，获取高效益。生产补贴指国家或社会集团向某种商品的生产经营者或消费者无偿支付补贴金，以维持一定价格水平的措施。这种补贴在保护消费者利益的同时，也刺激了农业生产者的积极性，促进了农业生产的发展。农业价格补贴的类型有很多种，如保护价格补贴、生产资料价格补贴、农用资金利息补贴、购销价格倒挂补贴等，合理制定价格补贴政策既可以保护生鲜农产品供给主体的利益，也可以推动生鲜农产业的健康发展。

销量增加以形成物质利益的方法有宣传营销和精准生产两种。宣传营销是指通过明示或暗示的方法宣传让人们通过了解产品、树立品牌，最终达到销售产品的目的。对生鲜农产品供给主体来说，注重品质、宣传和口碑的提升，形成具有一定影响力的生鲜农产品品牌以扩大市场需求是提升销量的主要途径之一。精准生产是指通过科学手段预测市场需求，并制定对应的生产计划以确保产品的供给能够满足需求。当供给主体所生产的生鲜农产品是市场上需求较大、品质优良、深受喜爱的，那么销量增加也是理所当然的。生鲜农产品生产不同于普通工业品，其生产具有滞后性，导致生鲜农产品的供需往往是难以匹配的，供给主体必须通过合理的市场需求预测和精细的生产，才能制定当前阶段生鲜农产品的生产计划，否则生产的生鲜农产品量大于市场需求则会出现滞销的情况。

精神利益是指在物质利益的基础上产生的、以精神需求为基本内容的利益。精神利益同经济、政治和文化利益密不可分，是一种较高级的利益，能够体现人的本质属性。它包括对人格的尊重、心灵的慰藉、自我价值的实现等一系列丰富的内容，使人充满自尊感、成就感、归属感、安全感和幸福感。鼓励表彰、提升社会地位和实现自我价值是满足鲜农产品供给主体的精神需求的三类方法。

鼓励表彰是指对做出贡献者给予荣誉感，通过这种方式对外宣扬一种立场和态度，进而再次激发生鲜农产品供给主体重复被认可的供给行为的动力，也能够为其他供给主体起到示范和引导的作用，形成利益诱导作用。

社会地位提高是指提高个体与社会整体的关系及在与社会整体互动关系中的社会身份。大部分生鲜农产品供给主体的社会地位都不高，在摆脱盲目生产向有效供给转变时，其社会地位会因为经济地位和文化素质的提高而提升，即有效供给行为能够为供给主体带来足够的利润，也能使供给主体获得精神利益。为此，完善提高社会地位的诱导机制以调动生鲜农产品有效供给主体的积极性是有必要的。

自我价值是指在个人生活和社会活动中，对社会做出贡献，而后社会和他人对作为人的肯定。当生鲜农产品供给主体不再盲目生产，其有效供给行为能够为农业的健康发展带来帮助，也能作为带头示范的典型影响其他供给主体的供给行为，从而更好地发挥自我价值。无论是国家、政府还是周围人都会对其有效供给行为和示范作用表示肯定进而使供给主体获得更多的精神利益。

4. 利益诱导对生鲜农产品有效供给的传导驱动机理分析

本质上，利益诱导对生鲜农产品有效供给的传导驱动是微观决策主体行为对驱动因子的响应而涌现出的宏观变化现象，整个过程覆盖了微观和宏观两个层面。具体来说，微观层面上的生鲜农产品供给主体为实现利益诱导所展现的愿景，做出了期望的有效供给行为。当众多生鲜农产品供给主体响应时，供给侧的生鲜农产品就会在整体上符合当前消费者的需求标准，形成宏观层面上的生鲜农产品有效供给，具体的传导驱动过程如图 5-3 所示。整个过程涉及多个参与主体，其中供给主体是整个传导驱动过程的主要核心，是实现生鲜农产品有效供给的基础。在受到不同的利益诱导的刺激作用后，供给主体制定和执行符合期望的决策行为以作为响应，不仅负责与金融机构、生产资料供应商和物流企业进行生产和供给方面的交互，还与市场中介主体进行交易协商，以期望的价格将符合消费者需求的生鲜农产品出售。市场中介主体属于传导驱动过程的次要核心，负责将决策行为的结果从微观层面传导到宏观层面，实现微观向宏观的涌现，即向供给主体收购符合消费者需求的生鲜农产品，通过多种销售渠道卖给需求主体，最终将生鲜农产品有效供给的评价结果反馈给政府。

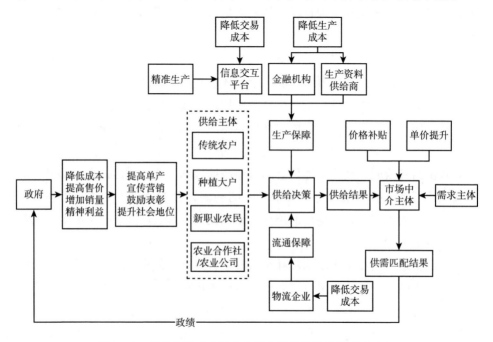

图 5-3 利益诱导对生鲜农产品有效供给的传导驱动过程

第二节 风险控制驱动生鲜农产品
有效供给的机理研究

风险控制是指为达到某一特定的期望，通过减少发生不幸事件的概率和减轻不幸事件发生后导致的损失来控制主体的行为愿意，以激发行为主体的主观能动性。经济主体在进行决策判断与行为实施时会考虑未来遇到伤害的可能性以及造成的后果，即风险会影响决策行为，属于驱动经济主体行为的另一个主要动力。

（一）风险控制的相关要素分析

与利益诱导驱动类似，生鲜农产品有效供给的实现依赖于供给主体的供给行为，而供给主体的行为又受自身需求和避害天性的影响，最终形成了风险控制作用于微观主体，微观主体传导实现宏观目标的驱动机理。从动力激发维度来看，经济主体认为行为风险发生的可能性越高和造成的损失越大，其对实施行为的厌恶就越大，则产生的负面行为意向就越大，即通过风险防控以降低风险的可能性和损失，可减轻经济主体的负面行为意向，并最终导致主体行为的变化。此外，生鲜农产品的异质性和特殊性导致供给受多重风险的影响，风险类型又会因为不同事件而分为多种类型，且风险偏好理论认为不同行为主体的风险偏好不同，通常分为风险回避型、风险追求型和风险中立型。还需要对风险控制的相关要素进行分析，包括不同类型的风险偏好主体对风险的态度，以及经济主体对不同类型风险的反应。

1. 参与主体的风险偏好

表5-3列出了生鲜农产品供给的参与主体和细分后的类型。由于供给风险是由供给主体承担的，所以划分了风险偏好的类型。而市场中介主体、需求主体和政府不会承担供给风险，所以剔除了风险偏好的类型，具体说明如下。

（1）传统农户的经济收入主要来源于农业生产和农业经营，追求维持生计，畏惧风险，安于现状，对风险较大的生产行为是尽可能回避的。

（2）种植大户则往往追求降低成本和提高产量以提高供给利润，也注重根据市场需求进行生产，在面对风险发生概率较低且后果不严重时会愿意进行尝试，属于风险中立型。

表5-3　　　　　　　　　　　　参与主体的风险偏好

参与主体	类型	风险偏好
供给主体	传统农户	风险回避
	种植大户	风险中立
	新职业农民	风险追求
	农业合作社/农业公司	风险追求
市场中介	生鲜农产品市场上的中间商	—

续表

参与主体	类型	风险偏好
需求主体	注重价格型	—
	注重性价比型	—
	注重品质型	—
政府	中央政府	—

资料来源：根据课题组调研材料梳理后获得。

（3）新职业农民通常具备现代农业生产经营的先进理念、富有自主创新创业精神，具有现代农业所要求的能力素质、职业素养和社会责任感，通常愿意尝试高风险的生产行为。

（4）农业合作社和农业公司会尽可能整合一个地区的资源，将农业和商业结合形成一条生产链，有足够的风险承担的能力，也愿意为了足够的生产经营利润而尝试高风险的生产行为。

（5）市场中介主体虽然不会面临供给风险，但起到促进生鲜农产品集散、形成合理价格、把关生鲜农产品质量、保障城市生鲜农产品供应、引导生鲜农作物生产的作用。因此市场中介主体会在生鲜农产品供给过程中，尽可能地减少质量、生产、运输和信息失真等风险发生的概率，并配合政府工作把关质量，引导生产和保障供应。

（6）需求主体也不会面临供给风险，且不同类型的需求主体根据自身情况选择合适的生鲜农产品，即根据市场价格购买满足自身需求的生鲜农产品。

（7）中央政府为扩大生鲜农产品的有效供给，往往会制定相应的政策法规，从而消除部分生鲜农产品的供给风险，并为其他参与主体提供便利。

2. 风险控制的措施

供给主体在追求自身利益最大化的同时，还会尽可能地规避风险。为了利用该特性，实现生鲜农产品的有效供给，就需要运用风险控制措施改善供给主体对有效供给行为的感知，促进其采取有效供给行为。风险控制措施具有四种。

（1）风险回避。风险回避是指生鲜农产品供给主体在面对无能力承担的风险，或是损失远大于潜在的收益的风险，或对风险极端厌恶时，选择放弃该行为以完全避免损失风险。由于通常情况下风险与收益是成正比的，放弃行为虽然能够避免风险的发生，但往往也意味着失去了获取收益的机会。

（2）损失控制。损失控制不同于风险回避，是指生鲜农产品供给主体制定计划和采取措施降低损失的可能性或者是减少实际损失。控制包括事前、事中和事后三个阶段。事前控制是为了降低损失的概率，事中和事后控制是为了减少实际发生的损失。损失控制属于常用且具有普适性的风险控制措施，有利于改变供给主体对有效供给行为的感知，激发其积极性。

（3）风险转移。风险转移是指生鲜农产品供给主体通过契约将让渡人的风险转移给受让人的行为。通过风险转移有时可大大降低经济主体的风险程度，其主要形式是合同和保险。该措施较为常见，容易激发供给主体的积极性。

（4）风险保留。风险保留是指风险承担，如果损失发生，生鲜农产品供给主体将以当时可利用的任何资金进行支付。面对发生概率较小的风险，由于控制和转移该风险的成本较大，供给主体的付出和回报不成正比，供给主体会将该风险保留。

3. 供给主体面临的风险类型

风险类型是对风险种类所做的划分，根据衡量的标准不同，风险类型的划分也不同，如根据风险标的物的不同，风险可分为财产风险、人身风险、责任风险和信用风险；若按照性质不同，风险又可被分为有形风险和无形风险。对风险类型进行划分的目的是便于进行风险分析和进一步的风险控制。

本部分搜集了生鲜农产品供给风险的相关文献，并按照风险的来源进行分类，尽可能全面地提取生鲜农产品供给的风险因子。为了剔除含义相同和不合适的风险因子，本部分还使用德尔菲法对这些风险因子进行合并重组。德尔菲法（Delphi）也称为专家调查方法，该方法使用通信手段将要解决的问题分别发送给每个专家，征求意见，收集和总结所有专家的意见并整理出综合意见，之后将综合意见和预测问题分别反馈给专家，然后再次征求意见。每位专家根据综合意见修改其原始意见，然后进行汇总。重复此方法多次，以逐渐获得更一致的结果。最终结果见表5－4。

表5－4　　　　　　　　　生鲜农产品供给的风险类型

标号	风险类型	定　义
R1	完成风险	仓储运输、外部环境等原因而导致生鲜农产品的数量和质量未能如期达到预期标准
R2	信息失真风险	信息传递途径过长、干扰信息较多、信息丢失等因素导致和生鲜农产品供给有关的关键信息失真

续表

标号	风险类型	定 义
R3	财务风险	成本上涨、费用收取困难、收费价格变动、资金链断裂等原因导致生鲜农产品供给无法达到预期水平
R4	技术风险	生产规划不合理、生产技术不成熟、设备问题等导致生鲜农产品供给未达到预期水平
R5	材料设施风险	所需的农用物资、包装、运输载具、仓储环境等在数量和质量上达不到标准，从而影响生鲜农产品的供给
R6	政策法规风险	政策法规的变化导致生鲜农产品供给的市场需求、收费、成本、要求等发生变化，影响生鲜农产品供给的水平
R7	人为风险	恶意破坏、操作失误、人员素质不足等因素影响生鲜农产品的供给
R8	市场需求风险	由于社会经济环境因素的改变，生鲜农产品需求主体的偏好和需求受到影响，导致市场需求产生变化
R9	污染风险	工厂排污或过度使用化肥等原因使得土壤、水质、空气等生产环境受到污染而导致生鲜农产品的生产受到影响
R10	生物病害风险	生物病害导致生鲜农产品的减产甚至绝收
R11	自然环境风险	旱灾、涝灾、飓风、冰雹等气候灾害导致生鲜农产品的减产甚至绝收
R12	生产风险	资源禀赋不足、生产技术等原因导致生鲜农产品的生产环节出现问题
R13	运输仓储风险	不合理的生产行为、生产技术等原因导致生鲜农产品的运输仓储环节出现问题

资料来源：根据课题组调研材料梳理后获得。

（二）风险控制对生鲜农产品有效供给的驱动机理分析

由于风险的本质是发生不幸事件的概率，是客观存在的，不以人的意志为转移的，而合理的风险控制可以改善供给主体对风险的感知，促使他们愿意实施有效供给行为，因此厘清风险控制驱动机制是必要的。为此，本节具体阐释风险控制对生鲜农产品供给主体有效供给行为的作用方式、作用过程与作用原理，以及对有效供给的传导驱动机理。

1. 风险控制对供给主体实施有效供给行为的作用方式分析

由前文分析可知，风险控制措施可分为风险回避、损失控制、风险转移和风险保留。在此基础上，本节对四类风险控制的作用方式进行分析，具体如表5-5所示。

表5-5　　　　　　　　　　　　风险控制的作用方式

风险控制因素	方法	参与主体
风险回避	放弃有效供给行为	供给主体
损失控制	降低风险发生的概率	所有参与主体
	减少风险发生造成的损失	所有参与主体
风险转移	风险保险	供给主体、金融机构
	风险共担合同	供给主体、市场中介、需求主体
风险保留	承担风险	供给主体

资料来源：根据课题组调研材料梳理后获得。

以下对上述风险控制的作用方式进行归纳总结。

（1）放弃有效供给行为属于风险回避。供给主体作为决策者，对有效供给行为的风险进行感知，并根据自身的风险偏好和风险承担能力，决定是否放弃有效供给行为。当供给主体认为所需承担的风险远大于自己的意愿时，放弃有效供给行为就是一种更优策略。

（2）降低风险发生的概率属于损失控制。通过改善农业供给的基础设施，提高供给主体的技术水平、信息获取能力等，使供给主体能够获取更好的生鲜农产品的需求信息，使部分具有可控性的风险概率降低，激发供给主体实施有效供给行为的积极性。

（3）减少风险发生造成的损失属于损失控制。有些类型的风险是无法降低其发生概率的，这就需要降低风险事件发生后所造成的损失，以此来改善供给主体对风险的感知，吸引供给主体实施有效供给行为。

（4）风险保险属于风险转移。风险保险的作用在于将生鲜农产品供给主体所承受风险让渡给金融机构，可以大大降低供给主体的风险程度，激发供给主体采取有效供给行为的积极性。

（5）风险共担合同属于风险转移。风险共担合同的作用与风险保险类似，是将原本由供给主体独自承担的风险划分让渡给其他合作主体，通常合作共担对象为农业合作社、龙头农业企业等。

（6）承担风险属于保险保留。生鲜农产品供给主体面对发生概率较小的风险，考虑到控制和转移该风险的成本较大，供给主体的付出和回报不成正比，供给主体会将该风险保留。

2. 风险控制对供给主体实施有效供给行为的作用原理分析

生鲜农产品供给主体在进行供给决策的时候，会对供给过程中可能遇到的各种类型风险的发生概率和造成的损失进行评估，根据评估结果选择行为。此处借鉴了哈塞尔曼（Hasselmann F）[①] 的研究思路，对风险控制的作用原理进行分析，具体如图5-4所示。

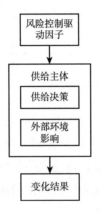

图5-4 风险控制对供给主体实施有效供给行为的作用原理

资料来源：作者自制。

从图5-4中可知，与利益诱导的作用原理类似，作为决策行为的直接主体，供给主体采取有效供给行为是对风险控制驱动因子的响应。整个风险控制对供给主体实施有效供给行为的作用原理同样可以分为两个阶段：第一阶段是风险控制驱动因子激发生鲜农产品供给主体采取有效供给行为的积极性；第二阶段是生鲜农产品供给主体制定并实施决策行为。

第一阶段中，风险控制驱动因子能够激发生鲜农产品供给主体积极性的原因在于：不论是任何组织还是个人，一旦遭受了无法承担的风险，就会损失掉极大的生存空间。在激烈的市场竞争中，如何发现自身将要面临的风险，并回避掉自己难以承受的风险，一直是供给主体需要考虑的事情。

首先，风险的类型是千差万别的，供给主体面对不同类型的风险，会有不

---

① Hasselmann F, Csaplovics E, Falconer I, et al. Technological driving forces of LUCC: Conceptualization, quantification, and the example of urban power distribution networks [J]. Land Use Policy, 2010, 27 (2): 628-637.

同的反应。其次，不同决策主体的风险偏好、生产要素和适应性都不一样，同样的风险对不同情况的供给主体有着不一样的驱动效果，这就导致生产供给行为也将呈现显著的差异性、动态性和相关性。此外，与利益诱导驱动不同的是；由于风险类型、风险偏好和生产要素等情况的不同，风险控制对供给主体的驱动力也不尽相同。

为了避免被市场淘汰，生鲜农产品供给主体会受到风险的影响，对部分自身厌恶或难以承担的风险采取回避的态度。对风险灾害的躲避成为生鲜农产品供给主体行为的驱动力，且对风险的危害评价越高，供给主体愿意实施行为的可能性就越低。因此，通过对风险发生可能进行管理形成的风险防控，能够降低生鲜农产品供给主体对风险的危害评价，进而产生较强的生产供给的源动力。换言之，合理的风险控制能够推动供给主体采取符合期望的决策行为。

第二阶段中，生鲜农产品供给主体制定和执行决策行为的原因在于：风险控制改变了风险事件的发生概率或造成的损失，使生鲜农产品供给主体感知到执行决策行为所带来的风险是自身愿意并能够承受的，激发了制定和执行决策行为的积极性，根据所处的社会环境、自然环境和经济环境，以及自身所具备的生产要素、外部信息、市场信息等，改变以往的决策行为。供给主体在制定决策行为后，会与生鲜农产品供需系统中的其他参与主体发生交互，执行决策行为，并产生结果，通常为实施生产计划所需的生产资料，以特定的价格得到生鲜农产品的运输仓储服务，生产出可供出售的生鲜农产品等。

上述作用原理的分析说明了风险控制对供给主体实施有效供给行为的驱动作用和可行性，即改变有效供给行为的风险发生的概率或造成的损失，提高供给主体对生鲜农产品有效供给行为的效价评估，激发供给主体积极性使其产生较强的行为源动力，进而制定生鲜农产品有效供给的决策行为，并与其他参与主体发生交互，完成决策行为。

3. 风险控制对供给主体实施有效供给行为的作用过程分析

本书根据风险的来源，整理出供给过程中所有可能发生的风险类型。鉴于对这些风险类型的归纳结果可知，生鲜农产品供给的风险类型较多且相互影响，存在较为复杂的层次结构关系。因此需要结合作用方式和作用原理分析，厘清供给风险的层次结构，完成风险控制对供给主体实施有效供给行为的作用过程分析。

解释性结构模型（ISM）用于分析复杂的社会经济系统。ISM 是一种交互式管理工具，即交互式学习过程和图形方法的系统应用，可以有效地构建在多方面情况中一组要素之间的上下级关系，并通过有向图或矩阵表示信息，描绘了变量的层次结构。适合通过层次化的有向拓扑图把模糊不清的风险关系转化为直观的结构关系模型，揭示生鲜农产品供给中各类风险的重要程度及关联性。为此，本节采用解释结构模型方法分析生鲜农产品供给风险的层次结构，厘清风险控制对供给主体实施有效供给行为的作用过程。

首先，根据前文中 13 种风险因子之间的关联关系，构建自作用结构矩阵（Structural self-interaction matrix，SSIM）。关联关系（又可称上下级关系）是指一个变量（i）能够导致另一个变量（j）改变，即任何两个变量（i 和 j）之间存在关系以及该关系的关联方向。此处使用四个符号来表示变量之间关系的方向：V——风险因子 i 将减轻风险因子 j；A——风险因子 j 将减轻风险因子 i；X——风险因子 i 和风险因子 j 相互缓解；O——风险因子 i 和风险因子 j 不相关。表 5 - 6 显示了生鲜农产品供给过程中风险的 SSIM。

表 5 - 6 自作用结构矩阵（SSIM）

标号	R13	R12	R11	R10	R9	R8	R7	R6	R5	R4	R3	R2	R1
R1	A	A	A	A	A	O	A	A	A	A	A	A	—
R2	V	V	O	O	V	V	A	O	O	O	O	—	
R3	V	V	O	V	V	O	O	O	V	V	—		
R4	V	V	O	V	V	O	A	O	O	—			
R5	V	V	O	V	V	O	A	O	—				
R6	O	O	O	O	O	V	O	—					
R7	V	V	O	V	V	V	—						
R8	O	O	O	O	O	—							
R9	O	O	O	O	—								
R10	O	O	O	—									
R11	O	O	—										
R12	O	—											
R13	—												

其次，建立邻接矩阵（Adjacency Matrix，A），分别根据关系和非关系将影响生鲜农产品供给过程中风险因子之间的关系指定为 1 和 0，以量化定性关系。邻接矩阵命名为 A，矩阵的元素命名为 a_{ij}，其数学定义如下：

$$A = (a_{ij})_{n \times n} \tag{5-1}$$

$$a_{ij} = \begin{cases} 1, S_i RS_j \\ 0, S_i \overline{RS}_j \end{cases} \tag{5-2}$$

可以通过布尔矩阵算法证明：

$$(A+I)^2 = I + A + A^2 \tag{5-3}$$

$$(A+I)^k = I + A + A^2 + A^3 + \cdots + A^k \tag{5-4}$$

同样，可以证明系统 A 是否符合条件：

$$(A+I)^{k-1} \neq (A+I)^k = (A+I)^{k+1} = M \tag{5-5}$$

M 为可达性矩阵（Reachability Matrix，M）。

由邻接矩阵 A 得出可达性矩阵 M，可达性矩阵 M 是通过编写 MATLAB 程序来计算的。表 5-7 为最终结果。

表 5-7 可达性矩阵（M）

标号	R1	R2	R3	R4	R5	R6	R7	R8	R9	R10	R11	R12	R13
R1	1	0	0	0	0	0	0	0	0	0	0	0	0
R2	1	1	0	0	0	0	0	1	1	0	0	1	1
R3	1	0	1	1	1	0	0	0	1	1	0	1	1
R4	1	0	0	1	0	0	0	0	1	1	0	1	1
R5	1	0	0	0	1	0	0	0	1	1	0	1	1
R6	1	0	0	0	0	1	0	1	0	0	0	0	0
R7	1	1	0	1	1	0	1	1	1	1	1	1	1
R8	0	0	0	0	0	0	0	1	0	0	0	0	0
R9	1	0	0	0	0	0	0	0	1	0	0	0	0
R10	1	0	0	0	0	0	0	0	0	1	0	0	0
R11	1	0	0	0	0	0	0	0	0	0	1	0	0
R12	1	0	0	0	0	0	0	0	0	0	0	1	0
R13	1	0	0	0	0	0	0	0	0	0	0	0	1

从可达性矩阵 M 中，可获得每个风险因子的先行集（antecedent set）和可达集（reachable set），以及所有风险因子的先行集和可达集的交集 [R(si) ∩ A(si)]（Kumar et al.，2015）。可达集由可达矩阵中第 s_i 行中所有矩阵元素为 1 的列对应的要素集合而成，其定义为：$R(s_i) = \{s_j \mid s_j \in S, m_{ij} = 1\}$，且 S 为所有节点的集合，$m_{ij}$ 为 i 节点到 j 节点的可达值，$m_{ij} = 1$ 表示 i 关联 j。先行集

由可达矩阵中所有矩阵元素为 1 的行对应的要素集合而成，其定义为：$A(s_i) = \{s_j \mid s_j \in S, m_{ij} = 1\}$，且 S 为所有节点的集合，$m_{ij}$ 为 i 节点到 j 节点的可达值，$m_{ij} = 1$ 表示 i 关联 j。

明确风险因子的先行集、可达集和交集后，对风险因子进行级间划分，首先将可达集和交集相同的风险因子作为 ISM 层次结构中的顶层风险因子。识别并剔除顶层风险因子后，从剩余的风险因子中提取可达集和先行集中共同的风险因子，采用相同的方法可得出次一级的风险因子，持续划分直到将所有的风险因子都划分完（Mathiyazhagan et al.，2013）。从表 5 - 8 至表 5 - 11 中，可以看出，风险因子的识别过程是在四次迭代中完成的。

如表 5 - 8 所示，可达矩阵中可达集和交集相同的风险因子 [$R(si) \cap A(si) = R(si)$] 为 ISM 层次结构中的顶层风险因子，即 si = 1 和 8，第一层风险因子包括 R1 和 R8，然后从可达矩阵中剔除这些因素，可得到第二层的可达集、先行集和交集。

表 5 - 8　　　　　　　　　　　第一层风险因子划分

si	R(si)	A(si)	R(si) ∩ A(si)
1	1	1,2,3,4,5,6,7,9,10,11,12,13	1
2	1,2,8,9,12,13	2,7	2
3	1,3,4,5,9,10,12,13	3	3
4	1,4,9,10,12,13	3,4,7	4
5	1,5,9,10,12,13	3,5,7	5
6	1,6,8	6	6
7	1,2,4,5,7,8,9,10,12,13	7	7
8	8	2,6,7,8	8
9	1,9	2,3,4,5,7,9	9
10	1,10	3,4,5,7,10	10
11	1,11	11	11
12	1,12	2,3,4,5,7,12	12
13	1,13	2,3,4,5,7,13	13

同理，从表 5 - 9 可以看出，ISM 的第二层风险因子包括 R6，R9，R10，R11，R12 和 R13，将这些因素从可达矩阵中剔除，可得到第三层的可达集、先行集和交集。

表 5－9　　　　　　　　　　　　　第二层风险因子划分

si	R(si)	A(si)	R(si)∩A(si)
2	2,9,12,13	2,7	2
3	3,4,5,9,10,12,13	3	3
4	4,9,10,12,13	3,4,7	4
5	5,9,10,12,13	3,5,7	5
6	6	6	6
7	2,4,5,6,7,9,10,12,13	7	7
9	9	2,3,4,5,7,9	9
10	10	3,4,5,7,10	10
11	11	11	11
12	12	2,3,4,5,7,12	12
13	13	2,3,4,5,7,13	13

同理，从表 5－10 可以看出，ISM 的第三级层风险因子包括 R2，R4 和 R5，将这些因素从可达矩阵中删除，得出第四层的可达集、先行集和交集。

表 5－10　　　　　　　　　　　　第三层风险因子划分

si	R(si)	A(si)	R(si)∩A(si)
2	2	2,7	2
3	3,4,5	3	3
4	4	3,4,7	4
5	5	3,5,7	5
7	2,4,5,7	7	7

最后，从表 5－11 可以看出，ISM 的第四层风险因子为 R3 和 R7。

表 5－11　　　　　　　　　　　　第四层风险因子划分

si	R(si)	A(si)	R(si)∩A(si)
3	3	3	3
7	7	7	7

经过四次迭代，所有风险因子均置于准确的位置和识别级别上。根据以上结果，剔除循环后重新排列可达矩阵，以获取相邻级别和交叉级别之间的关系。确定矩阵中相应的节点位置，并通过从下到上的箭头相连。如图 5－5 所

示，生鲜农产品供给风险因子的解释结构模型由四个级别（或层面）和13个关键风险因子组成。带有风险编号的圆圈表示关键的风险因子，带有箭头的实线表示影响路径。虚线用于定义级别（或层面）范围，L1，L2，L3和L4是ISM中风险因子的层次结构编号。

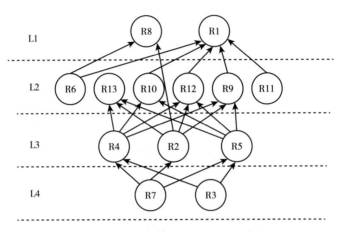

图5-5   生鲜农产品供给风险因子的解释结构模型

资料来源：作者自制。

虽然最终的ISM模型已经通过有向递阶结构图较为直观地展现了生鲜农产品供给各个风险因子的重要程度和层级关系，但缺少进一步的类别分析。此处结合交叉影响矩阵相乘（matriced impacts croises multiplication appliqueeaun，MICMAC）方法对风险因子进行层级构建和类别分析，揭示主要风险因子对生鲜农产品供给主体实施有效供给行为的作用过程。

首先定义可达矩阵中每行元素之和为该行相应风险因子的驱动力，即对系统中其他风险因子的影响大小；每列元素之和表示该列相应风险因子的依赖性，即受其他风险因子的影响大小。然后刻画出一个直角坐标系，X轴表示驱动力，Y轴表示依赖性，并根据各风险因子的驱动力和依赖性的数值，将各个风险因子作为一个点绘制于直角坐标系的四个象限中，从而将13个核心风险因子划分为四个类别，如图5-6所示。

结合图5-5和图5-6，可揭示出以下主要结论。

（1）由ISM模型可知，生鲜农产品供给过程中的顶层风险是完成风险和市场需求风险，说明规避完成风险R1和市场需求风险R8是生鲜农产品供给主体的最终目标。根据MICMAC分析，完成风险R1属于相依簇（象限IV），

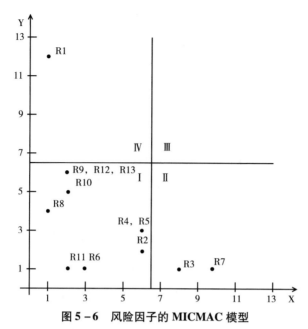

图 5 - 6　风险因子的 MICMAC 模型

资料来源：作者自制。

市场需求风险 R8 属于自发簇（象限 I），表明完成风险因子很依赖于其他风险因子，即其他风险因子可能最终会导致完成风险的发生，而市场风险因子对其他风险因子的依赖性较小，表明该风险很少受其他风险因子的影响。简而言之，完成风险 R1 和市场风险 R8 最终决定了生鲜农产品供给的最终目标能否实现，但市场风险更难预测，完成风险更难追踪。

（2）由 ISM 模型可知，第二层级的风险因子包括政策法规风险 R6、污染风险 R9、生物病害风险 R10、自然环境风险 R11、生产风险 R12 和运输仓储风险 R13。第三层级风险因子包括信息失真风险 R2、技术风险 R4 和材料设施风险 R5。上述 9 种风险因子的来源不同，但都是生鲜农产品生产供给过程中易发生的风险，且属于能够影响最终供给结果的中层风险因子。根据 MICMAC 分析，中层风险因子中存在两组强相关的风险因子，即第二层级的污染风险 R9、生产风险 R12 和运输仓储风险 R13，以及第三层级的技术风险 R4 和材料设施风险 R5。研究表明，这两组风险因子相互作用，会放大反馈效应。因此，可将这两组强相关风险因子分别视为一个整体来处理。此外政策法规风险 R6 和自然环境风险 R11 的依存度较低，说明其发生受其他风险因子影响不大，预测和控制难度较大，但一旦发生，对生鲜农产品供给的影响更为严重。

（3）由 ISM 模型可知，财务风险 R3 和人为风险 R7 处于最底层，说明这两个风险因子是影响生鲜农产品供给的根本因素。MICMAC 分析发现，人为风险的驱动力最强，财务风险次之，说明人为风险和财务风险在风险传导中起着重要作用，为整个风险传导系统提供传导动力，并将低层风险因子的影响传递到高层风险因子。财务风险 R3 和人为风险 R7 属于独立簇（象限Ⅱ），说明这两个风险因子对其他风险因子的影响较大，但受其他风险因子影响较小。

结合上述各类风险的 ISM 模型和 MICMAC 分析，此处绘制了风险控制对生鲜农产品采取有效供给行为的作用过程，如图 5-7 所示。

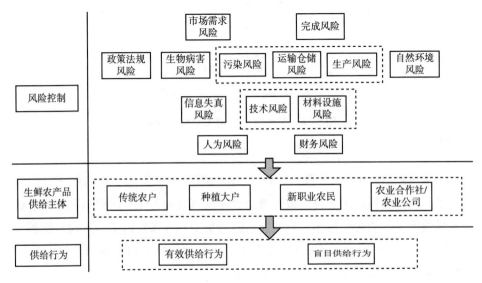

图 5-7   风险控制对生鲜农产品采取有效供给行为的作用过程

资料来源：作者自制。

首先，财务风险和人为风险属于基础风险，如果这两个风险因子出现问题会导致其他相关风险的发生，因此生鲜农产品有效供给行为的资金和劳动力问题是生鲜农产品供给主体最先考虑的，也是风险控制的聚焦重点。其次是信息失真风险、技术风险和材料设施风险，这三类风险源于供给主体自身的生产要素。有效的市场信息、生产技术和完善的生产设备是实施有效供给行为必不可少的关键。技术风险和材料设施风险的依赖性和驱动力相类似，可视为一个整体。再者污染风险、生产风险和运输仓储风险三者也相类似，都会受到信息失真风险、技术风险和材料设施风险的影响，而生物病害风险的依赖性略低于这三者，政策法规风险和自然环境风险则不受其他风险的影响，即难以预测和控制的，虽对供给主体的决策行为有很大影响，但较难形成风险控制。最后，完成风险和市场需求风险属于生鲜农产品有效供给行为的表层风险，风险是否发生决定了生鲜农产品最终是否供需匹配，且下层风险都会影响这两者的发生。

4. 风险控制对生鲜农产品有效供给的传导驱动机理分析

完成微观层面上风险控制对生鲜农产品供给主体采取有效供给行为作用方式、作用原理和作用过程的分析后，本节聚焦于风险控制对生鲜农产品有效供给的传导驱动机理。

本质上，风险控制对生鲜农产品有效供给的传导驱动是微观决策主体行为对驱动因子的响应而涌现出的宏观变化现象，整个过程覆盖了微观和宏观两个层面。具体来说，微观层面上的生鲜农产品供给主体因风险概率或风险损失的降低，做出了期望的有效供给行为，当众多生鲜农产品供给主体响应时，供给侧的生鲜农产品就会在整体上符合当前消费者的需求标准，形成宏观层面上的生鲜农产品有效供给。传导驱动过程如图 5-8 所示。

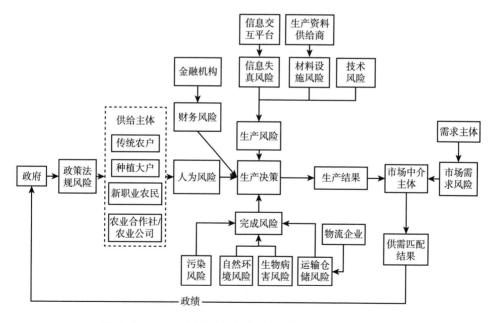

图 5-8　风险控制对生鲜农产品有效供给的传导驱动过程

资料来源：作者自制。

图5-8展现了风险控制对生鲜农产品有效供给的传导驱动过程，从中不难看出，整个过程涉及多个参与主体，包括供给主体、金融机构、生产资料供应商、物流企业、市场中介主体、需求主体和政府。

其中供给主体是整个传导驱动过程的主要核心，是实现生鲜农产品有效供给的基础。供给主体根据自身对实施有效供给行为过程中不同类型的风险进行评估，以及自身风险偏好和承担能力，制定和执行符合期望的决策行为以作为响应，不仅负责与金融机构、生产资料供应商和物流企业进行生产和供给方面的交互，还与市场中介主体进行交易协商，以期望的价格将符合消费者需求的生鲜农产品出售。

而市场中介主体则属于传导驱动过程的次要核心，负责将决策行为的结果从微观层面传导到宏观层面，实现微观向宏观的涌现，即向供给主体收购符合消费者需求的生鲜农产品，通过多种销售渠道将收购的生鲜农产品卖给需求主体，对最终结合生鲜农产品的供需匹配结果，将生鲜农产品有效供给的评价结果反馈给政府。

第三节　利益诱导与风险控制对生鲜农产品有效供给的双重驱动机理研究

利益和风险的关系十分紧密，两者既相辅相成又互相关联。利益学理论中有风险利益的说法。同时，风险控制的成效也会对利益的实现起到重要的作用。任何事情都是利益与风险并存，两者之间的关系也往往是正相关的，即利益越大，风险也越大，生鲜农产品供给主体对风险和利益的感知和权衡是影响其决策行为和宏观层面有效供给实现的关键。

（一）生鲜农产品供给主体的感知利益与感知风险分析

感知是人类对外界事物反映的最后一个关键性链接，是人们对外界环境和事物的刺激所产生一系列的情绪变化、认知等心理过程的关键因素[1]，具

---

① 杨国华，李晓东. 利用反馈神经网络对非线性连续系统进行实时建模 [J]. 宁夏大学学报（自然科学版），2002（3）：248-251.

体见图 5 - 9。

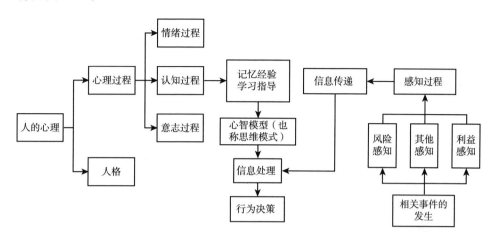

图 5 - 9　人类的感知网络关系模型

资料来源：作者自制。

图 5 - 9 清晰地展示了心理、认知和感知之间的网络关系。从中不难看出，一个决策行为的过程是由感知察觉、认知加工和决策应用三个部分组成，具体来说，人类个体会根据直观判断和主观感受进行决策行为，直观判断是对相关事件发生的感知，而主观感受则是基于以往知识和记忆所形成的心智模型（也称为思维模式），对感知信息进行处理，最终成为决策行为的依据[①]。此外，从该感知网络关系模型中还能看出，感知所传递的信息是刺激因子，而经验和学习决定的心智模型是应对刺激因子的处理器。结合经济学中的理性人假设，可知人类对利益和风险的感知和权衡是其决策行为的主要依据，换言之，利益和风险对生鲜农产品有效供给行为的双重驱动作用是建立在供给主体的感知和权衡上的。

决策主体在思考是否采取某些措施时存在两种感知，即感知风险与感知利益[②]，这两种感知都是对实施决策行为所导致结果的判断。本书中，感知利益是指生鲜农产品供给主体对采取有效供给时机中感觉得到的好处，对好处的渴望会诱发供给主体对有效供给行为产生更大的积极性，且供给主体的积极性与

① 肖开红，王小魁. 基于 TPB 模型的规模农户参与农产品质量追溯的行为机理研究 [J]. 科技管理研究，2017，37（2）：249 - 254.

② 崔亚飞，黄少安，吴琼. 农户亲环境意向的影响因素及其效应分解研究 [J]. 干旱区资源与环境，2017（12）：45 - 49.

其感知的利益成正比，即供给主体不会为了其认为毫无利益的供给行为而采取相关行动，但会对其认为有利益的供给行为积极实施。本书中，感知风险的定义具有复杂的交叉性，它是由供给主体的心理而引发的，由自身对外界风险事件一系列的认识过程所构成的，也是供给主体对某个特定风险的特征和严重性所做出的主观判断，最终能够指引生鲜农产品的供给主体采取有效供给行为。

只要决策行为的结果有多种，则该事件的发生就会被认为充满了不确定性，而这种不确定就会导致人们对是否采取该行为进行权衡。对于供给主体来说，是否采取有效供给行为的关键是其对该决策行为结果的感知价值，而感知价值的本质就是对实施决策行为所需付出的代价和获取收益的衡量，是对该决策行为后续效用性的评价。换言之，生鲜农产品供给主体有效供给的决策过程就是对"利益"与"风险"的双向权衡。为此，可以通过利益诱导与风险控制手段改变供给主体对有效供给行为的感知利益与感知风险，提升供给主体对有效供给行为的综合评价，进而驱动供给主体采用有效供给行为。

（二）利益诱导与风险控制双重驱动生鲜农产品有效供给的机理分析

利益诱导和风险控制会对供给主体的综合评价产生影响，且双重驱动中感知利益与感知风险的交互作用同利益诱导或风险控制下的单重驱动并不一样，单独从利益诱导或风险控制的角度研究对生鲜农产品有效供给的驱动机理是分割的，也是不完善的。因此，把二者联系起来进行机理分析将产生独到的效果。

1. 感知利益和感知风险的权衡过程分析

由前述可知，生鲜农产品的供给主体在考虑有效供给决策行为时，往往会对感知利益和感知风险进行权衡，再根据权衡后的综合评价做出决策行为。那么供给主体是如何权衡感知利益和感知风险的？这是后续构建利益诱导和风险控制双重驱动机理模型的关键和基础。

感知利益对生鲜农产品供给主体的综合评价具有显著的正向影响作用。供给主体在权衡是否采用有效供给行为时，会同时考虑行为实施过程需要花费的代价和决策行为所带来的结果①。行为实施过程包括了前期准备和后期实施两个阶段，这两个阶段都会产生需要花费的代价，且供给主体会将其感知到的实施成本纳入评价范畴。其中前期准备阶段是指供给主体为了能够顺利实施有效供给行为而进行的准备工作，这些准备工作需要付出一定的代价。后期实施阶段则是供给主体实施有效供给行为时所需要付出的代价。决策行为的结果就是生鲜农产品在实施有效供给行为后其认为能获取的利益，包括物质利益和精神利益等。生鲜农产品供给主体在获悉有效供给行为的实施代价和实施利益后，会得出自己最终可能得到的供给收益，也就是供给主体生成的感知利益。基于理性人假设，感知利益会对生鲜农产品供给主体的综合评价产生积极影响，即感知利益的水平越高，综合评价的水平就越高。

感知风险对生鲜农产品供给主体的综合评价具有显著的负向影响作用。供给主体在权衡是否采用有效供给行为时，会考虑行为实施过程中可能会发生的不好的事情，即供给主体对实施有效供给行为的感知风险②。从前述利益诱导的驱动机理和风险控制的驱动机理的研究中就能看出，风险比利益更加复杂。在整个生鲜农产品的供给过程中，供给主体能够感知的利益只有有效供给行为所带来的物质利益和社会环节赋予的精神利益，而生鲜农产品供给过程的所有环节都可能会发生风险，且各类型风险的特征是不同的，因此供给主体对不同风险的感知重要性也不尽相同。同理，基于理性人假设，感知风险会对生鲜农产品供给主体的综合评价产生消极影响，即感知风险的程度越高，综合评价的水平就越低。

基于上述的分析可知，感知利益和感知风险是供给主体做出综合评价的关键权衡因素，此处构建了生鲜农产品供给主体做出综合评价的过程，如图 5 - 10 所示。

从图 5 - 10 中不难发现，生鲜农产品供给主体的综合评价过程就是对感知利益和感知风险的权衡。在感知利益方面，前期准备阶段的花费和后期实施阶段的代价可以合并成实施代价，而有效供给行为实施后销售生鲜农产品所获取的利益则可作为实施利益。供给主体的感知利益就是自身感知到的实施利益与实施代价的差值。

---

① 谢贤鑫，陈美球. 农户生态耕种采纳意愿及其异质性分析——基于 TPB 框架的实证研究 [J]. 长江流域资源与环境，2019，28（5）：1185 - 1196.
② 石志恒，崔民，张衡. 基于扩展计划行为理论的农户绿色生产意愿研究 [J]. 干旱区资源与环境，2020，34（3）：40 - 48.

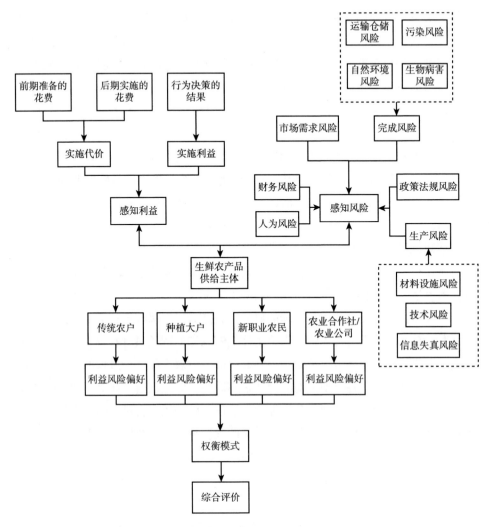

图 5-10 生鲜农产品供给主体的综合评价过程

资料来源：作者自制。

在感知风险方面，供给主体对各类型的风险的感知和权衡并不一样，如政策法规风险在我国出现问题的可能性较低，供给主体对此并不敏感，很少对其权衡；生鲜市场的需求波动较大，时常出现大小年的情况，导致市场需求风险是供给主体最为担心的风险之一；运输仓储、污染风险、自然环境风险和生物病害风险都可视为完成风险，均属于生鲜农产品生产和供给过程中出现的各种意外风险，这些意外风险都具有难以控制和预料的特性，供给主体对此往往无法权衡；材料设施风险、技术风险、信息失真风险也可视为生鲜农产品生产过程中生产风险，这些风险是供给主体着重考虑的；人为风险和财务风险属于基础性的风险，只要容易出现问题，有效供给行为就难以继续下去，对供给主体的影响较大。供给主体的感知风险就是自身感知到的各类风险。

值得注意的是，生鲜农产品供给主体具有多种类型，此处按照利益和风险偏好将供给主体分为四种类型：传统农户，种植大户，新职业农民和农业组织（农业合作社或农业公司）。不同类型的供给主体对感知利益和感知风险的权衡也并不相同。以传统农户为例，其思维方式较为保守，虽看重物质利益，但厌恶高风险，自身的资源禀赋不足，难以达到有效供给行为的要求。这些因素导致该类型供给主体在权衡感知利益和感知风险时，对风险的感知大于对利益的感知，且对生产风险、财务风险和人为风险的程度感知较高；而对新职业农民来说，其思维方式较为激进，愿意为足够的利益而承担一定的风险，且自身的资源禀赋足以实施有效供给行为。这些因素导致该类型供给主体在权衡感知利益和感知风险时，对利益的感知大于对风险的感知，且对市场需求风险更看重。

2. 利益诱导和风险控制对生鲜农产品有效供给的双重传导驱动机理分析

基于以上对生鲜农产品有效供给的利益诱导和风险控制驱动机理研究，可以看出，利益诱导是目标型的，风险控制是手段型的，前者通过改变供给主体对有效供给行为的感知利益以提高行为实施的积极性，后者则通过改善供给过程中各环节的风险发生概率或降低损失来减轻供给主体的实施顾虑。此外，在感知利益与感知风险的权衡过程分析中不难得出，虽然不同类型供给主体在做出综合评价时，对有效供给行为的感知风险和感知利益的侧重不同，但感知利益对供给主体的综合评价均为正向影响，而感知风险则是负向影响。若想驱动供给主体实施有效供给行为就必须同时减少实施顾虑，并提高实施的积极性。本节基于上述分析和生鲜农产品供需系统，构建了利益诱导和风险控制对生鲜农产品有效供给的双重传导驱动过程，具体如图 5-11 所示。

整个利益诱导与风险控制对生鲜农产品有效供给的双重驱动传导过程是以生鲜农产品供给流程为主线，结合政府、供给端、市场中介、金融机构、物流公司、生产资料供给商和需求端等参与主体共同形成的，既包括微观层面上供给主体和其他参与主体进行交互、接受和权衡感知利益和感知风险的过程，也涵盖了宏观层面上生鲜农产品供给主体受利益诱导和风险控制的驱动执行有效供给行为，并与其他参与主体共同完成生鲜农产品供需匹配的过程。

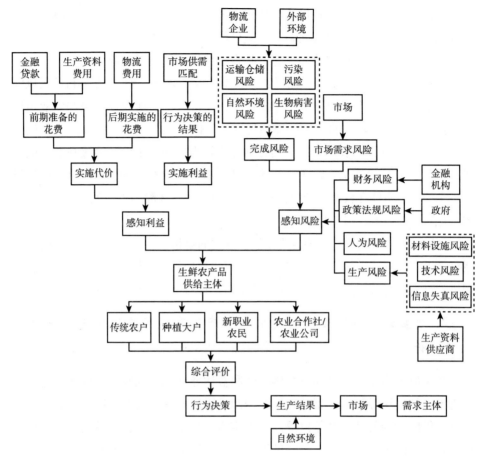

图5-11　利益诱导与风险控制对生鲜农产品有效供给的双重驱动传导过程
资料来源：作者自制。

　　微观层面上，各类型的生鲜农产品供给主体既会对整个供给决策的利益情况进行感知，也会对决策行为的财务风险、人为风险、生产风险、完成风险等进行评估，最终对感知利益和感知风险的综合评价制定出当期的决策行为。

　　宏观层面上，各类型的生鲜农产品供给主体会与生鲜农产品供需系统中的其他参与主体和自然环境共同执行的决策行为，得到最终的生产结果，并将其再出售给市场中介主体，完成供货。而市场中介主体则会根据收购的成本、往期的经营经验和当期的市场情况，制定出市场售价，依此出售给需求终端上的需求主体，完成生鲜农产品的供给过程，同时，实现了利益诱导与风险控制对生鲜农产品有效供给的双重驱动传导过程。

第六章　生鲜农产品供需系统的多主体模型构建

第一节　生鲜农产品供需系统多主体模型构建的基础分析

（一）生鲜农产品供需系统建模方法的选择

系统建模是基于某一视角对实体系统本质属性的描述，它以某种确定的形式展现出关于系统某一方面的知识[①]。构建系统模型的目的是通过可交流性的表达工具描述实体系统，其优点是有利于研究者对实体系统的运行进行预测、控制或重新设计。目前系统建模的方法有很多种，且每种方法的适应范围各不相同，以下对这些系统仿真方法的适应性进行分析。

1. 连续系统的建模方法

这类系统建模的方法主要适用于连续事件，如电路图的系统模型、武器制导系统模型和电气传动自动化等[②]。通常是用微分方程和差分方程等进行描述，且变量都具有连续动态性，随时间流逝而连续变化，根据建模时所采用的计算方式不同，可分为模拟法、数字法和混合法三类。（1）模拟法：采用模拟计算方式对连续系统进行建模的方法，主要包括建立模拟电路图，确定建模的幅度比例尺和时间比例尺，并根据这些比例尺修改模型中的参数。（2）数

---

①　刘勇，王德才，冯正超. 离散事件系统仿真建模与仿真策略 [J]. 西南师范大学学报（自然科学版），2005（6）：1019 – 1025.

②　陈强，陈双，吴立金，韩新宇. 分布式复杂系统软件测试建模方法与应用研究 [J]. 计算机测量与控制，2019，27（2）：129 – 134.

字法：采用数字计算方式对连续系统进行建模的方法，主要是将连续系统的数学模型转换为适合在数字计算机上处理的递推计算形式。（3）混合法：采用混合计算方式对连续系统进行建模的方法，还包括采用混合模拟计算机的建模方法。

2. 离散事件系统的建模方法

离散事件系统的状态只在离散时刻发生变化，系统中的实体依其在系统中存在的时间特性可分为临时实体和永久实体[①]。临时实体的到达和永久实体为临时实体服务完毕，都构成离散事件。描述这类系统的模型是一幅表示数量关系和逻辑关系的流程图可分为三部分，分别为到达模型，服务模型和排队模型。前两者一般用一组不同概率分布的随机数来描述，包括排队模型在内的系统活动则由一个运行程序来描述。对这类系统，主要使用运筹学、软计算等优化建模技术，普遍采用可重用的模块化设计，利用图形过程建模方法建立系统模型，在增强系统柔性的同时，降低用户使用建模器的复杂度。仿真方法解决的问题是：产生不同概率分布的随机数和设计描述系统活动的程序。

3. 复杂系统的建模方法

复杂系统由相互连接的部分所组成，而整体显示一或多种和单个部分性质差别不大的性质，通常具有系统开放性、动态网络性、具有储存能力和非线性等[②]。复杂系统可分为混沌系统、自适应复杂系统和非线性系统三种类型。研究复杂系统的学科有数学、物理和社会科学以及多学科组成的学科。系统的复杂性包括无序复杂性和有组织复杂性[③]。从本质上说，无序复杂性系统包含很大数目的部分；而有组织复杂系统是一主体系统（很可能只有有限数目部分）而呈现的性质。

根据适用的范围和类别，复杂系统的建模方法可划分成基于智能技术的复杂系统建模、离散事件动态系统建模、定性建模、非线性动力学系统建模、其他复杂系统建模五大类（见表6-1）。

①　王涛．系统建模方法综述［J］．科技资讯，2008（28）：34-36.

②　张橙，朱良天．基于BDI Agent模型的对中小企业创新系统诊断框架及对策［J］．经济研究导刊，2019（2）：1-3.

③　陈新建．感知风险、风险规避与农户风险偏好异质性——基于对广东适度规模果农风险偏好的测度检验［J］．广西大学学报（哲学社会科学版），2017，39（3）：85-91.

表 6 - 1 　　　　　　　　　　　　复杂系统的建模方法

建模方法	类别	优点	缺点
基于多主体建模法	基于智能技术的复杂系统建模	支持分布式应用、异步计算、涌现性	缺乏实现协作的全局观点
神经网络建模法		自学习能力、联想储存能力、高速寻找优化结果	无法解释推理过程和依据、易丢失信息、无交互能力
GCP 建模法		方法直观、结论形式简明	样本量较大时难以获得聚类结论
遗传/蚁群/粒子群优化算法		易于与其他方法结合、较强的鲁棒性、支持分布式计算	遗传算法的计算时间长/蚁群算法易出现停滞/粒子群算法易发散、精度较低
Petri 网建模法	离散事件动态建模	数学表述方式严谨、图形表达直观	不能反映时间、不支持构造大规模模型（如自顶向下或自底向上）
任务/资源图建模法		包含丰富的时间属性	仅适用于复杂离散实时系统
极大代数建模法		严格的理论体系和易于处理物理时间	仅能用于确定性系统和性能分析、线性属性
系统动力建模	定性建模	内在驱动机理明确	不支持定量研究
定性因果关系建模		简洁明了、逻辑清晰	不支持定量研究
归纳推理定性建模		能初步模仿人类思维、学习能力、不需要系统结构	不支持定量研究、获得的是一般性的结论
基于小波网络的非线性系统建模法	非线性动力学系统建模	能较强地逼近非线性函数、良好的时频局域化特性、学习性强	小波基函数的选取较难、参数初始设置困难、隐含层节点数难确定
基于 GMDH 的混沌时间序列建模法		预测精度较强、高稳定性	主要用于预测
元胞自动机建模方法	其他复杂系统建模	具有内在空间概念、自下而上性、能通过局部转换模拟复杂系统的空间行为	具有固定的空间排列和邻居规则
综合集成建模法		定性和定量相结合、智能化、人机结合	复杂性、循环性

资料来源：作者自制。

生鲜农产品供需系统属于典型的社会经济复杂系统，是由多个不同类型、不同目标、不同作用的参与主体和社会经济要素构成的有机整体。各个参与主体构成了复杂系统的组元，各组元间的交互行为是生鲜农产品供需系统的运行基础与脉络。整个生鲜农产品供需系统的层次结构清晰，功能划分明确，可划分成多个独立子系统。生鲜农产品供需系统的复杂性本质上是由智能主体在供需经济活动中的行为结果导致的。无论是消费主体、供给主体、市场中介主体、政府、仓储运输主体，还是金融机构，都具备自我判断和行为决策的能力，但所有的参与主体的自身素质和信息获取能力是不同的，对事物的感知和评价也不一样，这种多样化的情况使得整个生鲜农产品供需系统的运行轨迹变得十分复杂。除了上述由经济活动规律和经济系统结构决定的系统内力外，影响生鲜农产品供需系统复杂性的动力因素还有两个，即政策力和随机力。政策力是由政府机构所制定和施加的，如相关的经济法规、政策规章等；随机力是指难以预测的不可控制力，通常为外力，尤其指环境对经济系统的影响，如自然灾害、病虫污染等。

在市场化全球化和信息化快速发展的社会中，经济环境变化的广泛性、快速性、不确定性等日益明显。依赖于传统科学范式基础上的连续系统建模和离散事件系统建模已经越来越不能圆满地解释生鲜农产品供需系统，这是由于该系统属于典型的社会经济系统，其复杂性和动态性导致了该问题只能用非线性方法解决，只有借助复杂系统建模法才能有效处理当前生鲜农产品的有效供给问题。

结合生鲜农产品供需系统的特点和现有复杂系统建模的优缺点可知，基于多主体的建模法更适合生鲜农产品供需系统，这是因为该方法具备研究大量微观个体的交互行为及其宏观涌现的能力，通过自下而上的方式，将复杂系统中各个参与实体抽象成主体模型（Agent Model），完善各个主体模型的行为决策和交互方式，并按照现实系统的结构完成框架的搭建。此外，多主体的建模法还具备分布式计算的能力，有利于实现各个微观主体的同时运算，也便于多主体交互协作的实现。上述能力和优点恰好满足生鲜农产品供需系统的构建需要，能够非常好地表征各个独立经济主体的集合行为，且通过这种自下而上的建模方式能够体现出微观层面到宏观层面的涌现性，有利于体现出生鲜农产品供给主体的决策行为对宏观层面上生鲜农产品有效供给的影响，因此本书构建生鲜农产品供需系统的多主体模型（MAS）对生鲜农产品有效供给进行研究。

（二）生鲜农产品供需系统多主体模型的任务

生鲜农产品供需系统多主体模型的构建是个复杂的任务，包含参与主体较多且相互之间差异较大、参与主体之间复杂的交互行为和决策行为等多项因素，因此需要将这个总任务分解成阶段性的子任务，才能高效完成。

本书按照第三章中关于实现生鲜农产品有效供给的相关要素的分析，将总任务划分成为四个子任务。首先，从现实中抽象出概念框架是生鲜农产品供需系统多主体建模的第一个子任务，也是后续任务完成的前提；其次，厘清生鲜农产品供需系统多主体模型中各个主体的情况是第二个子任务，包括主体有哪些？哪些功能由哪个主体来实现，确定哪些实体可作为主体，哪些实体作为对象来处理？明确各类主体子模型的仿真对象是十分重要的；第三个子任务，对生鲜农产品供需系统中的主体如何进行描述？每个主体的自我目标是什么？每个主体具有什么样属性？是如何做出行为决策的？尽可能详细、如实地描述出生鲜农产品供需系统中主体的情况；第四个子任务，生鲜农产品供需系统中各主体之间的交互关系和交互流程是什么样的？如何建立？这些都是生鲜农产品供需系统多主体建模需要完成的任务。

（三）生鲜农产品供需系统多主体模型的构建流程

系统建模流程是将现实系统抽象成模型的过程，明确生鲜农产品供需系统多主体模型的建模流程有利于后续模型的完善和案例仿真，本部分借鉴了以往的成果①，具体的基本建模框架如下。

复杂系统的多主体建模是一个反复完善的过程。如图 6-1 所示，多主体模型通常是以实际系统为观察对象和参考标准，采用面向主体的方法进行分析，从实际系统中抽象出各类微观个体，并进行假设验证以确保其合理性，再对抽象出来的各个主体进行主体建模，进行同质化区分，将同种类型的参与主体划分成类，再按照各个主体之间的交互关系构建系统交互的模块，最终形成能够通过图形和数学公式表达的概念模型，这个过程被称为实际系统的主体化。

① 谢冉. 复杂系统建模方法综述 [J]. 现代防御技术，2020，48 (3)：31-36.

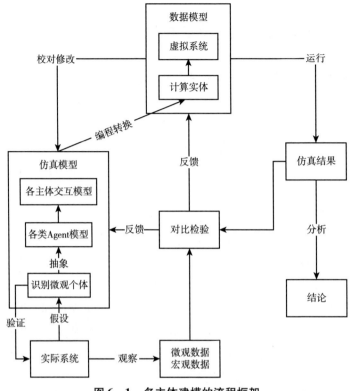

图 6 - 1 多主体建模的流程框架

资料来源：作者自制。

通过计算机将已知的概念模型进行编码转换，在计算机上形成虚拟系统实现仿真模拟，这个过程可称为计算仿真实验。完成模型的初步构建后，对照概念模型校对修改，使仿真模型能够如实地展现出概念模型；再运行该仿真模型以获取仿真结果，并与观察数据进行对比，若是误差较大应及时返工，对概念模型和仿真模型进行修改，直至误差降低到一定的程度。最终对仿真结果进行分析。具体的多主体建模过程概括如下。

（1）理论分析。面向现实系统的理论分析是多主体建模的第一步，先厘清现实系统的实际情况，再结合建模任务设置合理的建模假设，最后基于实际情况和建模假设完成系统的仿真框架。

（2）构建仿真模型。仿真模型是现实世界到信息世界的第一层抽象。根据各个子问题进行主体粒度的划分，确定系统所需主体的类型、数量和功能，包括主体的推理、学习、通信、交互等功能，使主体具有能识别复杂环境的认识能力和对环境变化做出反应的反应能力。再根据所确定的功能指定主体的行为，通过定制属性、方法和事件规定主体的身份、行为及交互关系。最后对系统功能进行模块化划分，并根据主体之间的需求建立通信机制和协作机制，从而建立起整个系统的仿真模型。

（3）构建数据模型。参照从现实世界中抽象出的仿真模型，用编程语言将其中的相关信息转换成依赖于具体的计算机系统和某一个数据库管理系统（DBMS）支持的数据模型。具体包括：定义不同类型主体的数量、宏观环境变量、主体间通信协议等；定义不同类型主体的结构、内部状态、消息接口等；定义主体的学习算法、主体间的交互规则等。

（4）模型的迭代与重构。由于整个过程不是一蹴而就的，需要不断修改和返工，工序之间不断往返，并且要在原来的模型基础上反复重构，不断修改，最终得到满意的模型。

（5）成果发布。发布自己的研究成果，与大家分享发现，相互交流，这更有利于模型的完善和在此基础上进行的拓展研究。

第二节　生鲜农产品供需系统多主体模型的框架构建

（一）生鲜农产品供需系统多主体模型的仿真假设

前述已经对生鲜农产品供需系统的组成要素、结构框架、供给过程和参与主体的交互关系以及决策行为的过程进行了详细的阐述和分析（具体可见第三章）。为了完成建模任务，此处对生鲜农产品供需系统设置了如下几个假设。

假设6-1：人的欲望是无限的，且通常难以满足，因此假设生鲜农产品供需系统中每个参与主体的复杂人主体模型具有无法被满足的欲望，包括对利益、社会地位的追求。

假设6-2：人在实施某一行为时会综合考虑各方面的因素，因此假设所有的主体会根据自身的需求和欲望进行相应的决策行为，且该决策行为会受到心理、社会和环境三大因素的约束，而其行为方式也最终会和气候、生产要素、环境等外部因素共同产生结果。

假设6-3：所有主体都是一个价值判断者，主要体现在他们会对所有的物品和事件进行价值判断（包括可货币化和无法货币化的），所有主体都具备相同或不相同的价值判断标准，并据此对自身面对的物品和事件进行取舍，且他们都希望实现效益最大化。

假设6-4：人会根据环境的变化改变自身的行为方式和价值判断标准，且人和人之间往往会相互学习，因此假设所有主体都具有适应性和学习能力。除了对特定事件能做出简单的响应和反馈，主体能够根据环境的变化、以往的经验和信息交流产生新的价值判断标准，改变自己固有的行为模式，实现学习功能。

假设6-5：现实中所有人或组织往往都会基于自身目标和以往的经验形成特定的思维模式，并通过该思维模式处理接收到的信息，做出行为决策，这说明可以假设主体具备自身的知识库和行为规则库，且其行为规则库是由知识库和其他信息共同调动的。

假设6-6：所有人和组织都不是简单的事件响应机器，他们都具有自主性，会根据自身意愿进行自然和社会活动，也会根据接收到的信息改变行为。因此假设所有主体都具有动态自主性和响应自主性，前者说明主体会在没有外部影响的作用下自主运行，后者说明主体还会对主动对外部环境进行交互，根据受到的外部影响产生反应。

假设6-7：现实中个人或组织会与其他人进行交流，这种社交行为是普遍存在的，且会推动整个社会系统的发展。因此每个主体都应具有与环境和其他主体进行信息交互的能力。最简单的交流形式就是向环境和其他主体发布消息；更复杂一些的交流包括对环境中可观察的事件做出反应，与其他多个主体并行交互。

假设6-8：在现实社会中，由于人与人之间是存在差异，并非所有的人都能承担相同的任务，一件事情或目标的完成不仅会涉及某一特定的个人，往往是由很多相关的个体或组织协力完成的。因此假设生鲜农产品供需多主体系统中不同的主体会为了实现自身和系统的目标而相互协作，且作为基本属性，所有主体都具备协作能力。

（二）生鲜农产品供需系统多主体模型的宏观框架

生鲜农产品供需系统涉及多类智能元素，包括生鲜农产品的供给方、生鲜市场中介、需求方、政府、生产资料供应商和物流企业等。另外，一个完整的系统往往是由智能元素和非智能元素共同组成，生鲜农产品供需系统中的非智能元素包括基础设施、生鲜农产品、生产要素和自然灾害等，它们与智能元素一起共同构成了生鲜农产品供需系统的仿真框架。值得注意的是，在生鲜农产品供需系统中，主体是自主的，具有不同的目标、属性和决策行为。

为了实现生鲜农产品有效供给这个总目标，生鲜农产品供需系统下具有不同目标的各个主体就必须相互协作，且信息交互和交易协商都是相互协作的外在表现行为。从本质上来说，交互协商是主体间通过传递结构化消息，减少相互关于某一观点或计划的不一致性和不确定性的过程，这一过程是主体受外部环境和其他主体的影响所做出的决策行为，且这种决策行为会受到外部环境中效应器的影响而产生行为结果。此外，本书的目的是扩大生鲜农产品的有效供给，因此构建能够收集供需信息并能够判断生鲜农产品的供给行为的管理分析模型是必要的。生鲜农产品供需系统的仿真模型框架如图 6 - 2 所示。

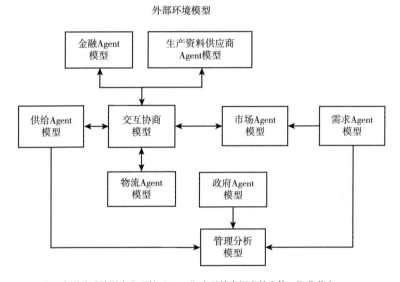

注：本图及后续图中出现的"Agent"表示特定概念的主体，而非英文。

图 6 - 2　生鲜农产品供需系统的仿真模型框架

资料来源：作者自制。

如图 6 - 2 所示，生鲜农产品供需系统的内部运作机制本质上就是，各类主体模型通过交互协商模型与其他类型的主体模型或内部其他主体模型进行信息交流和交易协商，共同完成生鲜农产品的供给行为，且会受到外部环境模型的影响。具体来说，本书中供给主体代表的是一个群体，包括多种类型的生鲜农产品供给主体，其具备生产生鲜农产品的能力和期望以合适的价格向市场中介售出自身生产的生鲜农产品的目的，即生鲜农产品供给主体模型会通过交互协商模型与金融主体模型和生产资料供应商主体模型进行交互协商，以获取部分生产要素，并在完成生鲜农产品的生产后同样会通过交互协商模型与市场中介主体模型进行交易，市场中介主体模型会以合适的价格和数量收购，并通过交互协商模型委托物流主体模型进行运输和仓储，确保生鲜农产品及时到达。市场中介主体模型在获取生鲜农产品后会根据收购价格、数量和外部环境模型所提供的市场信息制订出售价格，将生鲜农产品出售给需求主体模型，需求主体模型会根据自身的需求情况选择是否购买，最终完成生鲜农产品的供需匹配。

值得注意的是，各类主体从环境中或从其他主体获取信息、进行决策，进而执行动作，并且，影响到环境和其他主体的过程也是利用主体模型、外部环境模型和交互协商模型来表现的。外部环境模型会对各类主体模型的决策行为产生影响，并和最终的实际行为共同产生行为结果，而其他主体模型的行为和传递的信息也会导致主体模型的决策行为。此外，管理分析模型的目的是扩大生鲜农产品有效供给，收集供需两方的数据以分析生鲜农产品的供需状况，并反馈给政府主体模型。

（三）生鲜农产品供需系统多主体模型的微观结构

在人工智能领域，主体模型的仿真结构有三种基本形式，即认知型（Cognitive）、反应型（Reactive）和混合型（Hybrid）。认知型主体具有内部推理模型，与其他主体协同，通过推理进行决策行为和实施行为，本质是"信念—愿望—意图"模型（BDI）[1]。反应型主体具有感知内、外部状态变化的感知器，对相关感知做出反应的处理器和执行行为决策的控制器，本质是"感知—动作"模型。混合型则包括"认知"和"反应"两个部分，反应较快又具有推理能力，但更为复杂。

生鲜农产品供需系统中主体的类型有很多种，包括供给主体、需求主体、市场中介、政府、金融机构、物流企业和生产资料供应商等，且又可分类成微观层面上的个人和组织。对比发现，系统中部分类型的供给主体、市场中介和政府的决策行为与认知型主体的定义类似，具有明确的目标，其行为是由有意

---

① 熊升银，周葵. 农户参与秸秆资源化利用行为的影响机理研究 [J]. 农村经济，2019（4）：110－115.

图的主体所实施。为了实现既定的目标，供给主体、市场中介主体和政府主体会详细考虑自身的情况和相关信息，并及时修正与自身期望不一致的行为和观念，因而其行为的基础是思考。例如生鲜农产品供需系统中的市场中介会根据自身利润最大化的原则和协助政府实现扩大生鲜有效供给的目标进行决策行为，即在向供给主体收购生鲜农产品和向需求主体出售生鲜农产品时，做了大量的工作和安排，参考收集到的信息和以往经验制定更利于目标实现的决策行为，并及时修正与自身期望相悖的行为和观念。

同样对比发现，部分供给主体、需求主体、金融机构、物流企业和生产资料供应商在系统中仅是为生鲜农产品生产和供给提供服务，只是通过与其他主体进行简单交互，根据接收到的信息和所处的环境状态，执行相应的行为。虽然一定程度上也会根据思考进行决策，但其决策是在局部环境下以自身信息为基础进行的，很少从整体的视角来考虑问题，也难以预料自身的行为决策对所处系统造成影响。这种缺乏远见的行为决策也是生鲜农产品供给存在波动的主要原因之一。

总而言之，纯粹的慎思型主体和反应型主体是较为少见的，大部分类型的主体都兼具反应性行为和有思考性行为。生鲜农产品供需系统中的主体都属于混合型主体，但有的主体是以思考性行为为特征，兼有反应性行为，即这类主体的决策行为多是依靠充分的历史与实时信息，建立在反复的实验和论证的基础上。而有的主体则是以反应性行为为特征，兼有思考性行为，他们大多是依靠有限的信息以及自身积累的经验甚至直观的感觉。尽管如此，在二者的结构模型设计中，却无法体现这种差别。因为，二者之间的差别只是量上的不同，而不存在质的差异。基于相关文献资料和以上的讨论，本节构建了适合生鲜农产品供需系统的主体模型的内部仿真框架（见图6－3）。

主体主要会与外部环境和其他主体进行交互并采取一定的行为，相互之间形成信息—反馈循环，同理，外部环境和其他主体间也会相互影响，且会因外部因素而产生变化。主体模型结构的工作机理如下：信息接收器是复杂人主体的信息接收模块，起到接收外部环境和其他主体信息的作用。值得注意的是，不同类型的主体的信息接收能力不一样，接收到信息的完整性有较大的差异。感知器是主体对信息的处理模块，能够处理接收到的信息，将接收到的信息转换成感知，并根据感知的类型决定将其传递给感知器还是传递给规则库。反应器是主体用于处理感知的模块，仅根据接收到的感知以调用对应的反应并传递给执行器。规则库则是主体能够进行推理决策的关键模

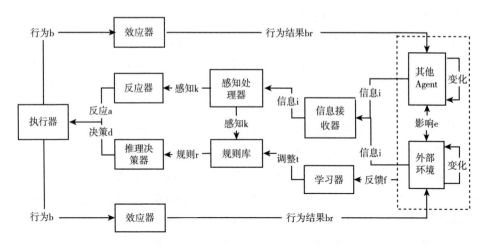

图 6 - 3   主体模型的内部仿真框架

资料来源：作者自制。

块，它不仅能够接收到感知器传递的感知，还会被学习器影响，并对感知信息和调整行为进行处理，调用对应的处理程序形成推理决策所需要的规则信息。推理决策器是主体进行思考和决策的模块，此模块会根据接收到的规则信息和自身的状态进行推理决策，形成决策信息并将其传递给执行器。执行器就是主体实施行为的模块，根据接收到的反应和决策信息执行相应的行为。这些行为会通过效应器形成行为结果，其中效应器就是将行为转化成结果的模块，由于其受到外部环境的影响，通常不属于主体的结构模型。行为结果会作用于外部环境和其他主体，能够一定程度上使它们发生变化，而这种变化又会反馈给主体的学习器。学习器是主体学习、适应和进化的关键，起到调整规则库的作用。

（四）生鲜农产品供需系统多主体模型的仿真流程图

由多个结构和性能不同的主体组成的多主体系统（MAS）是模型构建的最终成果。结合上文可知生鲜农产品供需系统的仿真框架应具备宏观和微观两个层面，包括交互协商模型、管理分析模型、环境模型和主体模型四部分。本节结合宏观框架、微观结构和仿真编码流程构建了生鲜农产品供需系统多主体模型的仿真流程图，具体如图 6 - 4 所示。

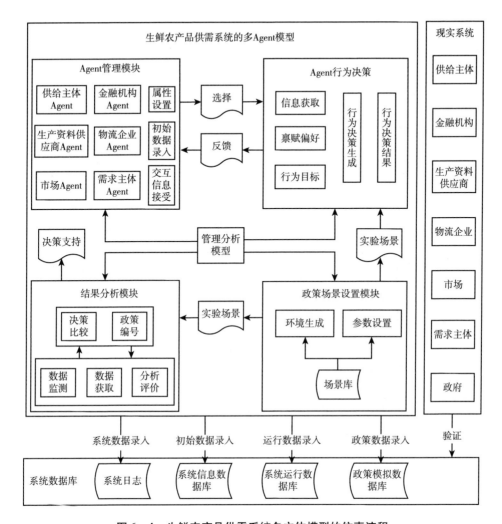

图6-4　生鲜农产品供需系统多主体模型的仿真流程

资料来源：作者自制。

　　图6-4详细地展现了生鲜农产品供需系统多主体模型架构层面上的整体仿真流程，但仍未阐明架构内部各主体子模型的仿真流程，因此将该部分划分为三个阶段，即建立阶段，运行阶段和结算阶段，具体如图6-5、图6-6和图6-7所示。

　　图6-5展现了生鲜农产品供需系统多主体模型的建立阶段，该阶段主要是构建各类主体子模型和命名，并将从现实系统中收集到信息编码导入到各类主体子模型中，为后续的运行阶段奠定基础。

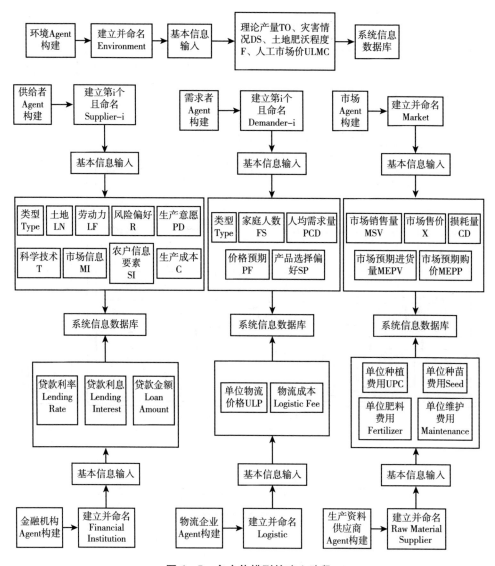

图 6-5 多主体模型的建立阶段

资料来源：作者自制。

图 6-6 展现了生鲜农产品供需系统多主体模型的运行阶段，该阶段主要是各类主体子模型根据获得的信息和目标实施交互和运行，实现了生鲜农产品的正常供需，其运行过程中的各项数据是最终多主体模型结算阶段的分析对象。

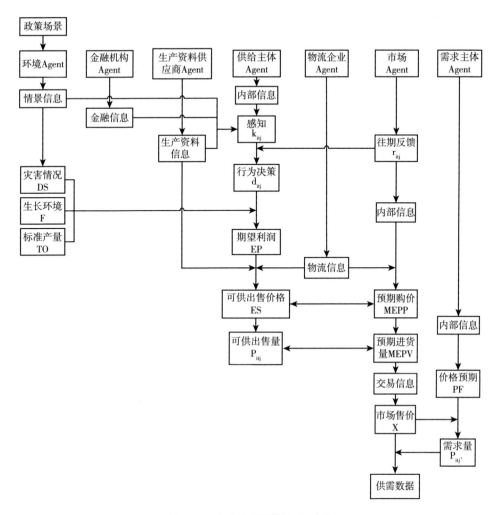

图 6 – 6　多主体模型的运行阶段

资料来源：作者自制。

图 6 – 7 展现了生鲜农产品供需系统多主体模型的分析阶段。该阶段主要是各类主体子模型根据获得的信息和目标实施交互和运行，实现了生鲜农产品的正常供需，其运行过程中的各项数据是最终多主体模型分析阶段的处理对象。

以生鲜农产品供需系统多主体模型架构层面上的整体仿真流程为大方向，以架构内部的建立阶段、运行阶段和结算阶段为落实思路，以逻辑语句、数学公式和编程代码为落地手段，最终能够完成生鲜农产品供需系统多主体模型的构建。构建的具体细节可见后面的宏观层面上系统协助模型和微观层面上各类主体子模型。

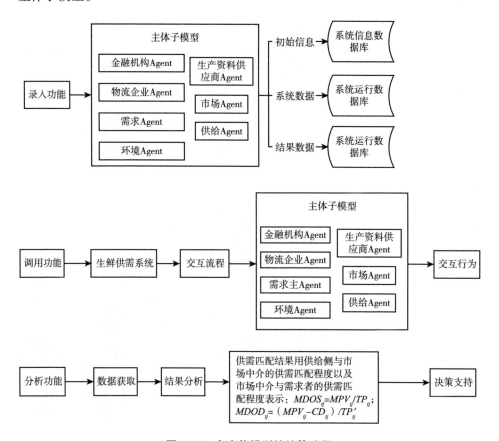

图6-7　多主体模型的结算阶段

资料来源：作者自制。

第三节　宏观层面上系统协助模型的构建

（一）系统中主体的交互协商模型构建

已知现实中生鲜农产品供给主体会通过多种渠道将生鲜农产品销售给需求主体，以达到实现自身利益的目的。为了实现该目的，供给主体需要与生产资料供应商进行交互协商，并以一定的价格获取必需的生产资料，若有需要供给主体还会与金融机构进行交互协商以获取所缺的资金，再按照自身的决策计划进行生产，在一定的时空环境中生鲜农产品经过生长周期后会变得成熟，成为可供出售的商品。需求主体会根据自身情况所选择各种各样的销售渠道来获取所需的生鲜农产品。这些销售渠道可分为有中间环节的间接销售渠道（如各类市场中介、销售团队、电商平台等）和无中间环节的直接销售渠道（如农户直销、线下采摘、农家乐等），且因时空距离差异较大和供给主体的销售能力较弱，大部分供需双方都会通过中间环节中的市场中介主体完成供需匹配。其中，对于间接销售渠道来说，需求主体的信息往往会汇聚到中间环节的市场中介主体，并由市场中介主体代替需求主体与供给主体进行交互协商，起到连接和调节供需的作用，且市场中介主体也会为了获取中间环节利益而以一定售价将生鲜农产品销售给需求主体。对于直接销售渠道来说，供给主体兼顾了市场中介主体的作用，与需求主体直接交互协商，降低了交易成本，起到市场所具备的连接和调节作用。因此在本书中，无论是通过直接销售渠道还是间接销售渠道，供给主体都需要市场中介主体起到连接和调节的作用。此外，除线下采摘和农户直销等直接销售渠道不需要物流服务外，大部分间接销售渠道还是需要物流服务的，即为了将可供出售的生鲜农产品运往最终需求主体的手上，供给主体会与物流企业进行交互协商以一定的价格获得生鲜农产品的运输仓储服务。

　　为了确保生鲜农产品供需系统多主体模型的可靠性和真实情景的反应能力，上述各类型参与主体间的交互协商过程和各类型下内部交互过程都需要在生鲜农产品供需系统中实现。本书主要通过生鲜农产品供需系统中的交互协商模型来实现交互协商过程，通常会利用模型设计和后续编写的代码来完成。其中模型设计主要是确定交互协商模型是如何协助各类主体子模型实现信息和物质的交互的，以及生鲜农产品供需系统中交互协商模型的交互流程（见图6-8）。

　　由图6-8可知，生鲜农产品供需系统中的交互协商模型主要承担着信息交互和交易协商功能的实现。信息交互模块的功能主有两点：一是将所有主体想要传递的信息发送给其他主体以形成信息的交互，包括同类型主体的内部信息交互和不同类型主体的外部信息交互；二是外部环境的情况信息传递给受环境影响或根据环境制定决策行为的所有主体。交易协商模块的本质是交易双方的协商平台，其目的是协助各类型主体与其他主体完成生产资料购买、金融服务、生鲜农产品交易、物流服务等经济活动，交易双方按照各自的心理预期进行价格磋商，最终达成产品或服务交易。总体来说，交互协商模型是各类型主体间沟通和合作的桥梁。

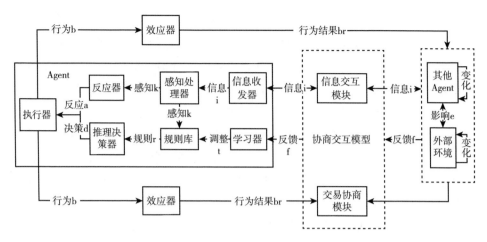

图 6 - 8 交互协商功能示意

资料来源：作者自制。

（二）系统中主体的管理分析模型构建

构建生鲜农产品供需系统多主体模型的目的是挖掘生鲜农产品有效供给机理和探究供给主体有效供给行为的驱动机制，以推动生鲜农产品的有效供给扩大。因此，需要在生鲜农产品供需系统多主体模型中构建一个具有管理分析功能的子模型，能够调度和管理所有主体子模型和交互协商模型以实现生鲜农产品供需系统的正常运行，也能将所需的分析数据存储在数据库中，以完成有效供给行为的分析评价和图像结果的输出。简而言之，该管理分析模型应具备主体管理和结果分析功能，且在概念模型层面上，这些具体的管理和分析功能可视为一个整体，而在仿真模型层面上分布在所需的位置，并通过代码编写得以实现，具体如图 6 -9 所示。

1. 管理功能的实现

管理分析模型是生鲜农产品供需系统多主体模型不可或缺的一部分，管理功能是其协助生鲜农产品供需系统的正常运行的关键，包括两大核心管理功能：调度功能和数据存储功能。

其一，调度功能是指按照交互流程安排，调度所有主体子模型和交互协商模型以确保主体间交互流程的正常运行。现实中生鲜农产品供需系统中参与主

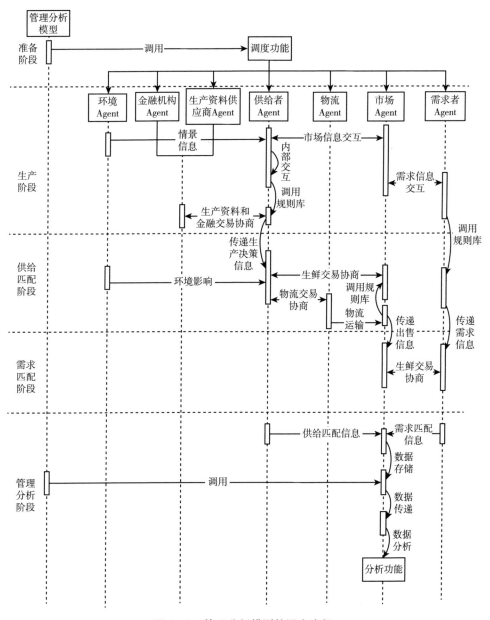

图 6 - 9 管理分析模型的调度流程

资料来源：作者自制。

体会根据周围和自身情况选择信息交互和交易协商对象，为了对该情况进行仿真，构建了管理分析模型的调度功能以安排各类主体和相应的其他主体的连接。

其二，数据存储功能是指生鲜农产品供需系统运行过程中各类主体所产生的数据以某种格式记录在模型内部或外部存储介质上，以待后续的调用或处理。所有主体都会根据自身的行为规则库和学习器进行决策，结合接收到的信息给出决策行为，并执行该决策行为，而行为会与环境中其他要素产生最终结果，这些结果转化成信息传递给其他需要的主体，为了获取和传递这些信息数据则需要构建管理分析模型的数据存储功能，将相关信息转换成可供传输的数据，并建立数据库实现分类、整理和存储的需求。

2. 分析功能的实现

分析功能是为后续研究中检测各项对策或政策是否能实现生鲜农产品有效供给而服务的，其包括两大核心功能：数据分析功能和结果输出功能。

其一，数据分析功能是指将生鲜农产品供需系统多主体模型中所产生的各类信息数据进行处理和分析，得到所需的研究结果。本书的目的是探究实现生鲜农产品有效供给的路径，因此需要得知当前情况和各项对策实验下生鲜农产品的供需对比情况，即调用数据存储库中有关于生鲜农产品供给和需求的信息数据，通过一定的计算处理得到结果。

其二，结果输出功能是指将数据分析出的结果通过图形、数字和文字等其他表达方式展现出来。数据分析功能所得到的结果是一串数据，是不可见的，因此需要进行代码编写以实现结果输出功能，通过图形、数字和文字等将不可见的结果可视化。

第四节　微观层面上各类主体子模型的构建

本节主要对各类主体子模型展开研究和构建。根据前述对主体模型类型的分析可知，生鲜农产品供需系统中的各类主体子模型属于混合型，具有推理能力且反应较快。为了使子模型简洁易懂，本书参考相关文献中主体模型的设计方法①，将各类主体子模型抽象为一个统一的形式，即用七元组来描述所有参

---

① 徐敏杰，胡兆光. 基于 Agent 的经济政策对电力消费影响模拟实验 [J]. 系统管理学报，2011，(5)：539 – 548. 王涛，陈海，白红英，高海东. 基于 Agent 建模的农户土地利用行为模拟研究——以陕西省米脂县孟岔村为例 [J]. 自然资源学报，2009，24（12）：2056 – 2066.

与主体：主体 =〈标识、目标、属性、规则库、学习器、感知处理器、决策〉，在前文中复杂人主体的内部模型的基础上，完善主体子模型的结构如图 6-10 所示。

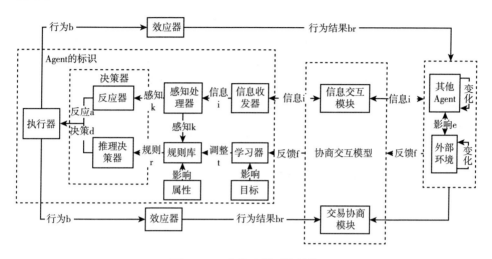

图 6-10 主体子模型的结构

资料来源：作者自制。

（1）标识设计是对各个主体进行编号，以明确所有主体的类型和方便整理，如可用 S_{ni} 表示某一供给者主体，i 代表该供给者主体的类型（n = {1,2,3,4}，1 代表传统农户、2 代表种养殖大户、3 代表新职业农民、4 代表合作社/公司），i 代表该供给者主体的排名编号。

（2）目标是主体的行为意图和目的，是主体自我学习和调整规则库的基础，通常主体的目标是实现自身的利益最大化，如供给者主体的目标是尽可能通过销售生鲜农产品以获取更多的利益。

（3）属性是刻画主体的特征参数，这些参数既代表了主体的特征也是主体处理信息的依据，即规则库的基础，不同主体的属性是不同的，属性和目标决定了规则库和学习器的变化方向。

（4）规则库是决定主体决策所用的方法和模型，是主体进行计算分析做出决策的基础，其作用是处理主体接收到的感知和反馈以形成决策结果。

（5）学习器是主体接收外界反馈和自我反思的过程，根据反馈调整规则库以实现自身的目标，如供给者主体会根据上一年的盈利情况、周围同行的信息和市场的反馈等调整当前的规则库。

（6）感知处理器是主体处理外界信息的模型，由于不同主体的信息处理能力的不同，即使面对同样的信息，也可能会产生不同的后果。

（7）决策是描述主体在一定情况下所制定的计划或根据感知而产生的反应，并会在执行时与外部环境中的效应器产生行为结果，通常决策为规则库信息处理后的结果，即决策是由主体的感知和规则构成的。

值得注意的是，并不是每个主体必须完全具备图6－10中的所有元素，根据具体的功能，包括必要的元素即可，且鉴于同类型主体的七元组类似，他们的行为方式也大致相同，因此可将同类型主体视为一个整体。基于以上研究，本书构建生鲜农产品供需系统中各类型参与主体的主体子模型。

（一）供给者主体子模型构建

供给者主体子模型的构建是指通过分析生鲜农产品供需系统中供给主体的特征及行为，按照上一小节中主体子模型的结构，建立对供给者决策行为的抽象描述。本书对供给者主体建模的过程可以分为两部分：首先是在收集数据基础上，对建模对象进行理论分析；其次是基于理论分析和主体模型的特点，建立生鲜农产品供需系统中的供给者主体子模型。

1. 供给者主体子模型的决策分析

现实世界中生鲜农产品供给主体的决策行为是一个复杂的过程，受众多因素影响，既有其偶然性也有某种必然性，为了尽可能地掌握供给者决策行为的倾向性，首先需要对影响供给者供给行为的特征及属性进行确定及描述。供给者的类型、供给的过程和偏好在第四章已有阐述，此处主要结合相关理论分析供给者的生产计划决策和协商交易决策。

其一，生产计划决策。现有研究表明，TPB理论可以解释各种行为意向，也适合于MAS的仿真建模及编码。影响主体决策行为主要有心理、社会和环境三大因素。首先，心理因素包括经验、人格、智力、情感等，这些因素最终形成供给主体对决策行为的主观倾向。在供给主体决定生鲜农产品的生产计划的过程中，这种主观倾向会影响供给主体对相关信息的主观评价和看法，从而导致生产计划的变动。基于决策行为理论和有限理性的假设，通常情况下，这种主观倾向取决于供给主体在形成决策行为时所感知到的利益与风险。因此，本模型中用生产意愿和风险偏好作为替代心理因素的测量指标。其次，教育、宗教、民族、文化、习俗等有关的社会因素也会对生产供给行为产生影响，且往往通过供给主体间的信息交流来实现，即供给主体的决策行为会受到本地区周围群体的行为和观念的影响，形成所谓的"从众心理"。鉴于此，本书模型中用供给主体间的信息交互（即农户信息）作为替代社会因素的测量指标。最后，关于环境因素，供给主体接收到的信息主要由市场中介传递，且通过价格来反映，结合自身的成本将信息转化为感知，即利润，因此环境因素可用供给主体对市场信息的感知作为替代测量指标。供给者主体通过对这些信息进行识别和处理，形成最终生产决策的感知，并同时考虑以前自身行为的反馈结果，最后决定当年不同品质的生鲜农产品的生产计划。

其二，协商交易决策。供给主体的决策行为是为目标服务的，在与生鲜农产品市场中介、生产资料供应商、物流企业和金融机构的协商交易等过程中，交易双方都会以自身利润的最大化为目标进行价格协商，最终以磋商价格完成交易。通常这个过程仅涉及双方的预期价格和商品的数量且协商交易时间较短，本质上属于典型的"感知—动作"且无任何推理过程，因此可采用主体子模型中反应器模拟该决策过程。

2. 供给者主体子模型的基本描述

基于以上理论分析和主体模型的特点，供给者主体子模型包括以下模块：标识，目标，属性，规则库，学习器，感知处理器，决策。具体描述及设置如下。

（1）标识 S-type。由于供给者主体子模型中的建模对象是所有类型的生鲜农产品供给主体，包括传统农户、种植养殖大户、新职业农民、农业公司和合作社等。为了较好地区分和识别，对供给者的类型先进行划分。首先，按照生鲜农产品供给主体的性质和特征将其分为传统农户 S_1、种植养殖大户 S_2、新职业农民 S_3 和农业公司/合作社 S_4 四类。其次，再按照录入顺序进行标号，因此供给者标识的集合可以描述为：

$$S\text{-type} \in \{S_1, S_2, S_3, S_4\}$$
$$\{S_{1i} \mid i = 1,2,3\cdots,n\}, \{S_{2j} \mid j = 1,2,3\cdots,n\}, \quad (6-1)$$
$$\{S_{3k} \mid k = 1,2,3\cdots,n\}, \{S_{4h} \mid h = 1,2,3\cdots,n\}$$

（2）目标 ST-type。供给主体的目标本质上就是其追求的利益，由于所处的社会环境和所拥有的生产要素不同，供给主体的目标也不尽相同，但同类型的供给者往往具有类似的目标，这是由他们所处的环境和拥有的眼界所决定的（具体见第四章表 4－1 中不同类型供给主体的追求），即供给者的类型决定了其目标，因此供给者目标的集合可以描述为：

$$ST\text{-type} \in \{ST_1, ST_2, ST_3, ST_4\} \tag{6-2}$$

其中目标 ST-type 具体的含义见表 6－2。

表 6－2 目标类型

类型	追求类型				代表变量
	物质需求		精神需求		
传统农户	保稳求利		维持生计		ST_1
种植大户	利润上升	供给有效销量增加	提高社会地位	发挥自我价值	ST_2
新职业农民	利润上升	供给有效销量增加	品质提高	发挥自我价值	ST_3
农业合作社、农业公司	利润上升	供给有效销量增加	品质提高	配合政府工作	发挥企业价值	ST_4

资料来源：作者自制。

（3）属性 AT。供给主体的属性是其拥有的生产资料和与供给相关的心智特征，且都会对生鲜农产品供给主体的供给决策行为和后续的生产供给结果产生影响。本书中供给主体的属性包括土地规模 LN、劳动力 LF、风险偏好 R、科学技术 T 和农业收入 AI 占其家庭总收入 FI 的比重等，这些属性都属于供给主体的生产数据和心智模型的表征数据，无法划分成类型，只能根据实际情况将供给主体的属性录入到数据库，因此第 n 类型的 i 个供给者的属性可以描述为：

$$AT - S_{ni} = \langle LN_{ni}, LF_{ni}, R_{ni}, T_{ni}, AI_{ni}, FI_{ni} \rangle \tag{6-3}$$

（4）规则库。规则库是供给主体做出决策行为的基础，其主要作用是根据自身情况对外界信息做出反应，由于同类型供给主体的目标类似，往往具有相同的理念和思维方式，规则库也因此相同，即同类型供给主体的规则库可视为一样的。本书中供给主体的规则库会根据接收到的感知调用相应的规则，并根据学习器传递的信息进行自我调整。

（5）学习器。供给主体的规则库并不是一成不变的，学习器起到改变规则库的作用，体现了供给主体会根据决策行为的反馈和周围环境的变化改变自身规则库。值得注意的是，供给主体的类型不同，其学习能力也不同，其对做出改变的态度也不同。

（6）感知处理器。感知处理器起到接收外界信息并将其转化成感知的重要作用，为供给主体做出决策行为提供必要的感知信息。

（7）决策。决策是供给主体根据对外界感知和外界反馈回来的信息，对当前生产周期种植养殖的品种、数量和出售价格做出决策行为，是后续供给主体执行供给行为的主要依据。

本书中规则库、学习器、感知处理器和决策组成了供给主体决策行为的过程，且该过程用数学公式和逻辑代码描述，因此（4）~（7）的具体描述和决策行为过程见下一小节。

3. 供给者主体子模型的决策行为构建

依据计划行为理论，此处认为可以通过心理、社会和环境三个主要影响因素评估供给者的生鲜农产品生产决策。现实中供给者的生产决策不仅依赖于自身对生产生鲜农产品的态度、其他供给者对生产生鲜农产品的看法，同时还会考虑市场的信息，之前所获得的实际收益也是供给者的重要参考。鉴于此可认为，生鲜农产品的生产决策过程如下：首先，心理因素导致的意图倾向是生产决策的直接前因；其次，社会因素和环境因素都会影响供给者的生产决策；最后，市场以往的反馈信息也会导致生产决策的变化。为了方便理解，以下以生鲜农产品供需系统中的某一供给主体的生产决策过程为例，从基本信息、决策规则和生产结果三部分详细阐述并用数学公式表述。

（1）基本信息。供给者主体的基本信息主要是刻画某一供给主体特征的参数，包括供给者类型 Type、土地要素 LN、劳动力要素 LF、生产意愿要素（农业收入占总收入比）PD、风险偏好要素 R、科学技术的运用能力要素 T、市场信息要素 MI、农户信息要素 SI、期望利润 EP、生产成本 C。这些特征参数本质上属于供给主体的属性，并共同展示了生鲜农产品供给主体所共有的基本信息，且各个供给主体基本信息的差异通过不同的特征参数表现。同时这些特征参数作为供给者主体决策规则的基础，与外部要素共同构成了最终的生产结果。

其中，供给者类型 Type 是按照生鲜农产品供给主体信息特征的不同分类的，即该类型下的供给主体往往具有类似的特征，相互之间区别不大。S_1 代表传统农户，这类供给者类型通常具有中小型的生产规模、较差的技术水平和信息化水平、保守型风险偏好等；S_2 代表种养殖大户，这类供给者类型通常具有大中型的生产规模、一般的技术水平和信息化水平、稳健型风险偏好等；S_3 代表新职业农民，这类供给者类型通常具有大中型的生产规模、较好的技术水平和信息化水平、激进型风险偏好等；S_4 代表合作社/公司，这类供给者类型通常具有大型的生产规模、较好的技术水平和信息化水平、积极型风险偏好等。供给者类型可以描述为：

$$\text{S-type} = \{S_1, S_2, S_3, S_4\} \qquad (6-4)$$

土地要素（land number）LN 主要是指该供给者所拥有且能投入使用的生鲜农产品种植、养殖的土地或场地，以该户供给者的生产田亩数来表示，该要素会限制供给者的最大供给。土地要素可以描述为：

$$\text{S-land} = \text{LN} \qquad (6-5)$$

劳动力要素（labour force）LF 是指该供给者所拥有的并能投入使用的劳动力，以该户供给者家庭中的能够从事生产供给劳行为的动力人数来表示，该要素会影响该户供给者是否需要雇佣劳动力来帮助生产以及相应生产成本的增加。劳动力要素可以描述为：

$$\text{S-labour} = \text{LF} \qquad (6-6)$$

生产意愿因素（production desire）PD 代表该供给者对生产行为的热衷程度，这种生产意愿可以用以往生产行为所获取的利益对该供给者的吸引力来表示，即主要取决于上一年该供给者的农业收入（agricultural income）AI 占其家庭总收入（family income）FI 的比重，即 $\text{PD}_{it} = \text{AI}_{it-1}/\text{FI}_{it-1}$，其中家庭总收入由农业收入和其他收入（labor income）LI 组成，$\text{FI}_{it-1} = \text{AI}_{it-1} + \text{LI}_{it-1}$，$\text{FI}_{it-1}$ 表示前一年总收入，AI_{it-1} 表示前一年的销售生鲜农产品的收入，LI_{it-1} 表示该供给者前一年的除销售生鲜农产品外的其他收入，且为了突出农业收入变化的影响和避免因其他收入变动太大而导致的噪声干扰，已假设其他收入 LI_{it-1} 不会变动。生产意愿因素可以描述为：

$$\text{S-desire} = \text{PD} \qquad\qquad (6-7)$$

风险偏好要素（risk）R 主要是指该供给者对风险的偏好，不同类型供给者的风险偏好不同，按照风险偏好的程度设置了保守型风险、稳健型风险、平衡型风险、积极型风险和激进型风险。本书中 R 值取 0 到 1，且数值越高表示风险偏好越激进。

科学技术要素（technique）T 是指该供给者在生产生鲜农产品的过程中对科学技术的应用程度，在本书中特指能提高生鲜农产品供给的科学技术 T 且用数值 1 到 1.5 表示该科技的应用能提高生鲜农产品 1 到 1.5 倍的产量（以草莓为例，雄蜂技术的应用可增加草莓产量）。

市场信息要素（market information）MI 是指该供给者对三种不同品质生鲜品的市场利润信息的感知，通过对市场信息要素的感知，供给者能够明白哪种品质生鲜品的利润是最大的。MI 通过高、中、低三等生鲜农产品的单位利润和总单位利润的比来表示，可以描述为：

$$\text{MI}_{itj} = \text{Profit}_{it-1j} / (\text{Profit}_{it-1a} + \text{Profit}_{it-1b} + \text{Profit}_{it-1c}) \qquad (6-8)$$

农户信息要素（supplier information）SI 是指该供给者对周边范围内其他供给者的农业收入的感知，体现了供给者之间的交互作用，主要通过该类型供给者上一年的农业供给收入与上一年收入最高的供给者的农业收入之比来表示，数值越低表示该类型供给者和最高收入的供给者之间的差距越大。

$$\text{SI}_{it} = \text{AI}_{it-1} / \text{Max}\{\text{AI}_{1t-1}, \text{AI}_{2t-1}, \text{AI}_{3t-1}, \dots \text{AI}_{nt-1}\}, i = 1, 2, 3, \cdots, n \quad (6-9)$$

期望利润（expected profit）EP 是指该供给者希望自身生产生鲜品卖给市场中介时所能获得的单位利润，既要使期望售价 ES 尽可能达到市场中介能够接受的地步，也要让自身尽可能获得最高的收益。调查发现，期望利润与供给者的风险偏好相关，由于期望利润越高，市场中介越难接受，即风险偏好大的供给者会提出一个相对较高的 EP，而风险偏好小的供给者则会提出一个相应较低的 EP，本书认为农户 EP 的取值如下：

$$\text{EP} = \alpha \times \text{R} \qquad\qquad (6-10)$$

EP 是根据生鲜品的利润系数 α 和风险偏好 R 决定的，其中利润系数 α 由生鲜品的利润数值评估所得，通常表现为：利润较小的生鲜品的利润系数 α 就低，EP 值也低，而利润高的生鲜品的利润系数 α 就高，EP 值也高。

生产成本（production costs）C 是指该供给者生产时所花费的成本，包括人工费用 LC、种植费用 PC 和期间费用 JC，其中人工费用 LC 取决于供给者 i 的土地要素 LN 和劳动力要素 LF，即 LN 决定了需要 LF 的量。具体来说，如果供给者 i 的 LF 足够，则 LC 为基础人工费 ULC 乘以实际种植的人数 NLF（NLF 等于 LN 乘以单位种植面的需求人数 ULF），如果供给者 i 的 LF 不足，则还需要以人工市场价 ULMC 雇佣缺少的帮工；种植费用 PC 则取决于土地要素 LN，即供给者 i 种植的田亩数乘以每亩种植所需的费用 FUPC（种子、杀虫剂、化肥等），FUPC 为供给者 i 以期望单位种植价格 EUPC 与生产资料供应商交易协商获取的最终价费；期间费用 JC 则主要为物流费用 Logistic Fee 和贷款利息 Lending Interest 之和，可以描述为：

$$C_{itj} = LC_{itj} + PC_{itj} + JC_{itj} \quad i = 1,2,3,\cdots,n \quad j = a,b,c \quad (6-11)$$

$$\text{if } NLF_{it} \leqslant LF_{it} \text{ then } LC_{itj} = ULC_{it} \times NLF_{it} \times PR_{itj}$$

$$\text{else } LC_{itj} = (ULC_{it} \times LF_{it} + (NLF_{it} - LF_{it}) \times ULMC_{it}) \times PR_{itj}$$

$$PC_{itj} = FUPC_{itj} \times LN_{it} \times PR_{itj}$$

$$JC_{itj} = (\text{Logistic Fee}_{it} + \text{Lending Interest}_{it}) \times PR_{itj}$$

由于这些成本要素是初始年份的数值，以后每年需要在此基础上乘上通货率 I，具体如下：

$$C_{it+1j} = C_{itj} \times (1 + I) \quad (6-12)$$

综上所述，第 i 户供给者的基本信息可用如下十元组 S 表示：

$$S_{ni} = \langle Type, LN, LF, PD, R, T, MI, SI, EP, C \rangle$$

（2）生产决策规则。基于供给者主体子模型的决策分析和决策行为理论，可知在生鲜农产品供需系统中，生产意愿 PD 和风险偏好 R 表示心理因素，供给者间的信息交互 SI 表示社会因素，市场信息 MI 表示环境因素，三个主要因素经过供给主体的感知处理器后，可得到供给主体对生产决策的感知 k，感知 k 体现了供给主体对当前情况的主观意向。而外部环境的反馈 r_{itj} 是指供给者 S_{ni} 通过学习器接收到了市场以往的反馈信息，体现了供给主体根据以往经验的学习和决策修正的过程。生产决策 d 是由标识为 S_{ni} 的供给主体利用自身的感知处理器和学习器对感知 k 和反馈 r 处理后形成的。标识为 S_{ni} 的供给者主体在第 t 个生产周期 j 品质生鲜农产品的生产决策为：

$$d_{itj} = k_{itj} + r_{itj}$$

$$且\ k_{itj} = W_{i1} \times (PD_{it} + R_i) + W_{i1} \times SI_{it} + W_{i1} \times MI_{itj}$$

$$r_{itj} = profit_{it-1j} \times sales_{it-1j} / \sum_{j=a}^{n} profit_{it-1j} \times sales_{it-1j} \qquad (6-13)$$

式（6-13）本质上是供给者主体的决策模型，即规则库，其中生产意愿 PD_{t-1} 表示供给者 S_{ni} 对生鲜农产品生产的热衷程度，取决于第 $t-1$ 个生产周期中供给者 S_{ni} 的农业收入 AI 占其家庭总收入 I 的比重，即 $PD_{it} = AI_{it-1}/I_{it-1}$，其中家庭总收入是由农业收入和除销售生鲜农产品外的其他收入组成，即 $I_{it-1} = AI_{it-1} + LI_{it-1}$。其次，为了排除非重要因素的干扰，我们假设其他收入 LI_{it-1} 不会变动。R 表示供给者 S_{ni} 对风险的偏好，不同类型供给者的风险偏好不同，但都较为固定且通常不会发生变化，本研究中 R 值取 0 到 1 且数值越高表示越愿意冒险。供给者间的信息交互 SI_{it} 是指在第 t 个生产周期时供给者 S_{ni} 对周边范围内其他供给者的农业收入的感知，体现了供给者之间的交互作用，主要通过供给者 S_{ni} 的第 $t-1$ 个生产周期的农业供给收入与第 $t-1$ 个生产周期收入最高的供给者的农业收入的比来表示其所受到的影响：$SI_{it} = AI_{it-1}/Max\{AI_{1t-1},\ AI_{2t-1}, AI_{3t-1}, \cdots, AI_{nt-1}\}$，数值越低表示该类型供给者和最高收入的供给者的差距越大。市场信息 MI_{itj} 表示第 t 个生产周期时的供给者 S_{ni} 对 j 品质生鲜品的市场利润信息的感知，通过对第 $t-1$ 个生产周期市场信息的分析，供给者能够明白哪种品质生鲜农产品的利润是最大的，即用 j 品质生鲜农产品的单位利润和总单位利润的比来表示：$MI_{itj} = Profit_{it-1j}/(Profit_{it-1a} + Profit_{it-1b} + Profit_{it-1c})$，并从中分析出第 i 类品质的生鲜农产品的 MI_{itj} 最高。本研究还在模型中引入三个权重指标（W_{i1}、W_{i2}、W_{i3}）分别对其进行调节，并根据供给者的类型进行赋值，如传统农户类型的供给主体可以用 W_{i1} 占比较大和 W_{i3} 占比较小进行表示。

供给者 S_{ni} 对第 t 个生产周期时的 j 品质生鲜农产品的生产决策 d_{itj} 是由感知 k_{itj} 和反馈 r_{itj} 通过决策模型或规则库处理所得。现实中，供给主体做出的生产决策会付之于后续的生产实践，需要以供给者每个生产周期里不同品质生鲜品的种植比例 PR 表示，所以生产决策 d_{itj} 还要经过归一化处理：

$$PR_{itj} = d_{itj}/d_{ita} + d_{itb} + d_{itc} \qquad (6-14)$$

（3）生产结果。最终生鲜农产品的产出不仅依赖于生产决策，同时还依赖于实践过程中的要素投入，如土地要素 LN、科技要素 T 和灾害情况 DS 等。

最终的生产结果用可出售给市场中介主体的各品质生鲜品的产量 P 表示：

$$P_{itj} = LN_{it} \times PR_{itj} \times n_{itj} \qquad (6-15)$$
$$\text{with } n_{itj} = TO_j \times T_i \times DS_t \times F_t$$

式（6-15）本质上是供给者对生产决策的实践结果，其中 LN_{it} 表示第 t 个生产周期时供给者 i 的种植面积，PR_{itj} 表示第 t 个生产周期时供给者 S_{ni} 耕种的 j 品质生鲜品的种植比例，n_{itj} 则表示第 t 个生产周期时供给者 i 耕种的 j 品质生鲜品的每亩产量。现实中，在各种条件为规定的标准时，供给者生鲜农产品的最终亩产量就是标准产量，但由于在实际生产过程中各种条件是不一样的，最终的亩产量与标准产量会有明显不同，即最终亩产量 n 是由标准产量 TO 决定的，且受科技投入 T、灾害情况 DS、生长环境 F 的影响。其中标准产量 TO_j 是指 j 品质生鲜农产品的标准产量，通常以固定参数表示。科技投入 T_i 是指供给者 S_{ni} 的种养殖技术水平对生鲜农产品产量的影响，不同类型供给者的科技投入是不一样的，在模型中由供给者 S_{ni} 五元组中的属性提供。自然灾害 DS 是指第 t 个生产周期的自然环境状况对生鲜农产品产量的影响，取值 [0-1] 表示遭遇自然灾害的严重程度且是由环境提供。生长环境 F 是指地理位置和生态环境对生鲜农产品产量的影响，由于我们选择的研究对象均为同一地区的生鲜供给者，而同一地区的地理位置和生态环境大致相同，因此本书用统一数值表示。

（4）供给者主体的协商交易决策。生鲜农产品供给者主体除了需要考虑生产决策，还要考虑与生鲜农产品市场中介、生产资料供应商、物流企业和金融机构间的协商交易决策，且均是以利益最大化为目标。因此，生鲜农产品供给者主体会在进行协商交易前根据自身情况和周围环境制定一个协商交易决策。具体来说，面对生鲜农产品市场中介主体时，供给者主体会对不同品质的生鲜农产品形成期望售价 ES，并以此与市场中介主体进行交易协商，最终以协商后的价格和数量完成交易。面对生产资料供应商主体时，供给者主体也会有一个心理价位，但产品服务定价权在生产资料供应商主体上，因此较难通过交易协商获取低价。面对金融机构主体和物流企业主体时，供给者主体也希望以较低的利息获取贷款和以较低的物流价格完成仓储运输，但因金融机构主体无议价机制，而物流企业则对所有类型的供给者都以统一价格结算，因此供给者主体只能以固定的利息获取贷款和以统一的价格获得物流仓储服务。基于上述分析可知，供给者主体的协商交易决策可视为对服务产品有心理预期价格，即本小

节内容为供给者主体面对市场中介主体和其他主体时形成心理预期价格的过程
[具体的协商交易过程分别见后面市场中介主体和其他主体决策行为模型构建
部分]，具体如下。

①供给者主体对生鲜农产品市场中介主体的期望售价。

在与生鲜农产品市场中介主体进行协商交易时，生鲜农产品供给者主体以
利益最大化为目标考虑不同品质生鲜品的期望售价 ES，既要使期望售价 ES 尽
可能达到市场中介能够接受的地步，也要让自身尽可能获得最高的收益。现实
中，供给者对每个生产周期中不同品质的生鲜品有个期望的单位价格，即心理
价位。根据价格理论中的目标利润率定价法，根据成本和期望达到的目标收益
以推算价格，即供给者主体的期望售价 ES 一般会根据自身生产的单位成本 UC
和期望的单位利润 EP 制定，可用下式表示：

$$ES_{itj} = UC_{itj} + EP_{itj} \qquad\qquad (6-16)$$

式（6-16）中单位成本 UC_{itj} 是指供给者 S_{ni} 在第 t 个生产周期时 j 品质生
鲜农产品的单位成本价，其表达式为：$UC_{itj} = C_{itj} / P_{itj}$，$C_{itj}$ 为第 t 个生产周期时
供给者 S_{ni} 生产 j 品质生鲜的总成本。P_{itj} 则为第 t 个生产周期时供给者 S_{ni} 生产 j
品质生鲜的总产量。EP_{itj} 表示第 t 个生产周期时供给者 S_{ni} 对生产 j 品质生鲜的
单位期望利润，单位期望利润 EP 是指该供给者希望自身生产生鲜品卖给市场
中介时所能获得的单位利润，通常和供给者的风险偏好相关，由于期望利润越
高市场中介接受的概率越低，即风险偏好高的供给者会更愿意冒险，会提出一
个相对较高的单位期望利润 EP，而风险偏好低的供给者不太愿意冒险则会提
出一个相应较低的单位期望利润 EP。因此本书认为供给者的单位期望利润 EP
是根据生鲜品的利润系数 α 和风险偏好 R 决定的，即 $EP = \alpha \times R$，其中利润系
数 α 由生鲜品的利润数值评估所得，通常表现为：利润较小的生鲜品的利润系
数 α 就低，EP 值也低，而利润高的生鲜品的利润系数 α 就高，EP 值也高。此
外，按照价格理论中的通货膨胀学说，初始生产周期后每一个周期需要在此基
础上乘以通货率 I，如 $C_{it+1j} = C_{itj} \times (1+I)$ 和 $EP_{it+1j} = EP_{itj} \times (1+I)$。

②供给者主体对生产资料的期望价格。

基于生产资料经营主体和工作人员的访谈资料，发现通常情况下，中小型
生产规模的供给者主体只能按照生产资料供应商主体给定的产品服务价格来获
取对应的生产资料。而生产规模较大的供给者主体，因其规模效应和产量优势
能够获取生产资料供应商主体所给予的优惠。因此可以认为当供给者主体的类

型属于传统种植大户和合作社/农业公司时，供给者主体能够以期望价格与生产资料供应商主体进行协商交易，且为统一的折扣价，否则只能按照生产资料供应商主体制定的零售价完成交易。通过逻辑语句对该情况进行仿真，具体如下：

$$\text{if S-type} = S_2 \text{ or } S_4 \text{ then EUPC}_{itj} = \text{UPC}_{tj} \times \varepsilon \qquad (6-17)$$

式（6-17）中期望单位种植费用 EUPC_{itj} 是指类型属于传统种植大户和合作社/农业公司的供给者 S_i 在第 t 个生产周期时，对生产 j 品质生鲜所需要的生产资料的期望单位售价，且此处的单位种植费用 UPC_{tj} 是指生产资料供应商主体对外的统一定价，ε 则是因供给者 S_i 的规模效应，生产资料供应商主体所给出的折扣系数。

③供给者主体对金融服务和物流服务的期望价格。

经过实地调查发现，金融机构的贷款服务是无法议价的，即在无相关政策影响的前提下，金融机构主体对所有类型的供给者主体一视同仁，给出的价格是统一的，贷款服务的焦点主要在供给者主体是否有贷款资质。因此供给者主体对金融服务的期望价格没有现实意义，此处也不再进行分析，而供给者主体与金融机构主体间的协商交易侧重于两者间贷款服务是否成立，具体见其他主体的决策行为模型构建。同样，经过实地调查发现，由于生鲜农产品的季节性、分散性、易腐性和易损性，为了节约成本和统一标准以方便运输与仓储，物流企业会统一拉货，这就导致了相同区域内物流企业对生鲜农产品的仓储运输费用也是统一的，因此供给者主体对物流服务的期望价格也是没有现实意义的。

（二）需求者主体子模型构建

需求者主体子模型的构建是指通过分析生鲜农产品供需系统中消费主体的特征及行为，按照前文中主体子模型的结构，建立对需求者决策行为的抽象描述。本书对需求者主体建模的过程可以分为三部分：首先是在收集数据基础上，对建模对象进行理论分析；其次结合研究需要，从多方面对需求者主体模型进行描述；最后是基于理论分析和主体模型的特点，建立生鲜农产品供需系统中的需求者主体子模型。

1. 需求者主体子模型的决策分析

与生鲜农产品供给主体的决策行为相比，消费主体的决策行为相对简单，只是根据自身需求和市场价格购买生鲜农产品，即购买决策。具体来说，现实中需求者在市场上对不同品质生鲜农产品有一个预期价格和预期的购买量，而市场中介给出的售价通常与预期价格不同，所以需求者在购买生鲜农产品时通常会根据售价与预期价格的不同而改变购买量，且由于不同类型需求者的需求目标不同，最终购买决策受价格影响的程度也不同。

鉴于此，需求者的购买决策特征描述如下：首先需求者根据自身属性中的人均生鲜农产品的消耗量和家庭人数得到该类生鲜农产品的预期购买总量，并按照需求目标确定不同品质生鲜农产品的预期购买比例；其次根据以往的购买价格决定预期价格；最后需求者会根据市场售价和预期价格的差异改变不同品质生鲜农产品的购买比例，且比例的改变程度还会受到需求目标的影响。通常这个过程仅涉及预期价格和商品的数量，且协商交易时间较短，本质上属于典型的"感知—动作"且无任何推理过程，因此可采用主体子模型中反应器模拟该决策过程。

2. 需求者主体子模型的基本描述

基于以上理论分析和主体模型的特点，需求者主体子模型包括以下模块：标识、目标、属性、规则库、感知处理器、学习器和决策，具体描述及设置如下。

（1）标识 D-type。为了较好地区分和识别，对生鲜农产品需求主体的类型进行划分。首先，按照性质和特征不同将其分为价格追求型需求者 D_1、综合追求型需求者 D_2 和品质追求型需求者 D_3 三类。其次，再按照录入顺序进行标号，因此需求者标识的集合可以描述为：

$$\text{D-type} \in \{D_1, D_2, D_3\}$$
$$\{D_{1i} \mid i = 1, 2, 3 \cdots, n\}, \{D_{2j} \mid j = 1, 2, 3 \cdots, n\}, \{D_{3k} \mid k = 1, 2, 3 \cdots, n\}$$

$$(6-18)$$

（2）目标 DT-Type。需求主体的目标本质上就是满足自身的需求，由于所处的社会地位和可支配资金不同，需求主体的目标也不尽相同，但同类型的需求者对生鲜农产品的需求往往是类似的，这是由他们所处的环境和家庭的需要所决定的。简而言之，需求者的类型决定了其目标，因此需求者目标的集合可以描述为：

$$DT\text{-type} \in \{DT_1, DT_2, DT_3\} \qquad (6-19)$$

其中目标 DT-Type 具体的含义见表 6-3。

表 6-3 目标类型

类型	追求类型		代表变量
价格追求型	追求价格便宜	数量维持基本需求	DT_1
综合追求型	既追求价格也追求品质	数量和质量维持需求	DT_2
品质追求型	不在乎价格	追求高标准质量	DT_3

资料来源：作者自制。

（3）属性 AT。由于需求主体只是简单地购买决策，且该决策过程所涉及的影响因素较少，因此只要将对购买决策产生影响的家庭人均需求量 PCD、家庭人数 FS 和心理价位 PF 三项属性要素录入到数据库即可，第 n 类型的 i 个供给者的属性可以描述为：

$$AT - D_{ni} = \langle PCD_i \text{、} FS_i \text{、} PF_{itj} \rangle \qquad (6-20)$$

（4）规则库。规则库是需求主体做出决策行为的基础，其主要作用是根据自身情况对外界信息做出反应，由于同类型供给主体的目标类似，往往具有相同的理念和思维方式，规则库也因此相同，即同类型供给主体的规则库可视为一样的。需求主体的规则库会根据接收到的感知和学习器传递的反馈信息进行决策。

（5）感知处理器。感知处理器起到接收外界信息并将其转化成感知的重要作用，为需求主体做出决策行为提供必要的感知信息。

（6）学习器。学习器起到改变规则库的作用，体现了需求主体会根据市场信息的反馈信息改变自身规则库。

（7）决策。决策是需求主体根据对外界感知和外界反馈回来的信息，对当前市场上不同品质生鲜价格做出的购买决策，是后续需求主体执行购买行为的主要依据。

与供给主体的结构类似，本书中规则库、学习器、感知处理器和决策组成了需求主体的决策行为过程，且该过程用数学公式和逻辑代码描述，因此（4）~（7）的具体描述和决策行为过程见下一小节。

3. 需求者主体子模型的决策行为构建

（1）基本信息。需求者主体的基本信息主要是刻画该户家庭特征的参数，也是构建需求者主体决策规则的基础，包括需求者类型 Type、家庭人数 FS，产品选择偏好 SP，产品价格预期 PF 以及人均需求量 PCD。

其中供给者类型 Type 可以反映该家庭对生鲜品的喜好特征，需求者集合被定义为：D-type = {D1,D2,D3}，其中 D1 代表价格追求型需求者（低级需求者）、D2 代表综合追求型需求者（中级需求者）、D3 代表品质追求型需求者（高级需求者），可以描述为：

$$D\text{-}type = \{D1, D2, D3\} \tag{6-21}$$

家庭人数 FS（family size）是指该需求者家庭的总人数，调查发现，家庭人数一般在 2~7 之间且为整数，可以描述为：

$$D\text{-}family = FS \tag{6-22}$$

选择偏好 SP（selection preference）代表该需求者购买生鲜品时的喜好，按照三种需求者的类型分类，如低级需求者 D1 的产品选择偏好 SP 属于偏向价格低廉而对品质只有最基本的要求，中级需求者 D2 则兼顾产品的品质和价格，高级需求者 D3 十分注重产品的品质而对价格很少在意，因此本书中分别用 1、2、3 来表示产品选择偏好 SP，描述如下：

$$D\text{-}selection = SP \tag{6-23}$$

人均需求量 PCD（per capita demand）是指该需求者家庭中每个人对生鲜品数量的平均值。对于可替代性较高的生鲜品，不同类型需求者的需求量是不同的，如低级需求家庭的人均需求量肯定小于中级和高级需求者家庭的人均需求量，因此不同类型需求者的人均需求量 PCD 也分别用 1、2、3 来表示，描述如下：

$$D\text{-}per = PCD \tag{6-24}$$

价格预期 PF（price forecasting）是指需求者对 t 年时市场上生鲜农产品的心理售价，通常只要不高于心理价位需求者就不会减少购买量，但是每个需求者的心理价位并不一样且很难获取，为了方便研究，假设同类型需求者的心理价位是一致的，统一用 t-1 年的市场中介主体的生鲜品的售价 X_{t-1} 乘以通货膨胀率（1 + I）来表示 t 年低级需求者的 PF_t，而乘以两倍的通货膨胀率（1 + 2I）则表示中级需求者的 PF_t，高级需求者不设立心理价位，因为他们对价格的敏感度较低，价格不会影响他们需求量的变动。

综上所述，一户供给者的基本信息可用如下五元组 D 表示：

$$D = \langle Type, FS, SP, PCD, PF \rangle \tag{6-25}$$

（2）购买决策规则。依据前文中的模型框架和理论基础可知，在生鲜农产品供需系统的仿真环境中，需求主体的购买感知本质上是根据自身需求形成的购买欲望，因此当标识为 D_{mi} 的需求者主体在进行不同品质的生鲜农产品的购买决策 d′时，可设需求者主体对不同品质生鲜农产品的预期购买比例为感知 k′，而市场上不同品质生鲜农产品价格对需求主体购买决策的影响则可用需求者主体对市场售价与预期价格的比较作为反馈信息 r′。具体来说，标识为 D_{mi} 的需求者主体在第 t 个生产周期时 j 品质生鲜农产品的购买决策为：

$$d'_{itj} = k'_{itj} \hat{\ } r'_{itj}$$
$$\text{with } k'_{it} = SP_i = \{ k'_{ita}, k'_{itb}, k'_{itc} \}$$
$$\text{with } r'_{itj} = X_{itj} - X_{it-1j}/PF_{itj} - X_{it-1j} \tag{6-26}$$

式（6-26）本质上是需求者主体的决策模型，即规则库。其中 SP_i 是指在市场价格合理甚至较低时，需求者 i 对高中低三种品质生鲜农产品的选择偏好，即预期购买比例，现实中每个需求者的预期购买比例都是不一样的，且每个需求者的预期购买比例的数据也很难获取，但同类型需求者的预期购买比例较为类似，为了方便研究，我们假设同类型需求者的预期购买比例是一致的。反馈信息 r'_{itj} 是指第 t 个生产周期时需求者 i 对 j 品质生鲜农产品的市场售价 X_{itj} 和心理价位 PF_{itj} 的比较，现实中需求者是根据当前周期的实际涨幅和预期涨幅进行对比，本书用第 t 个生产周期的生鲜品市场售价减去第 t-1 个生产周期的市场售价来表示实际涨幅（$X_{itj} - X_{it-1j}$），并用第 t 个生产周期的心理价格减去第 t-1 个生产周期的市场售价表示预期涨幅（$PF_{itj} - X_{it-1j}$）。现实中如果某品质的生鲜农产品实际涨幅低于或等于预期涨幅，所有类型的需求者不会改变他们对该品质生鲜的预期购买比例，而当该品质生鲜的实际涨幅高于预期涨幅时，价格追求型需求者会降低该品质生鲜的购买比例并提高次级品质生鲜的相应购买比例（如果是低级品质则只减少低级品质的生鲜购买比例），综合追求型需求者也会降低该品质生鲜的购买比例并提高次级品质的购买比例，但品质追求型需求者则不会，因为他们的需求目标是追求生鲜农产品的品质，即品质大于一切，即使实际涨幅高于预期涨幅，他们仍不会降低购买比例。本书用 if-then 语句表示需求者的规则库，具体如表 6 - 4 所示。

表 6 - 4　　　　　　　　　　　　　　　　需求者规则库

需求者类型	if-then 表达式
所有类型	if $r'_{itj} \leq 1$ then $d'_{itj} = k'_{itj} \char`^ r'_{itj} = k'_{itj}$
价格追求型需求者	if $1 < r'_{itb} \leq 2$ then $d'_{itb} = k'_{itb} - 0.1$ and $d'_{itc} = k'_{itc} + 0.1$
	if $2 < r'_{itb} \leq 3$ then $d'_{itb} = k'_{itb} - 0.2$ and $d'_{itc} = k'_{itc} + 0.2$
	if $3 < r'_{itb}$ then $d'_{itb} = k'_{itb} - 0.3$ and $d'_{itc} = k'_{itc} + 0.3$
	if $1 < r'_{itc} \leq 2$ then $d'_{itc} = k'_{itc} - 0.1$
	if $2 < r'_{itc} \leq 3$ then $d'_{itc} = k'_{itc} - 0.2$
	if $3 < r'_{itc}$ then $d'_{itc} = k'_{itc} - 0.3$
综合追求型需求者	if $1 < r'_{ita} \leq 2$ then $d'_{ita} = k'_{ita} - 0.1$ and $d'_{itb} = k'_{itb} + 0.1$
	if $2 < r'_{ita}$ then $d'_{ita} = k'_{ita} - 0.2$ and $d'_{itb} = k'_{itb} + 0.2$
	if $1 < r'_{itb} \leq 2$ then $d'_{itb} = k'_{itb} - 0.1$ and $d'_{itc} = k'_{itc} + 0.1$
	if $2 < r'_{itb} \leq 3$ then $d'_{itb} = k'_{itb} - 0.2$ and $d'_{itc} = k'_{itc} + 0.2$
	if $3 < r'_{itb}$ then $d'_{itb} = k'_{itb} - 0.3$ and $d'_{itc} = k'_{itc} + 0.3$
	if $1 < r'_{itc} \leq 2$ then $d'_{itc} = k'_{itc} - 0.1$
	if $2 < r'_{itc} \leq 3$ then $d'_{itc} = k'_{itc} - 0.2$
	if $3 < r'_{itc}$ then $d'_{itc} = k'_{itc} - 0.3$
品质追求型需求者	if $1 < r'_{itj}$ then $d'_{itj} = k'_{itj} \char`^ r'_{itj} = k'_{itj}$

资料来源：作者自制。

（3）购买结果。现实中，需求者会根据最终的购买决策和自身的情况向市场中介购买高、中、低三种品质的生鲜农产品，自身的情况主要是指需求者家庭对该类生鲜农产品的总需求量，其表达式如下：

$$P'_{itj} = PCD_i \times FS_i \times d'_{itj} \qquad (6-27)$$

$$TP'_{tj} = \sum_{i=1}^{n} = P'_{itj} \qquad (6-28)$$

式（6 - 27）就是第 t 个生产周期时需求者 D_{ni} 对 j 品质生鲜农产品的需求量，主要由需求总量和购买比例的乘积决定。其中 PCD_i 表示需求者 D_{ni} 的家庭人均需求量，FS_i 为需求者 D_{ni} 的家庭总人数，d'_{itj} 表示第 t 个生产周期时需求者

D_{ni}对 j 品质的生鲜品的购买比例。式（6-28）则是第 t 个生产周期时所有需求者对 j 品质生鲜农产品的总需求量，用所有需求者主体的需求量 P'_{itj} 的总和表示，n 为需求者的总量。

（三）市场中介主体子模型构建

1. 市场中介主体子模型的决策分析

现实中，生鲜农产品市场中介是供给者与需求者实现交互的终端。由于多种多样的交易方式和渠道，生鲜农产品市场中介往往是复杂且多样的。为了化繁为简和便于仿真，以及避免出现因系统冗余的情况，基于前文中的生鲜农产品供需系统模型和主体理论，主体既可以代表一个个体也可以视为一个组织，且多个主体可以结为聚合体（aggregate），本书将各类型的生鲜农产品市场中介组织视为一个聚合体，即以市场中介主体作为一个概念媒介，代表各种交易方式和渠道，模拟供需平衡调节机制，同时通过对生鲜市场中介的一般性和共同点进行仿真，以此确保市场中介主体在整个生鲜农产品供需系统中的有效性和可信度。

通常来说，盈利是市场中介的目标，其按照以往的经验确定了预期的进货量和进价，并以预期的进价和供给者进行协商，以双方都能接收的价格进行交易，再根据平均收购价和预期利润制定出售价格向需求者供货。鉴于此，市场中介的交易决策和定价的特征描述如下：首先，市场中介根据以往的经验估计生鲜农产品的进货量和大致的进价，并以利益最大化为目标与生鲜农产品供给者进行多轮磋商，以双方都能接受的价格成交；其次，市场中介根据进货的平均价格和期望利润制定市场售价。

2. 市场中介主体子模型的基本描述

基于以上理论分析和主体模型的特点，市场中介主体子模型包括以下模块：标识、目标、规则库、感知处理器、学习器和决策，具体描述及设置如下。

（1）标识 Market-Type。由于市场中介主体为概念媒介，生鲜农产品市场中介主体被归为一个，其标识也唯一，可以描述为：

$$\text{Market-Type} = \text{Market} \tag{6-29}$$

（2）目标 MT。市场中介主体的目标本质上倾向于满足自身利益，但受限于社会责任和政府政策的影响，其往往也会将协助改善供需匹配作为自身的次级目标，这是由他们所处的生存环境所决定的，同理，生鲜农产品市场中介主体被归为一个，因此市场中介目标可以描述为：

$$MT\text{-type} = MT_1 \qquad\qquad (6-30)$$

（3）规则库。规则库是市场中介主体做出决策行为的基础，其主要作用是根据自身情况对外界信息做出反应。市场中介主体的规则库会根据接收到的感知和学习器传递的反馈信息进行决策。值得注意的是，市场中介主体作为供给主体和需求主体实现交互的终端，其规则库包含了向供给主体购买生鲜农产品的决策和制定生鲜农产品出售价格向需求主体出售的决策。

（4）感知处理器。感知处理器起到接收外界信息并将其转化成感知的重要作用，为市场中介主体做出决策行为提供必要的感知信息。

（5）学习器。学习器起到改变规则库的作用，体现了市场中介主体会根据外部环境所反馈的信息改变自身规则库。

（6）决策。决策是市场中介主体根据对外界感知和外界反馈回来的信息，为当前供给主体所提供的不同品质的生鲜农产品做出的购买决策，以及为需求主体制定市场售价的决策，也是后续市场中介主体执行进货行为和定价行为的主要依据。

与供给主体的结构类似，本书中规则库、学习器、感知处理器和决策组成了需求主体的决策行为过程，且该过程用数学公式和逻辑代码描述，因此（3）~（6）的具体描述和决策行为过程见下一小节。

3. 市场中介主体子模型的决策行为构建

（1）基本信息。市场中介主体的属性主要是刻画市场中介主体的自身状态与其他主体的关系，特征参数主要有市场预期购价 MEPP、市场预期进货量 MEPV、市场进货量 MPV、市场销售量 MSV、损耗量 CD 以及市场售价 X。

其中，市场预期购价 MEPP（market expected purchase price）是 t 年时市场中介对 j 品质的生鲜品提出一个期望的收购价格，并以此和供给者进行协商交易。调研发现，市场的定价通常会根据上一年的平均收购价格制定当年的预期购价，具体为市场中介主体在 t 年时对 j 品质生鲜的期望购价是 t-1 年的预期购价乘以通货膨胀率 I，可描述为：

$$MEPP_{tj} = APP_{t-1j} \times (1 + I) \tag{6-31}$$

平均收购价格（average purchase price）APP 是指市场中介主体按照预期进货量和所有供给者主体处协商收购的平均价格，为总收购价格除以收购量，即按照每个供给者的最终定价 NP_{itj} 和进货量 NV_{itj} 得到总价并除以总进货量 MPV_{tj}，且 NV_{itj} 小于等于 P_{itj}，可以描述为：

$$APP_{tj} = \left(\sum_{i=1}^{n} NV_{itj} \times NP_{itj} \right) / MPV_{tj}$$

$$MPV_{tj} = \sum_{i=1}^{n} NV_{itj} \tag{6-32}$$

损耗量 CD（cargo damage）是指市场中介在运输和仓储生鲜品的时候正常造成的损耗，这是生鲜物流难以避免的。调研发现，除了意外情况每年的仓储货损量相差不大，因此本书以调查所得的常数（固定比值）表示损耗量，可描述为：

$$M\text{-}damage = CD \tag{6-33}$$

市场销售量 MSV（market sales volume）为需求者实际的购买结果，需求者会根据市场中介主体的售价 X 产生购买的决策行为，即根据价格调整自身的总需求量 TP'，该购买量通常小于或等于生鲜品的总进货量 MPV，可描述为：

$$\text{if } TP'_{tj} \leqslant MPV_{tj} - CD, \text{then } M - sale \text{ volume} = MSV_{tj} = TP'_{tj} \tag{6-34}$$

$$\text{if } TP'_{tj} > MPV_{tj} - CD, \text{then } M - sale \text{ volume} = MSV_{tj} = MPV_{tj} - CD \tag{6-35}$$

市场预期进货量 MEPV（market expected purchase volume）是指 t 年时市场中介对该年的销售量并进行预测以此确定 t 年的进货量，避免进货过多造成浪费和成本增加，也避免进货过少无法满足需求者的需求量。调研发现，市场中介会参考上一年的市场销售量 MSV 和损耗量 CD 来确定当年的进货量，可以描述为：

$$MEPV_t = MSV_{t-1} \times (1 - CD) \tag{6-36}$$

（2）进货决策规则。在生鲜农产品供需系统的仿真环境中，当市场中介主体和不同供给者对每个生产周期不同品质生鲜品的收购价格 NP 的协商决策时，本书假设市场中介主体对预期购价 MEPP 为感知 k''，而供给者的协商价

ES 则为反馈信息 r″。那么市场中介主体与供给者主体在第 t 个生产周期对 j 品质生鲜农产品的收购价格 NP 的协商决策为：

$$d''_{itj} = k''_{tj} \char`\^ r''_{itj}$$
$$\text{with } k''_{tj} = MEPP_{tj} = APP_{t-1j} \times (1 + I)$$
$$\text{with } r''_{itj} = ES_{itj} \tag{6-37}$$

式（6-37）本质上是市场中介主体的决策模型，即规则库。其中市场中介的预期购价 MEPP 是第 t 个生产周期时市场中介对 j 品质的生鲜农产品提出一个期望的收购价格，并以此和供给者进行协商交易。现实中，市场的定价通常会根据上一个生产周期的平均收购价格制定当前生产周期的预期购价，因此本书认为市场中介主体在第 t 个生产周期时对 j 品质生鲜的期望购价是第 t-1 个生产周期的平均收购价格 APP_{t-1j} 加上通货膨胀 I 所导致的涨幅。现实中平均收购价是指市场中介和所有供给者成交的平均价格，可用总收购金额除以收购量表示，本书中按照每个供给者的最终定价 NP_{itj} 和货量 NV_{itj} 得到总收购金额，并除以总进货量 MPV_{tj}，且 NV_{itj} 小于等于 P_{itj}，可以描述为：

$$APP_{tj} = \left(\sum_{i=1}^{n} NV_{itj} \times NP_{itj} \right) / MPV_{tj} \tag{6-38}$$
$$\text{with } MPV_{tj} = \sum_{i=1}^{n} NV_{itj}$$

现实中市场中介主体在和供给者进行交易决策时会以预期的进货量为参考，确定进货的数量，且通常会参考以往的销售量以预测当前周期的进货量，避免进货过多造成浪费和成本增加，也防止进货过少无法满足需求者的需求量。因此在生鲜农产品供需系统中，市场中介的预期进货量 MEPV 需要用上一周期的总需求量和损耗系数 CD 来表示：$MEPV_t = TP'_{t-1} / (1 - CD)$，其中损耗系数 CD 是指市场中介在运输、仓储和销售过程中正常造成的损耗比例，现实中正常损耗是难以避免的，市场中介往往会以一定的，且除了意外情况每个生产周期的损耗比例相差不大，因此本书以固定比例表示损耗系数 CD。

（3）市场中介主体与供给主体的协商交易规则。现实中当市场中介主体在与供给者主体进行交易决策时，市场中介会派人去供给者处进行收购，市场中介会根据预期的进货价格来报价。每个供给者都会将市场报价和自己的预期售价对比，如果某个供给者感到满意则会以该报价进行交易，如果某个供给者感觉不满意则会和市场中介进行价格协商，直到价格满意并成交。但是市场中介在收购了足够的生鲜农产品时会停止收购行为，此时如果部分供给者仍未与市场中介达成交易，则该部分供给的生鲜农产品会砸在手里。为了模拟这一现实情况，本模型设计了如下交易决策规则：将第 t 个生产周期所有供给者对 j 品质生鲜品的第一次报价 $ES_{itj}(1)$ 从低到高进行排列，并和市场中介的预期进价进行第一轮交易协商，如果有供给者第一轮报价 $ES_{itj}(1)$ 不高于市场中介第一轮报价 $MEPP_{tj}(1)$，则该供给者与市场中介的交易成功，且成交价为该供给者的报价 $ES_{itj}(1)$，且如果供给者的供给量 P_{itj} 不高于剩余的预期收购量，则成交数量以供给量 P_{itj} 为准，否则成交数量以剩余的预期收购量为准，可以描述为：

$$if\ r''_{itj} = ES_{itj}(1) \leqslant k''_{itj} = MEPP_{tj}(1)\ then\ d''_{itj} = NP_{itj} = ES_{itj}(1) \quad (6-39)$$

$$if\ P_{itj} \leqslant MEPV(1)\ then\ NV_{itj} = P_{itj}, else\ NV_{itj} = MEPV(1)$$

$$and\ MEPV(1)\ =\ MEPV\ -\ \sum_{i=1}^{m} NV_{itj} \quad (6-40)$$

如果有供给者第一轮报价 $ES_{itj}(1)$ 高于市场中介第一轮报价 $MEPP_{tj}(1)$，则双方不会交易直至第二轮交易协商开始。在第一轮交易协商结束后，剩余的供给者和市场中介会对自己的第一次报价进行修改形成第二次报价，即供给者会降低报价而市场中介会提高报价以提高成交的可能性。

$$if\ r''_{itj} = ES_{itj}(1) > k''_{itj} = MEPP_{tj}(1)\ then\ MEPP_{tj}(2) = MEPP_{tj}(1) + p$$
$$and\ ES_{itj}(2) = ES_{itj}(1) - p \quad (6-41)$$

形成第二次报价后双方会再进行第二轮交易协商，且过程与第一次相同。此外，市场中介的预期收购量 MEPV 是这个交易协商的结束条件，即市场中介会重复上述的交易协商过程直至市场中介的收购数量达到其期望的数量 MEPV，或是所有供给者都与市场中介达成交易。

（4）定价决策规则。市场售价 X 是指 t 年时市场中介对 j 品质生鲜品制定的向需求者出售的价格。这一过程具体为平均收购价格 APP_{tj} 乘以利润率 L，可描述为：

$$X_{tj} = APP_{tj} \times (1 + L) \quad (6-42)$$

（四）其他主体子模型构建

本部分主要包括生产资料供应商主体、物流企业主体和金融机构主体的子模型构建，以及供需匹配结果的评价模型。其中前三个主体模型是与生鲜农产品供给主体协商交易，并共同完成生鲜农产品的供给过程。与市场中介主体相同，上述三者分别被视为一个聚合体。其中生产资料供应商主体代表着为供给主体提供生产资料的各类经营主体和销售渠道，模拟生产资料供应机制；物流企业主体代表着为供给主体提供运输仓储服务的各类经营主体和服务渠道，模拟生鲜农产品的物流机制；金融机构主体代表着为供给主体提供贷款服务的各类金融机构和贷款渠道，模拟农业贷款机制。值得注意的是，生产资料供应商主体、物流企业主体和金融机构主体均为供给主体的生鲜农产品供给行为服务，对整个供给过程起到次要的协助作用，且本书聚焦于利益诱导和风险控制对生鲜农产品供给主体决策的影响。因此这三类主体子模型均以反应型主体构建，且该模型只涉及为供给行为提供服务的刺激 - 反应链。而供需匹配结果的评价模型在生鲜农产品供需系统中起到结果分析功能，本质上属于系统的外部模块，在整个生鲜农产品供需系统运行完毕后，通过数学模型和调用数据库中所录入的数据信息，获取各个生产周期的供需匹配结果。具体如下。

1. 生产资料供应商主体子模型的构建

（1）基本信息。由于生产资料供应商主体属于反应型主体，且生鲜农产品供需系统中只涉及与供给者主体交互协商的过程，因此只需关注刻画生产资料供应商主体向供给者主体出售生产资料时所需的特征参数：单位种植费用 UPC，单位种苗费用 Seed，单位肥料费用 Fertilizer，单位维护费用 Maintenance。

其中，单位种苗费 Seed 由 t 年时生产资料供应商对 j 品质的生鲜农产品的零售价和每亩种苗量构成，实际上为生鲜农产品供给主体在种苗方面每亩所花费的金额。调研发现，种苗往往出自国家扶持的种苗培育基地，具有统一的零售定价和每亩种植的指导数量，同品种的种苗也无明显区别，种苗市场上出售价格也较为统一。此外，国家对生鲜农产品的种苗的价格浮动有一定的政策控制，因此短时间内市场上单位种苗费无明显波动（除通货膨胀外），可以用单位种苗均价描述：

$$UPC\text{-}seed = Seed\ Price_{tj} \times Planting\ Quantity\ per\ mu \qquad (6-43)$$

单位肥料费用 Fertilizer 是 t 年时生产资料供应商对肥料的零售定价，鉴于现实中不同品质生鲜所需的肥料不一样，此处依此设定高品质生鲜农产品的肥料为有机肥，而中低品质的生鲜农产品为化肥，再根据调研所搜集的各品质单位产量的生鲜农产品所需的肥料量和价格统计出单位肥料费用，描述如下：

$$if\ j = b\ or\ c\ then$$
$$UPC\text{-}fertilizer = Organic\ Fertilizer\ Price_{tj} \times Organic\ Fertilizer\ amount\ per\ mu_{tj}$$
$$else\ UPC\text{-}fertilizer = Fertilizer\ Price_{tj} \times Fertilizer\ amount\ per\ mu_{tj}$$
$$(6-44)$$

单位维护费用 Maintenance 是生鲜农产品供给主体除人工、肥料和种苗外，种养殖生鲜农产品每亩所花费的维护费用，包括农药、营养补充药剂、农膜、科技费用等。值得注意的是，不同品质生鲜农产品的单位维护费用是不同的，此处以实际情况中不同品质生鲜农产品的生产维护费用的均价作为单位维护费用，描述如下：

$$UPC\text{-}maintenance = Maintenance\ Price\ per\ mu_{tj} \qquad (6-45)$$

（2）生产资料供应商主体与供给主体的协商交易规则。基于生产资料经营主体和工作人员的访谈资料，发现通常情况下经营主体对生鲜农产品的生产资料都有统一的定价，只有生产规模较大的农业公司和合作社才能因交易数量较大获取更低的价费，通常为折扣价，即生产资料供应商主体会因供给主体的规模效应和产量优势给予其一定的折扣优惠。因此可以认为当生产资料供应商主体面期望以较低价格购买生鲜农产品的生产资料的供给者主体，他们会根据供给者主体所购买的量决定是否给予折扣价格。生产资料供应商主体与供给主体间的协商交易主要为供给主体服务，因此生产资料供应商主体子模型只涉及两个主体间的交易协商规则和单位生产资料花费，具体如下：

$$UPC_{tj} = UPC\text{-}seed_{tj} + UPC\text{-}fertilizer_{tj} + UPC\text{-}maintenance_{tj}$$
$$if\ S\text{-}type = S_2\ or\ S_4\ then\ FUPC_{itj} = EUPC_{itj} = UPC_{itj} \times \varepsilon$$
$$else\ FUPC_{itj} = UPC_{itj} \qquad (6-46)$$

由式（6-46）可知，在 t 时间中，生产资料供应商主体对 j 品质生鲜农产品每亩所需的生产资料制定的零售价格，可称为单位种植费用 UPC_{tj}。UPC_{tj} 是由单位种苗费用 $UPC\text{-}seed_{tj}$、单位化肥费用 $UPC\text{-}fertilizer_{tj}$ 和单位维护费用 $UPC\text{-}maintenance_{tj}$ 构成。生产资料供应商主体根据供给者主体的类型选择是否给予其一定的折扣优惠，如果属于种植大户、农业公司或农业合作社，则以第 i 位供给者对 j 品质生鲜农产品的期望折扣价 $EUPC_{itj}$ 作为最终交易价格

$FUPC_{itj}$；如果属于传统农户或新职业农民，则以生产资料供应商主体对 j 品质生鲜农产品每亩所需的生产资料制定的零售价格 UPC_{itj} 为最终交易价格 $FUPC_{itj}$。

2. 物流企业主体和金融机构主体子模型的构建

（1）基本信息。与生产资料供应商主体类似，物流企业主体和金融机构主体都属于反应型主体，也只涉及与供给者主体交互协商的过程。因此，只需关注刻画物流企业主体和金融机构主体向供给者主体提供服务时所涉及的特征参数，包括单位物流价格 ULP、物流成本 Logistic Fee、贷款利率 Lending Rate、贷款利息 Lending Interest 和贷款金额 Loan Amount。

其中，单位物流价格（ULP）是指 t 年时物流企业主体对一定质量的生鲜农产品所给出的服务定价。值得注意的是，单位物流价格的制定往往只考虑品种，即不同品质但同品种生鲜农产品的价格是一样，具体描述如下：

$$ULP = \text{Logistics Price per Amount}_t \qquad (6-47)$$

物流成本（Logistic Fee）是指 t 年时第 i 位供给者主体为获取相应的物流服务而支付的所有费用，通常是单位物流价格 ULF 乘以该供给者主体愿意出售的生鲜农产品的总量，具体描述如下：

$$\text{Logistic Fee}_{itj} = ULP_{tj} \times NV_{itj} \qquad (6-48)$$

贷款利率（Lending Rate）是指 t 年时金融机构主体为从事农业人员提供贷款服务，根据对期望收益制定的利率。据对农行从业人员的访谈可知，通常经营类的农业贷款分为 30 万元以下一年还本付息的小额贷和 30 万~1000 万元三年内循环单笔一年还本付息两类。由于农业贷款金额不大，供给者主体在完成生产经营周期后，往往就有钱偿还贷款，且上述两类本质上单笔贷款一年后都需还本付息。为了方便建模，本书以年利率作为贷款利率（Lending Rate），具体描述如下：

$$\text{Lending Rate}_t = \sigma \qquad (6-49)$$

贷款利息（Lending Interest）是指 t 年时供给者主体申请农业贷款后所需要支付的利息，通常为贷款金额（Loan Amount）和贷款利率（Lending Rate）的乘积，且可用种植比 PR_{itj} 将贷款利息分摊开来，以便于不同品质生鲜农产品期间成本的计算，具体描述如下：

$$\text{Lending Interest}_{it} = \text{Loan Amount}_{it} \times \sigma$$
$$\text{Lending Interest}_{itj} = \text{Loan Amount}_{it} \times \sigma \times \text{PR}_{itj} \qquad (6-50)$$

借款金额（Loan Amount）是指 t 年时供给者主体申请的农业贷款金额，通常情况下，供给者主体中的种植大户、新型职业农户和公司因具有良好的信贷条件和资产担保，更容易获得金融机构提供的借贷服务，而传统农户则因不具备这些条件而很难获取贷款，但由于仿真地区的经济发展水平较高，农村小额贷款和金融机构的发展水平位于我国前列，且调研发现，草莓种植区域大多具备信贷条件和能力，因此不用考虑金融机构是否放贷的问题，只需考虑贷款金额，但农业贷款金额的相关数据难以收集，因此以调研所得的数值区间随机赋值。

（2）物流业主体和金融机构主体与供给主体的协商交易规则。根据前文分析可知，物流企业主体会按照所需运输仓储的生鲜农产品的规模和统一的物流价格标准向供给者主体收取提供物流服务的报酬，而金融机构主体则会向具备贷款资质的供给者主体放贷，并按期以一定的贷款利率向供给者主体收取利息。值得注意的是，由于实际情况中两者为生鲜农产品供给者提供的金融和物流服务均是无法议价的，即供给者主体只能按照物流企业主体和金融机构主体的服务定价获取物流和金融服务。因此物流业主体和金融机构主体与供给主体的协商交易规则较为简单的，只需以逻辑代码表示，物流企业主体和金融机构主体的服务费用可作为供给者主体的交易成本，具体如下：

$$\text{JC} = \text{Logistic Fee}_{itj} + \text{Lending Interest}_t \qquad (6-51)$$

JC 为期间费用，即除生产资料费用和人工费用等生产环节外，供给者主体完成生鲜农产品供给所需要支付的费用。由于贷款费用和物流费用属于生产环节外产生的费用，因此将两者归纳为期间费用 JC。

3. 供需匹配结果的评价模型

生鲜农产品的供需匹配结果是衡量生鲜农产品有效性的重要评价标准，在以往的文献中大多是以供给者的供给数量和需求者的购买数量之比作为供需匹配结果，这种方式能够较好地说明生鲜农产品的生产主体和消费主体对生鲜农产品的供需匹配结果。但为了更好地厘清生产、向市场中介提供出售、售出三个供给环节中的供需匹配问题，本书将传统生鲜有效供给问题中一概而论的供需匹配度划分成供给者与市场中介的供需匹配度 MDOS 和市场中介与需求者的供需匹配度 MDOD。根据供给理论中生产、供货、零售三个供给环节在供给者与市场中介交易时，供给者生产的 j 品质生鲜农产品的数量和市场中介对 j 品质生鲜农产品的预期收购量之比就是供给者与市场中介的供需匹配度 MDOS，因此本书用供给者的生产总量与市场中介的预期收购量之比来表现供给匹配程度 MDOS，公式如下：

$$MDOS_{tj} = TP_{tj}/MEPV_{tj} \qquad (6-52)$$

在市场中介与需求者的交易环节中，市场上可供出售的 j 品质生鲜农产品的数量和需求者对 j 品质生鲜农产品的总需求量的比就是市场中介与需求者的供需匹配度 MDOD，本书用市场中介的可供出售量和需求者的总需求量之比来表示市场中介与需求者的供需匹配程度 MDOD，其中市场出售量为市场中介的最终收购数量减去损耗的量，公式如下：

$$MDOD_{tj} = MSV_{tj}/TP'_{tj} \qquad (6-53)$$

式（6-52）中的 TP_{tj} 是所有供给者 t 年时 j 品质生鲜农产品的总生产量，而 $MEPV_{tj}$ 则是市场中介 t 年时对 j 品质生鲜农产品的预期进货量。式（6-53）中的 TP'_{tj} 是指需求者 t 年时 j 品质生鲜农产品的总需求量，市场中介的可供出售量 MSV_{tj} 为进货量 MPV 去除损耗后的数量，可用 $MSV_{tj} = MPV_{tj} \times (1-CD)$ 表示。由式（6-52）和式（6-53）的公式结构可知，对于供给者来说，$MDOS_{tj}$ 越接近 1，代表 t 年时 j 品质生鲜农产品的供给行为和市场中介的购买总量越匹配，大于 1 代表 j 品质生鲜农产品的生产量多了，小于 1 则表示生产量小了；对市场中介来说，$MDOD_{tj}$ 越接近 1，代表 t 年时 j 品质生鲜农产品的市场出售量和需求者的总需求量越匹配，小于 1 代表市场的可供出售量不够，大于 1 则说明市场的可供出售量过度；对于需求者来说，大于 1 时其需求是满足的，而小于 1 则需求未被满足。

第七章 基于利益诱导和风险控制的生鲜农产品有效供给仿真研究

本章以我国某农村的草莓种植区为例进行仿真研究，研究思路是：在分析该草莓种植区概况的基础上，完成仿真案例的平台架构，明确运行过程；明确仿真程序的开发工具与运行平台；对生鲜农产品供需系统的多主体模型进行调试，设计环境模块，设置模型参数，明确交互行为，最终完成仿真程序；通过历史数据验证仿真模型的有效性；根据利益诱导和风险控制的驱动机理，设置相关场景，并进行结果分析，得出研究结论。

第一节 仿真案例的概况

（一）仿真对象的选取

本书选取草莓作为代表性生鲜农产品进行仿真案例研究的原因如下。

产值规模方面，据不完全统计，截止到2014年，我国草莓种植面积已突破220万亩，总产量已突破350万吨，总产值已超过了350亿元，成为世界草莓生产和消费的第一大国，在众多生鲜农产品中具有代表性意义。

种植区域方面，我国各省、自治区、直辖市均有草莓种植，且依据地理位置和气候条件，我国草莓产地可划分为3大产区，即北方产区、中部产区和南方产区，涵盖我国大部分省份城市，与其他生鲜农产品相比更具有普遍性。

生产培育方面，草莓的栽培形式多样，有日光温室栽培、拱棚栽培、露地栽培，果实成熟期从每年的12月初到来年的6月，品种主要有"红颜""章姬""甜查理""阿尔比""全明星"等，有较为明显的品质划分，适合作为结构性供需的研究对象。

总体而言，尽管在种植面积和总产量上，我国已成为草莓大国，草莓为主产区带来了显著的经济效益和社会效益，但我国草莓产业整体处于较低水平，从品种到食品安全，仍存在不少问题，如缺少综合性状的优良品种，重茬问题带来的病虫害使草莓品质下降，自繁自育导致种苗不纯等。这些问题和现状与本书的聚焦点相重合，因此最终选取草莓作为仿真对象。

（二）仿真案例的简述

考虑到数据和资料的可获得性、搜集的时间成本与经济成本，以及仿真程序的可实现性与可行性，本书选取我国某农村的草莓种植区为仿真案例，具体情况如下。

该农村地处我国南方，属于东亚季风气候区，处在亚热带和暖温带的气候过渡地带，气候同时具有南方和北方的特征，适合草莓的生长。该地区的土壤属于黄棕壤，PH 值略高，属于偏碱性的，土壤的自然肥力较大，适合栽种果树和发展农业。调研可知，目前该农村区域内共有 374.2 亩的草莓种植区域，大部分采用大棚种植和精耕细作以改善草莓生长环境，已形成适合草莓生长的光照环境和疏松中性或微酸性土壤。从事草莓生产的农户 22 户、优质草莓种植示范基地和农业合作社各一个，且该种植区栽培了多个品种的草莓，如艳丽、红颊、硕丰、白雪公主等。

在生产周期方面，通常草莓一年结果一次（特殊品种除外，如四季草莓等），但因为该地区采用了温室大棚技术，一年可以收获两次草莓，第一批属于价格正常的季节性草莓，第二批则属于价格昂贵的反季节性草莓。由于不同季节批次草莓的供给情况不同，为了避免混淆和方便仿真实验的进行，本书只选取季节性草莓作为仿真对象，同时将生产周期定为 2～4 月。

在生产成本方面，经整理实地调研和农户访谈资料后，得知一亩季节性草莓约为 666.67 平方米，每畦 2 行，株距 20 厘米，可栽种 6000～9000 株，种植总成本约 10000～14000 元，其中人工费用为 3000 元每年，种苗根据品种优劣为 0.35～0.6 元每株，共计 3000～5000 元，肥料根据化肥和有机肥的不同分为 500 元和 2000 元，除虫根据化学和物理手段分为 500 元和 1000 元，日常维护费用视农户的需要分为 1000 元、2000 元和 3000 元。

在市场中介方面，对常年收购种植区草莓的生鲜批发市场、零售商、经销商等市场中介组织进行了调研，收集了相关信息，包括利润率、定价标准和货损率等信息。基于多主体建模仿真法的特性，本书将各类生鲜农产品市场中介组织视为一个聚合体，同时参考了该区域主要市场中介组织的均值。

在金融机构方面，经过电话访谈得知，当地的农商银行有特定的农业生产经营贷款项目，主要有两类，一类是低于30万元的小额贷款，有效期为一年，到期一次偿还本息，另一类是30万元以上，最多可以贷到1000万元，属于循环授信类的贷款方式，三年一循环，单笔有效期也为一年，到期偿还本息。近几年因普惠金融和农业扶持的政策，年利率下调，一般在4%左右。据了解当地草莓的收获期为一年两次，生产经营主体往往一年就能获利以偿还贷款。其中大多农户以小额贷为主，而农业企业的总贷款量虽多，但由于经营的面较广，还涉及其他生鲜农产品，用于草莓生产经营的部分较少，再加上循环授信也要求单笔有效期为一年，本质上与小额贷的偿还方式一致。因此生产经营主体的借贷服务都可以用小额贷的形式统计。

在物流企业方面，根据当地农户和农业企业所述，鲜果运输大多是通过顺丰快递，且顺丰在草莓主要产区规划了超过10多个集散点和深入产区的几十个草莓揽收点，新鲜无外伤的草莓被筛选出来装箱并套上贴合草莓的小尺寸珍珠棉网套进行隔绝保护，能较好地降低草莓的损耗率。据悉近几年，生鲜损耗率已降至10%以内，当地正常距离的草莓运输的损耗率在3%～5%。当地草莓收购均属于顺丰冷运科第五类（冷运到店）中的第二项内跨城/乡经济圈，其物流价费按重量计费，20千克起，标准报价为2元/千克。

在需求者方面，由于逐一统计每户需求家庭购买的草莓量需要耗费大量时间和代价，难以实现。本书参考中国草莓的人均年消耗量、家庭人数、家庭富裕程度等可知的相关数据，用以设置需求家庭的相应参数，对需求者的决策行为进行仿真。

第二节　仿真实验的设计及实现

（一）基于多主体系统的仿真实验的平台架构

本书旨在探索如何通过利益诱导与风险控制来激发生鲜农产品供给主体采取有效供给行为的积极性，从而驱动生鲜农产品走向有效供给。基于多主体系统仿真技术，根据生鲜农产品供给主体的现实情况，抽象出各类主体的属性、行为规则及相关策略，形成生鲜农产品供给主体的概念模型，同时构建各类主体和辅助主体，组成多主体系统，并通过计算机网络技术实现人工系统的全流程仿真模拟。

基于多主体系统的仿真程序结构设计如图 7－1 所示。除了前文描述的多主体系统（MAS），还设计了模型管理器（model manager）和行为管理器（behavior manager）。前者的主要功能是管理 MAS 中的各类主体模型，负责协调，后者则是处理各类主体的行为，使它们的决策行为能够被其他主体所感知，也作用于环境库（environment database）。环境库主要存储了生鲜农产品供需系统的外部环境数据和信息，以便于 MAS 内部各类主体的调用。情景库（scenario database）的主要功能是存储政策情景数据，以及为了实现政策情景的仿真，通过模型调整器（model adjuster）对 MAS 内的各类主体模型的参数和结构进行调整。数据库（database）则是存储仿真实验所需的信息和数据的地方，它既通过观察器（observer probe）获取 MAS 中各类主体所产生的数据，也将自身存储的相关信息通过信息处理器（information processor）传输给 MAS 内的各类主体。最终，MAS 运行所产生的结果会通过图形用户界面（graphical user interface）传递给使用者。

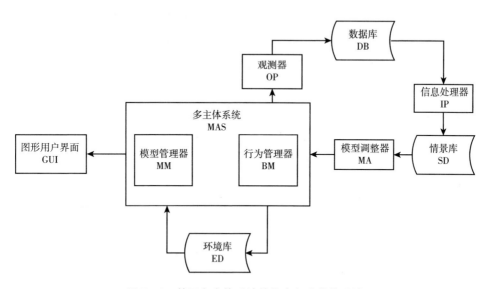

图 7－1　基于多主体系统的仿真程序结构设计

资料来源：作者自制。

基于上述仿真程序的结构设计，构建了生鲜农产品供需系统的实验仿真平台，如图 7-2 所示。该平台是一个以生鲜农产品供需系统的概念模型为基础的计算机仿真实验平台，本质上是将现实系统抽象成人工系统，并通过代码编

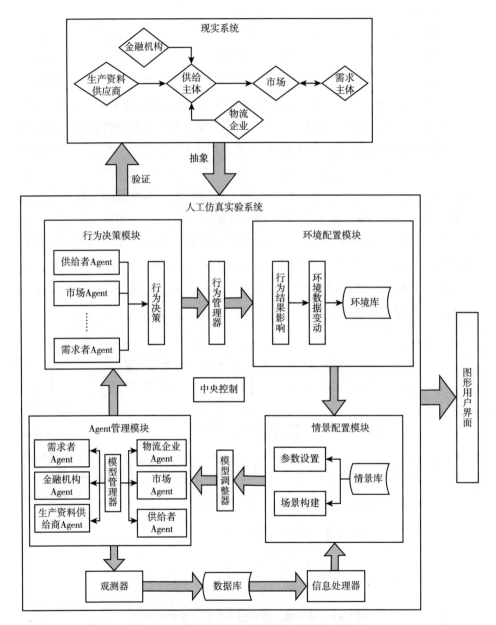

图 7-2 基于多主体系统的仿真实验平台架构

资料来源：作者自制。

程实现仿真实验。其中，现实系统包括真实的供给者、消费者、金融机构、物流企业和政府环境规制等，通过现场访谈、问卷调查和统计数据等方式获取相关数据和资料。这些现实系统的调研结果就是构建人工系统的参考依据，通过参考现实数据和人工系统运行结果的差异，调整人工系统以提高两者的一致性。

生鲜农产品供需系统的仿真实验平台大致可分为四个模块。第一个模块是环境配置模块，主要负责模拟生鲜农产品供需系统的环境行为，既对各类主体施加影响也因各类主体的决策行为而产生变化。第二个模块是情景配置模块，主要针对不同情境下的场景构建和参数设置，包括接收各类主体传递的信息、对各类主体的参数进行设置、主体模型的更新和维护等。第三个模块是主体管理模块，主要提供对系统的各类辅助与管理功能，协助完成各类主体之间的交互协商，以及信息传递。第四个模块是决策行为模块，主要负责分析生鲜农产品供需系统中各类主体的决策行为，考虑行为结果对整个供需环境的影响。此外，生鲜农产品供需系统的仿真实验平台还具备用以存储仿真数据的数据库，囊括了供给者、市场中介、消费者、金融机构等参与主体的状态表和信息资料，以及存储括参数设置表、模型编码和交互编码的情景库。中央控制器主要负责统筹全局，既为其他功能模块、输入输出、数据调动等功能奠定基础架构，也为情景设置和图形用户界面的整个仿真系统采用分布式多层架构体系打下基础，以便于后续研究的拓展和增加系统的执行效率。

（二）基于多主体系统的仿真建模工具

1. 多主体系统的仿真开发工具介绍

目前，国外已有多种基于多主体系统的仿真工具，表7－1列举了一些目前学术界具有一定影响力的开发工具。

表7－1　　　　　　　　　　基于主体的建模仿真平台

工具名称	研发机构	特　点
Swarm	Santa Fe Institute	是一个用 Objective-C 语言编写的用于开发多主体复杂系统的离散事件仿真程序库，提供了一系列仿真需要的常规函数库和随机函数库； 扩展了 Java 语言接口，可以在 Java 环境下运行

续表

工具名称	研发机构	特　点
NetLogo	Center for Connected Learning and Computer-Based Modeling	一个用于复杂性仿真的通用平台，是 StatLogo 的后代软件环境 拥有一个较大的模型样板库，以及一些帮助用户学习构造模型的程序代码实例 在许多实验室以及大学课程中被用于社会科学与自然科学的研究
Repast	芝加哥大学和 Argonne 国家实验室	为社会科学应用而设计的基于主体的仿真工具 支持各种不同的程序开发语言（Java，C++，C#，VB），可以在不同的操作系统下运行（Windows，Macos，Linux） 需要一定的编程经验
Starlogo	麻省理工大学媒体实验室	可用于分散化控制系统的研究，仿真许多真实生命现象，如鸟类聚集、交通拥塞、人类聚居、简单的市场经济现象等，便于非计算机专业人员使用
Sim_主体	伯明翰大学	是一种串行的、集中式的、时间驱动仿真平台，开发语言为 P-11。提供了一组类库和方法供用户实现特定应用的仿真 应用领域包括在计算机生成兵力领域的应用，如虚拟战场的仿真
Ascape	Sandia 国家实验室	用 Java 开发，可在任何 Java 环境下工作，具有较强的功能和灵活性，容易使用，可以使非计算机专业人员较容易地了解模型的运行状态

资料来源：作者自制。

　　结合近年来国内外期刊来看，基于多主体系统的仿真开发工具中运用得比较多的应该还是 Swarm 的 Java 版本，这是因为 Swarm 的开发较早且为开源，很多经典模型也是在 Swarm 上构建的，但 Swarm 早已不再更新，无法为用户提供更为先进的功能与服务。NetLogo 和 Repast 则是目前热度较高的仿真开发工具，适用于社会经济问题。前者由于是类 Logo 语言，语法比较简单且易入门，以便于简单模型的建立，后者支持多种不同的程序开发语言，包括 Java，C++，C#，VB，更具有开放性，但具有一定的门槛。最后一个是 Sim_主体，一款收费软件，其优点是为用户提供了一组类库和方法，供用户实现特定应用的仿真，图形化界面友好，封装了比较丰富的库和组件，缺点是更适用于虚拟战争模拟。

　　对上述基于主体系统的仿真建模工具进行分析归纳，不难看出，基本所有的仿真建模工具都以主体作为基本单元，允许构建多层次结构模型，以展现仿真系统的"涌现"现象，但这些仿真建模工具大多是仅支持一般的二维或三维简单的规则的网格状的环境，也没有与当前流行的分布式仿真技术相结合，无法反映实际系统中个体之间的并发性，仿真调度不够灵活，难以适应特色化的需求。尽管相当一部分开发者都希望能够开发出一种仿真平台是通用的、规范的、易于被非计算机专业人员使用的模型开发工具，但是到目前为止，还没有一种软件真正能够实现这一目的，这与复杂系统理论本身还不成熟也有关系。

2. 生鲜农产品供需系统的仿真开发工具

经过对上述相关仿真开发工具的分析和讨论，本书并未选取上述的多主体系统的仿真开发工具，而是借助集成开发环境 Visual Studio 2017，通过 C++ 编程语言创建了仿真程序 Supplier 1.0 对生鲜农产品供需系统进行建模，同时借助数据库管理工具 Navicat Premium. 12 创建并访问数据库以获取生鲜农产品供需系统仿真运行的信息和结果（见图 7-3），理由如下。

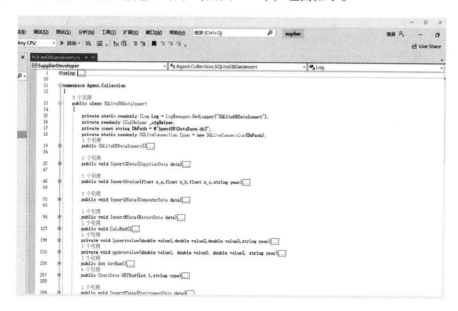

图 7-3　仿真程序 Supplier 1.0 在 Visual Studio 上的部分代码展示
资料来源：作者自制。

本书所构建的生鲜农产品供需系统中供给者主体是根据数据库中搜集到的相关数据资料生成的，而非设定参数后电脑随机生成，上述仿真开发工具鲜有支持的。

Visual Studio 2017 作为目前市场上功能最全的集成开发环境，具有领先于业界的数据库工具、强健而灵活的软件建模、高效的体系结构指导、关键测试功能以及集成的源代码控制，同时通过基于事实的对象角色建模方法，将专业性的知识引入应用程序设计过程，具有专家自由定义功能，进而使工程更加完美。

Navicat Premium 是以直觉化的图形用户界面而建的（见图 7−4），提供了丰富的功能，在常规数据库管理功能的基础上，增加了数据写入、SQL 转储、查询创建工具、自动完成代码等，不仅能够满足生鲜农产品供需系统对数据库的要求，还简化了数据库的管理，降低了系统管理的难度。

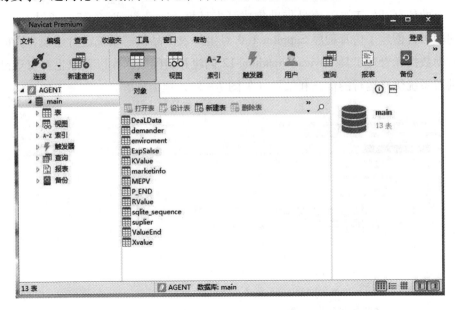

图 7−4　数据库管理工具 Navicat Premium 的展示界面

资料来源：作者自制。

（三）多主体模型的参数的设置与调试

对生鲜农产品供需系统进行仿真模拟需要时设置变量参数和初始值，设置时大部分参数应尽可能以客观现实为准，即依据调研数据进行设置，少部分无法获取调研数据的参数则参考相关文献和网络数据，而某些难以量化的参数如风险偏好等，则通过程序多次训练和测试获取经验数值，并与客观现实对比后得出的最终数值,系统的主要参数、变量及初始赋值规则的设定见表7-2。

表7-2　　　　　　　　系统主要参变量及初始赋值规则

变量/参数	含义	范围	赋值规则
LN	种植面积	n	固定值,参考该户供给者的生产田亩数
LF	劳动力	2~7	固定值,参考该户供给者的可用劳动力
R	供给者对风险的偏好	0~1	固定值,由该户供给者的类型决定
T	供给者对科学技术的应用程度	1~1.5	固定值,由该户供给者的类型决定
α	生鲜品的利润系数	n	固定值,由该户供给者的类型决定
ULF	单位面积所需的劳动力	2	固定值,生鲜品的实际情况评估所得
ULMC	人工市场价	3000 元	固定值,生鲜品的实际情况评估所得
Chemicalfert	单位面积的化肥费用	500~2000 元	固定值,生鲜品的实际情况评估所得
seed	单位面积的种苗费用	3000~5000 元	固定值,生鲜品的实际情况评估所得
Maintenance	单位面积的维护费用	1500~4000 元	固定值,生鲜品的实际情况评估所得
TO	理论产量	3000~4500 千克	固定值,生鲜品的实际情况评估所得
DS	灾害情况	[0-1]	随机值,正态分布函数
F	土地肥沃程度	1	固定值,同区域的土地肥沃程度无差异
FS	家庭人数	2~7 人	固定值,参考该户需求者的家庭人数
PCD	人均需求量	5 千克,4.5 千克,3 千克	固定值,不同类型需求者对生鲜品的平均需求量
SP	选择偏好	1,2,3	当 $SP_i = 1$ 时 $kt' = \{0, 0.3, 0.7\}$,当 $SP_i = 2$ 时 $kt' = \{0.2, 0.6, 0.2\}$,当 $SP_i = 3$ 时 $kt' = \{0.7, 0.3, 0\}$
I	通货膨胀率	5%	固定值,参考该区域生鲜农产品的通货膨胀率
CD	损耗系数	5%,4%,3%	固定值,参考该区域市场高中低品质草莓的损耗占比
L	利润率	80%	固定值,参考该区域生鲜市场中介主体的利润率

续表

变量/参数	含义	范围	赋值规则
X	市场售价（初始值）	50.6 元/500 克，31.2 元/500 克，14.6 元/500 克	固定值，参考该区域市场高中低品质生鲜的零售价
ε	折扣系数	80%	固定值，参考达到规模的折扣比
η	单位重量	20 千克	固定值，参考顺丰的生鲜物流标准
ULP	单位物流价格	2 元/千克	固定值，参考顺丰的生鲜物流标准
Loan amount	借款金额	n	固定值，参考每户供给者的贷款金额
σ	贷款利率	4%	固定值，参考农村农业小额贷款的年利率

资料来源：作者自制。

（四）仿真程序实现的细节

在生鲜农产品供需系统的仿真实验平台架构的基础上，本节聚焦于仿真程序的开发过程，以生鲜农产品供需系统中的主体为中心解构仿真程序的实现细节，具体如下。

1. 主体的任务分解

主体的任务分解是指通过明确整个生鲜农产品供需系统的任务，并对该任务进行合理的定义和分解，进而为其编写各类型主体的行为程序和管理控制程序。在程序的设计过程中，要考虑资源的共享、任务的协同、多线程的工作需求等因素，以便于完成分解后的任务。值得注意的是，并不是所有功能都要设计为主体，如数据管理、任务管理、输出、界面展示等设计成传统的对象比较好。以下对生鲜农产品供需系统的总体任务进行了分类。

（1）界面。用于用户的交互，接收用户的指令，分解任务，传递消息，并将最终结果通过友好的用户界面显示方式呈现给用户，包括数据编辑、数据查询、图表制作、分析结果显示等。

（2）数据管理。执行读取数据库和写入数据库的任务，包括连接数据库、读取数据库中的数据、向数据库中写入数据。

（3）模型。执行分析、预测、评价的任务，包括结构分析、关联分析、层次分析、时间序列预测、线性规划、比较优势等多种数学模型。

（4）推理与决策。调用知识库中相应的逻辑推理模型，读取模型的运算结果，应用推理机进行推理决策工作。

2. 主体的行为

在生鲜农产品供需系统多主体模型的构建中已对主体的部分行为进行了阐述，此处为：编写生鲜农产品供需系统中各类型主体协同完成整个生鲜农产品的生产、交易和供给过程所必需的行为，主要包括有关的推理决策、数据传送、行为后果等专用行为，以及协商交互、数据管理、图表制作、专题图制作等具有通用性的功能，都应用 C ++ 语言编写行为程序。对主体的专用行为，采取代码直接赋予相关主体的方法，而通用功能则先编写后存入行为库以便于程序编写时的随时调用。此外，各类型主体都有一个固定的运行流程，具体如下。

（1）通过 Visual Studio 环境设计开发一个具有特定功能的主体，并将其载入进事先设计好的虚拟环境中，使其处于初始状态。

（2）该主体在接收到虚拟环境中的信息后，会自行进入活动状态，执行其基本的任务和功能。

（3）在接收到虚拟环境中的信息时，若该主体通过判断，发现执行任务的条件不满足，主体会暂时处于等待状态，直到条件满足要求，该主体会继续执行任务。

（4）在完成相应的任务和功能后，若未收到新的指令或信息时，该主体会进入挂起状态，直到接收到新的任务，该主体再次回到活动状态。

（5）当第一个生命周期结束后，主体完成周期内的相关行为，将相关数据传递给数据库，根据这个周期内的供需情况和其他环境信息调整自身的主体模型，并重新处于初始状态，等待进入第二个生命周期的开始。

3. 主体的环境

主体的环境就是程序设计人员设计的虚拟环境，基于主体的生鲜农产品供需系统就是生存在这样一个环境中，各类型的主体在这个虚拟环境中相互影响和交互，并通过行为对环境产生影响。本质上虚拟环境的创建并不困难，只需按照前文中生鲜农产品供需系统的概念模型的功能，设计和编制好相应的程序代码即可，等各类型主体加载完毕后，最终完善整个主体的环境，图 7 - 5 是设置虚拟环境和载入供给者主体的代码示例。

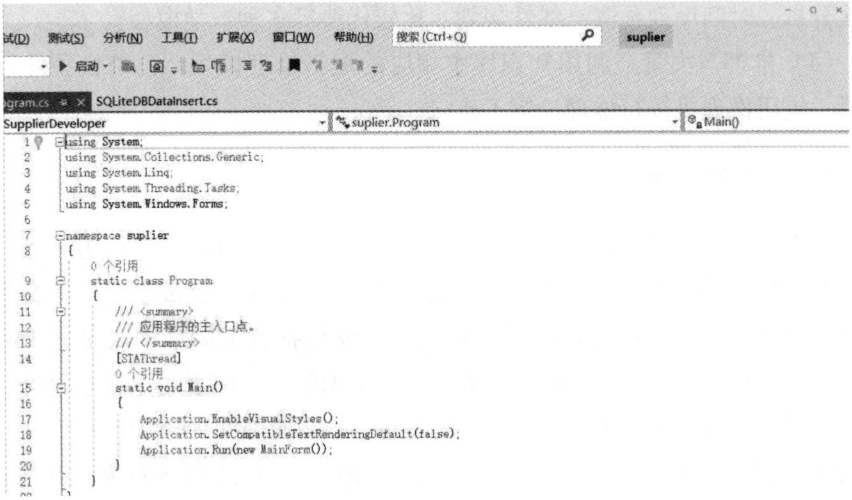

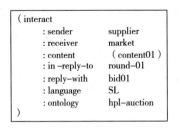

图7-5 主体环境设置和供给者主体载入的代码示例

资料来源：作者自制。

4. 主体的交互协商

生鲜农产品供需系统中各类型主体之间的相互协同完成任务的过程中，双方之间的信息传递和交流是由通用的交互协商功能完成的。通常情况下，各类型主体的交互协商功能主要通过交互动作、接收者、发送者、信息内容表达式、参数表达式等元素规范主体的交互协商语言。结构见图7-6。

```
( interact
    : sender         supplier
    : receiver       market
    : content        （content01）
    : in -reply-to   round-01
    : reply-with     bid01
    : language       SL
    : ontology       hpl-auction
)
```

图7-6 交互协商代码结构

资料来源：作者自制。

上述代码结构通过 Visual Studio 平台和 Navicat Premium 数据库管理工具实现，其中信息传递和交互功能在数据库中完成，并借助 FIPA 主体消息传输标准在生鲜农产品供需系统中使用，可以很好地保证系统中各主体相互作用、相互协同的有效性。基于 FIPA 规则为主体的通信提供了一种很好的通信载体和工具，包括可行的消息传输机制等在内的标准化协议确保了多主体系统的协同通信。

通过以上论述，通过 FIPA 主体消息传输标准在产品质量控制系统中的使用，可以很好地保证系统中各主体相互作用、相互协同的有效性。基于 FIPA 规则为主体的通信提供了一种很好的通信载体和工具，包括可行的消息传输机制等在内的标准化协议确保了多主体系统的协同通信。

第三节　仿真结果及分析

以我国某农村的草莓种植区为研究案例，开发了生鲜农产品供需系统的仿真程序 Supplier 1.0，根据相关调研数据设置了大部分参数变量和初始值，并基于计算机采用训练对比法估算出小部分难以获取的数据的参数变量，同时借助数据库管理工具 Navicat Premium 访问数据库以获取生鲜农产品供需系统的仿真运行的结果和相关数据。一方面，根据实际情况设置基础情景进行仿真，并对结果进行分析；另一方面，根据第四章的利益诱导和风险控制驱动机理设计出相应的情景实验，与基础仿真结果比较，揭示利益诱导和风险控制驱动对策的研究结论。

（一）基础情景的仿真结果分析

本节以某农村的草莓种植区为案例进行实际情景的仿真实验，基于 Visual Studio 环境开发了仿真程序 Supplier 1.0，运行界面如图 7 - 7 所示。图 7 - 8 是 Navicat Premium 12 软件查询了仿真模型的数据库界面，本书借助该软件检索仿真数据和查看仿真模型的运行状况以及该种植区不同品质生鲜农产品的情况。该种植区内共有 374.2 亩草莓地，培育了多种草莓，如艳丽、红颊、硕丰、白雪公主等，为了考虑到可对比性和操作性，从中选取同种植期的高、中、低三种品质的草莓作为生鲜农产品供需系统中的主要供需品，同时以常年收购种植区草莓的生鲜批发市场、零售商、经销商等作为市场中介主体，且依据批利润率和货损率的均值等信息设置了市场中介主体的参数。由于需求方的信息难以统计，本节根据需求地区的实际情况设置了家庭户数（10125 户），并参考了中国草莓的人均年消耗量、家庭的人数、家庭富裕程度等可知的相关数据设置了需求者主体的相关参数，使各品质的草莓需求量大致与该地区市场中介组织和农户所说的数据大体一致，其他具体的参数变量的初始值见表 7 - 2。

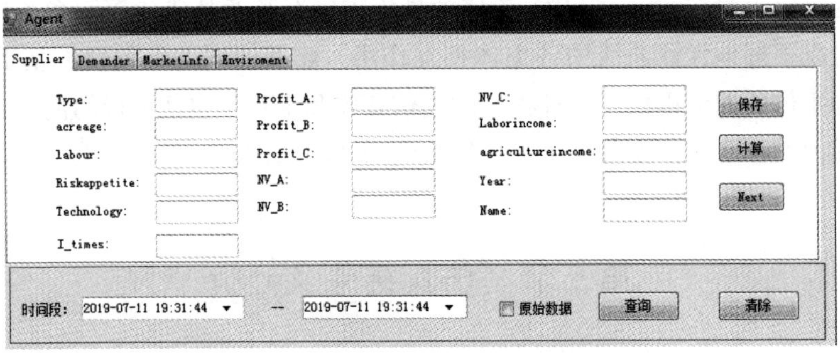

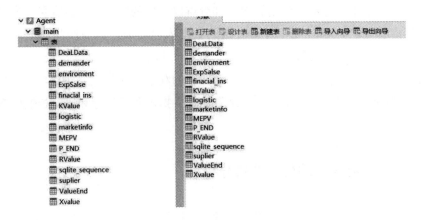

图 7 - 7　Supplier 1.0 的初始界面

资料来源：作者自制。

图 7 - 8　仿真模型的数据库界面

资料来源：作者自制。

1. 基础运行

　　模型的基础运行是开展后续研究的基础和参照，本书设置模型的基本运行从第 1 生产周期开始，持续到第 5 生产周期，仿真模拟数据如图 7 - 9、表 7 - 3 和表 7 - 4 所示。模拟显示，第 1 ~ 5 生产周期内 A 品质生鲜农产品的 MDOS_A 在 0.62 到 0.88 之间波动，而 MDOD_A 则从 1 下降到 0.62，说明 A 品质生鲜一直处于供给不足的状态且导致市场中介的可供出售量也难以满足需求，偶尔会因为市场售价涨幅较大导致需求下降。B 品质生鲜农产品的 MDOS_B 在 0.71 到 0.76 之间波动，且 MDOD_B 也是在 0.71 到 0.77 之间波动，说明 B 品质生鲜与 A 品质生鲜的情况类似，但市场售价波动比较稳定，导致需求变化不大。C 品质生鲜农产品的 MDOS_C 在 1 到 1.27 之间波动，而 MDOD_C 则是在 0.99 左右波动，说明 C 品质生鲜一直处于供给充足甚至过度的情况，且市场中介的进货量通常能够满足需求。

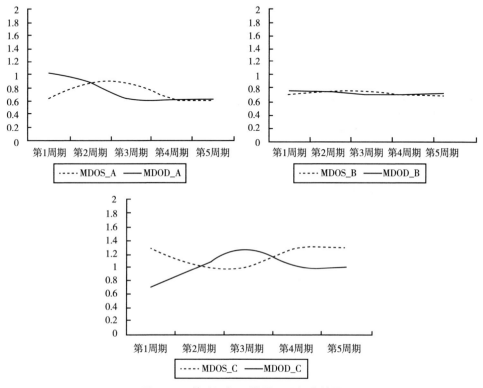

图 7-9 基础运行下供需匹配程度结果

资料来源：作者自制。

表 7-3 基础运行下供需匹配程度结果

周期	A 品质草莓		B 品质草莓		C 品质草莓	
	MDOS_A	MDOD_A	MDOS_B	MDOD_B	MDOS_C	MDOD_C
第 1 周期	0.6383	1.0120	0.7107	0.7760	1.2717	0.7013
第 2 周期	0.8730	0.8875	0.7628	0.7699	1.0071	0.9999
第 3 周期	0.8710	0.6278	0.7635	0.7135	1.0073	1.2678
第 4 周期	0.6262	0.6264	0.7143	0.7142	1.2771	0.9999
第 5 周期	0.6263	0.6262	0.7143	0.7143	1.2771	0.9999

资料来源：作者自制。

表 7 – 4 基础运行下市场售价和需求量

周期	草莓售价（元/500 克）			草莓需求量（500 克）		
	A 品质	B 品质	C 品质	A 品质	B 品质	C 品质
初始	54.6	32.4	14.6	365132.0	847907.0	587574.0
第 1 周期	58.56	34.93	15.05	262590.5	793091.9	744945.7
第 2 周期	61.65	36.82	15.66	262590.5	793091.9	744945.7
第 3 周期	64.67	38.59	16.31	365132.8	847907.1	587574.6
第 4 周期	67.70	40.32	16.99	365132.8	847907.1	587574.6
第 5 周期	70.78	42.14	17.66	365132.8	847907.1	587574.6

资料来源：作者自制。

2. 历史检验

模型的有效性检验有两点。首先是内部有效性，主要考虑模型的理论基础以及理论的可靠性和适应性，本书借鉴主要借鉴现有的 TPB 理论且已在上文中进行了可靠性和适应性的论述。其次是外部有效性，主要目标考虑使仿真参数配置与现实观察相匹配。本书拟用历史检验来测试仿真结果与历史数据是否存在较大的偏差。由于现实中并未像本书一样将供需比分为 MDOS 和 MDOD，且缺少可用的需求历史数据，因此无法用供需比进行历史性检验，此处用供给量和市场中介的订货量作为供给匹配程度 MDOS 进行历史性检验，其中生鲜农产品供给者的生产量作为供给量的历史数据。此外，还对市场售价进行历史性检验，其历史数据是该地区的每个周期的平均售价，具体数据如表 7 – 5 和表 7 – 6 所示。

表 7 – 5 供给量历史数据

单位：500 克	A 品质草莓		B 品质草莓		C 品质草莓	
	供给量	销售量	供给量	销售量	供给量	销售量
初始周期	265740	384350	585448	883236	764210	605746
第 1 周期	275147	276411	615201	826137	784390	767985
第 2 周期	239728	276411	601578	826137	712292	767985
第 3 周期	245800	384350	613393	883237	733294	605747
第 4 周期	288540	384350	623491	883237	725291	605747
平均供销比	0.79		0.71		1.12	

资料来源：作者自制。

表 7 – 6　　　　　　　　　　　　　　价格历史数据

单位：元/500 克	A 品质草莓价格	B 品质草莓价格	C 品质草莓价格
初始周期	54	32	14
第 1 周期	60	34	13
第 2 周期	64	37	14
第 3 周期	70	39	16
第 4 周期	73	41	17
平均增长率	7.5%	6%	5%

资料来源：作者自制。

如历史数据所示，A、B、C 品质草莓的平均供销比为 0.79、0.71、1.12，对比仿真结果发现，两者均展现了 A 品质和 B 品质草莓的需求不足而 C 品质草莓供给过多的情况，且仿真结果与草莓供需数据大体一致，如 MDOS_A、MDOS_B、MDOS_C 的均值为 0.72、0.73、1.17；对比市场售价的历史数据发现，A、B、C 品质草莓的实际市场售价的平均增长率为 7.5%、6%、5%，而仿真售价的平均增长率为 4.9%、4.3%、3.7%，两者之间的误差较小；除了上述的历史检验外，各类型农户的期望售价与访谈中得到的数据的均值相比误差不大，通常 A 品质在每斤 2 元以内，B 和 C 品质均在 1 元以内；而模拟的 MEPV 因与市场中介采购负责人所说的一致（在上一周期价格基础上加上通货膨胀），认为无误差等。由于各项误差在可接受范围，且仿真模型的结构无误，因此认为发现该仿真模型能够真实反映生鲜品的有效供给状况。

（二）利益诱导政策的仿真结果分析

利益驱动论指出高度地趋利避害是人类既普遍又深刻的一条基本规律，供给主体的生产供给行为是追求利益最大化的表现。基于前文中利益诱导对生鲜农产品有效供给行为的驱动研究可知，利益诱导因子大体可分为降低成本、提高售价、增加销量和精神利益四种，且可以用多种政策方法将各类利益诱导因子落实以进行对策实验。但在设计利益诱导政策进行仿真实验时，结合生鲜农产品供给的实际情况不难发现，部分政策方法会相互冲突，如提升单价会导致销量降低，无法形成有效的利益诱导，或是难以落实。因此，本节首先对前文中的利益诱导方法进行梳理，归纳出适合对策实验的方法；然后根据合适的政策方法依次对模型参数和变量进行调整以进行仿真实验分析；最后根据所有的仿真分析结果抽象出有利于解决生鲜农产品有效供给问题的一般性结论及管理启示，为下一章的政策建议奠定基础。

1. 利益诱导政策的选取

由前文中利益诱导对生鲜农产品有效供给行为的驱动研究可知，目前利益诱导因子有四大类，利益诱导政策则为九个，此处对这些政策方法进行逐一分析和合并归类，总结出适合仿真实验的政策方法。

（1）降低交易成本政策。在本模型中，交易成本 JC 仅指供给者与物流企业和金融机构交易协商所产生的物流费用 Logsitic Fee 和金融费用 Lend Interest，因此降低交易成本政策本质上可以通过降低物流价费 ULP 和借贷利率 σ 以提高生鲜农产品的利润。

（2）降低生产成本政策。在本模型中，生产成本 PC 是指生产生鲜农产品所花费的生产资料、劳动耗费 Labor Fee 和间接费用 Maintence，降低这三项花费就是降低生产成本，因此本质上可以通过降低单位生产面积所花费的生产资料、劳动耗费和间接费用以提高生鲜农产品的利润。

（3）提高单产政策。在本模型中，提高单产是指通过学习高效的种养殖技术、选取高产优质品种和改善生产环境以提高单位生产面积的生鲜农产品产出，这样同等成本下，能获取更多的产量。因此本质上可以提高生鲜农产品的技术应用 T、理论产量 TO 和环境影响。

（4）单价提升政策。生鲜农产品的单价提升会影响销量，导致销量的下降，供给主体不一定能获得额外利润。虽然本质上可以通过提高供给者的期望售价来实现提升单价政策，但难以作为利益诱导政策以促进有效供给行为。

（5）价格补贴政策。价格补贴是指政府为弥补因社会制度等原因造成生鲜农产品的价格过低，颁布的制度政策。价格补贴保护了生鲜农产品供给主体的生产积极性，因此可以通过在模型中增加价格补贴变量以提升供给主体的供给利润，以实现价格补贴政策促进有效供给行为的效果。但由于生鲜农产品并不属于必需品，价格补贴政策的实施给我国政府带来的经济负担较为严重，强行实施与现实脱轨，因此不适合作为仿真政策。

（6）宣传营销政策。宣传营销是通过宣传和提升口碑以形成具有一定影响力的品牌，进而扩大市场需求和销量。虽然本质上可以通过提高生鲜农产品的受众以实现市场需求扩大的情况，但由于生鲜农产品品牌宣传往往是以塑造区域品牌为主，只能吸引当地供给主体加大生产，容易形成盲目生产，无法聚焦到有效供给行为。

（7）精准生产政策。精准生产就是预测市场需求，并制定对应的生产计划以确保产品的供给能够满足需求。在精准生产中，合理的市场需求预测是必要前提，供给主体需要根据需求信息进行预测并制定相应的生产计划，进而认真实施。因此本质上精准生产就是完美的有效供给行为，但受限于市场的复杂性以及供给主体并非一个整体，该政策是难以实现的。

（8）鼓励表彰政策。鼓励表彰是政府和社会对某些贡献的认可和鼓励，即只有生鲜农产品供给主体做出符合政府和社会所期望的行为时才会受到鼓励表彰，也只有这些行为对社会形成了贡献，政府和社会才会认可，供给主体才会感到自己实现了价值。因此鼓励表彰政策本质上可以通过调整部分供给者模型中社会因素的权重指标 W_{i2} 来体现，即通常所说的树立典型。

（9）提升社会地位政策。提升社会地位特指能够后天通过努力而提升的自获地位，供给主体在摆脱盲目生产向有效供给转变时，其自获地位会因为经济地位和文化素质的改善而提升，虽然可以通过增加高素质人才在供给主体中的比例实现，但该政策的落实需要长时间的文化宣传和经济社会环境的转变，虽对生鲜农产品有效供给有一定的效果，但无法形成立竿见影的效果，并不适合作为仿真政策。

综合来看，宣传营销政策、单价提升政策、价格补贴政策、精准生产政策和提升社会地位政策都不适合用于实验仿真，其中宣传营销政策和单价提升政策分别从市场销量和供给利润两个方面给予供给者一定的利益诱导，有利于提高供给者的生产积极性，但无法聚焦于扩大有效供给行为；提升社会地位政策需要长时间的文化宣传，不适用于本书的仿真实验；价格补贴政策会使我国政府承受过高的经济负担，精准生产政策的前提是透明化的市场和统一的生产供给制度，两者与当前我国生鲜农产品的供给情况相悖，难以实施。

而降低交易成本政策、降低生产成本政策、提高单产政策和鼓励表彰政策适合作为本模型的仿真实验政策，其中降低交易成本政策、降低生产成本政策和提高单产政策都属于既能通过扩大供给者的利润以促使供给者扩大有效供给行为，也能避免销量降低而损害供给者扩大有效供给行为的积极性，具有较高的类似性，可以归结为提高供给利润政策，并以统一利益诱导政策进行仿真实验；鼓励表彰政策则是通过树立典型，提升供给主体对有效供给行为的感知利益，促使更多的供给主体实施有效供给行为。

因此目前只有降低交易成本政策、降低生产成本政策、提高单产政策和鼓励表彰政策属于较为可行的及时性政策手段，在后续的利益诱导政策仿真实验中，我们以提高供给利润政策进行仿真实验，同时还对鼓励表彰政策进行仿真实验，最后总结出利益诱导政策对生鲜农产品供给主体扩大有效供给行为的管理启示。

2. 提高供给利润政策仿真分析

无论是降低交易成本政策和降低生产成本政策，还是提高单产政策，本质上都是提高供给主体完成供给行为后所能获取的利润。鉴于当前低品质草莓过多而中高品质草莓不足的现状，为了扩大有效供给行为，我们同时降低了中高品质生鲜农产品的交易成本和生产成本，并提高了中高品质生鲜农产品的单位产量，使生鲜农产品供给主体能够因扩大 A 和 B 品质草莓的种植比例而获取更多的利润。基于初始数据仿真运行了该地区草莓的有效供给情况，运行结果如图 7 - 10、表 7 - 7 和表 7 - 8 所示。

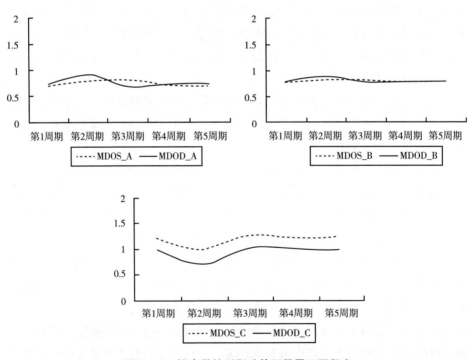

图 7 - 10　提高供给利润政策下供需匹配程度

资料来源：作者自制。

表 7 - 7　　　　　　　提高供给利润政策下供需匹配程度结果

周期	A 品质草莓		B 品质草莓		C 品质草莓	
	MDOS_A	MDOD_A	MDOS_B	MDOD_B	MDOS_C	MDOD_C
第 1 周期	0.7012	0.7449	0.7801	0.7760	1.2157	0.9817
第 2 周期	0.8147	0.9145	0.8128	0.8743	1.0075	0.7147
第 3 周期	0.8268	0.7114	0.8156	0.7735	1.2788	1.0192
第 4 周期	0.7118	0.7475	0.7847	0.7794	1.2124	0.9943
第 5 周期	0.7119	0.7473	0.7848	0.7795	1.2594	0.9999

资料来源：作者自制。

表 7 - 8　　　　　　　提高供给利润政策下市场售价和需求量

周期	草莓售价（元/500 克）			草莓需求量（500 克）		
	A 品质	B 品质	C 品质	A 品质	B 品质	C 品质
初始	54.6	32.4	14.6	365132.0	847907.0	587574.0
第 1 周期	57.68	33.73	15.21	365132.8	847907.1	587574.6
第 2 周期	61.28	36.21	15.82	262590.5	793091.9	744945.7
第 3 周期	64.29	38.24	16.49	365132.8	847907.1	587574.6
第 4 周期	67.36	39.92	17.11	365132.8	847907.1	587574.6
第 5 周期	70.41	41.79	17.74	365132.8	847907.1	587574.6

资料来源：作者自制。

对比基础情景和提高供给利润政策下的 A 品质和 B 品质草莓的售价 X_A、X_B 可发现，提高供给利润政策下的 A 品质和 B 品质草莓的售价相对较低，且 A 品质和 B 品质草莓的需求量 TP′_A、TP′_B 受售价和影响发生了变化，A 品质和 B 品质草莓的供给者与市场中介的供需匹配度 MDOS_A、MDOS_B 和市场中介与需求者的供需匹配度 MDOD_A、MDOD_B 都有一定程度的上升。C 品质草莓的售价和需求量都没有什么变化，而供给者与市场中介的供需匹配度 MDOS_C 和市场中介与需求者的供需匹配度 MDOD_C 的变化较小。

通过上述研究结论可知，受降低交易成本和降低生产成本的影响，部分对市场信息敏感且风险偏好较高（偏爱冒险）的生鲜农产品供给主体能够感知到种植 A 品质和 B 品质草莓的利润更高，且愿意为高额利润承担较大风险，会改变了他们的生产决策系数，提高了 A 品质和 B 品质草莓的种植比例，而另一部分的生鲜农产品供给主体由于自身对信息的接收能力有限，或是虽能接收到市场信息的变化但其风险偏好较低（较为保守），更依赖于以往经验，放弃了生产高利润的草莓，维持了他们原先的生产决策系数。最终这些微观层面上的改变涌现到宏观层面上，形成了中高品质草莓供需匹配虽有改善但仍有欠缺、而低品质草莓也仍是供大于求的局面。总而言之，单纯提高供给利润政策是无法达到扩大有效供给的效果，该政策在一定程度上改善了市场的结构性供需匹配，但仍不足以解决生鲜农产品的有效供给问题。

3. 鼓励表彰政策仿真分析

鼓励表彰政策的本质是树立典型和引领示范，以表彰种植模范的形式鼓励其他生鲜农产品供给主体向模范学习，抽象到本模型中就是调高供给者接收信息交互 SI_{it} 的权重指标 W_{i2}，以模拟供给主体向种植模范学习种植比例以扩大有效供给行为的情况。基于初始数据仿真运行了该地区草莓的有效供给情况，运行结果如图 7 – 11、表 7 – 9 和表 7 – 10 所示。

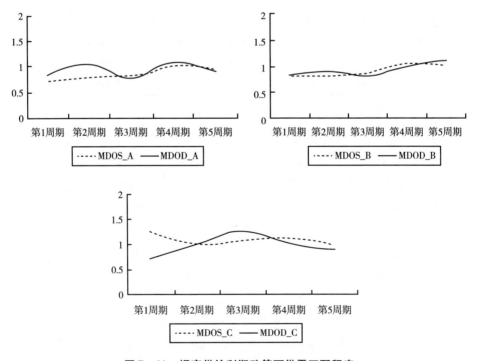

图 7 – 11　提高供给利润政策下供需匹配程度

资料来源：作者自制。

表 7 – 9   鼓励表彰政策下供需匹配程度结果

周期	A 品质草莓		B 品质草莓		C 品质草莓	
	MDOS_A	MDOD_A	MDOS_B	MDOD_B	MDOS_C	MDOD_C
第 1 周期	0.7246	0.8355	0.7814	0.7974	1.2721	0.7059
第 2 周期	0.8214	1.0742	0.8149	0.8910	1.0145	0.9999
第 3 周期	0.8058	0.7718	0.8347	0.8018	1.0701	1.2716
第 4 周期	1.0167	1.0962	1.0247	0.9999	1.1364	0.9999
第 5 周期	0.9271	0.9024	1.0151	1.1076	0.9641	0.9017

资料来源：作者自制。

表 7 – 10   鼓励表彰政策下市场售价和需求量

周期	草莓售价（元/500 克）			草莓需求量（500 克）		
	A 品质	B 品质	C 品质	A 品质	B 品质	C 品质
初始	54.6	32.4	14.6	365132.0	847907.0	587574.0
第 1 周期	58.48	34.79	15.05	262590.5	793091.9	744945.7
第 2 周期	61.51	36.82	15.66	262590.5	793091.9	744945.7
第 3 周期	64.67	38.59	16.31	365132.8	847907.1	587574.6
第 4 周期	66.70	40.11	16.99	365132.8	847907.1	587574.6
第 5 周期	69.25	41.78	17.66	365132.8	847907.1	587574.6

资料来源：作者自制。

对比表 7 – 4 和表 7 – 10 可发现，基础情景和鼓励表彰政策下的 A 品质、B 品质和 C 品质草莓的售价 X_A、X_B、X_C 和需求量 TP'_t_A、TP'_t_B、TP'_t_C 的数值变化不大，这是因为鼓励表彰政策不会对草莓售价产生影响，而 A 品质和 B 品质草莓的供给者与市场中介的供需匹配度 MDOS_A、MDOS_B 和市场中介与需求者的供需匹配度 MDOD_A、MDOD_B 都有一定程度的上升，C 品质草莓的供给者与市场中介的供需匹配度 MDOS_C 和市场中介与需求者的供需匹配度 MDOD_C 的数值一定程度上减少。

通过上述研究结论可知，调高供给者接收信息交互 SI_{it} 的权重指标 W_{i2} 会使所有的供给主体对周围供给主体中的成功示范更为上心，表现出愿意模仿示范典型的生产供给行为。受鼓励表彰政策的影响，供给主体均改变了原先的生产决策系数，其中部分供给主体受限于自身生产资源禀赋而调整较小，提高了

A 品质和 B 品质草莓的种植比例。这些微观层面上的改变涌现到宏观层面上形成如图 7-11 所示的趋势。在前三个生产周期中，A 品质草莓和 B 品质草莓的供给量得到了显著增加，而 C 品质草莓的供给量也显著减少，改善了有效供给问题，但从第四生产周期开始又出现了结构性的供需问题，即 A 品质草莓的供给量增多而 C 品质草莓的供给量降低的趋势。这说明鼓励表彰政策能够促使具备资源禀赋的供给主体受表彰对象高收益的影响而热衷于生产高利润的 A 和 B 品质草莓，但忽视了市场信息而形成了盲目生产，虽然在一定程度上改善了生鲜农产品的有效供给行为，但难以真正解决生鲜农产品长期的有效供给问题。

（三）风险控制政策的仿真结果分析

生鲜农产品供给的风险控制是指采取各种措施和方法，消灭或减少风险事件发生的各种可能性，或减少风险事件发生时造成的损失，即通过风险转移和损失控制的方式来处理生鲜农产品有效供给行为所面临的风险，避免出现因风险回避和风险自留而影响有效供给行为的情况。基于前文中风险控制对生鲜农产品有效供给行为的驱动研究，将十三类风险按照类型和处理方式合并归类为政策法规风险、财务风险、人为风险、市场风险、生产风险和完成风险六种信息失真风险、材料设施风险和技术风险可归为生产风险，污染风险、自然环境风险、生物病害风险和运输仓储风险则归为完成风险。影响生鲜农产品有效供给行为的风险因子有多种，但在设计风险控制政策进行仿真实验时，结合生鲜农产品供给的实际情况不难发现，部分影响有效供给行为的风险因具有相似性，可以进行合并，如财务风险和生产风险，而部分风险则无须仿真实验，如政策法规风险和人为风险。同理，本节首先对生鲜农产品有效供给行为的风险进行梳理，归纳出适合对策实验的方法；然后根据合适的政策方法依次对模型参数和变量进行调整以进行仿真实验分析；最后根据仿真分析结果抽象出有利于解决生鲜农产品有效供给问题的一般性结论及管理启示，为下一章的政策建议奠定基础。

1. 风险控制政策的选取

按照类型和处理方式可将风险控制政策划分为六种，此处对这些政策方法进行逐一分析，归纳出适合仿真实验的政策方法。

（1）政策法规风险控制政策。政策法规风险是指因颁布或修订法规导致生鲜农产品供给的市场需求、收费、成本、要求等发生变化，进而影响生鲜农产品有效供给行为的风险。中国作为人口众多的农业大国，始终坚持农业是我国经济发展、社会稳定和国家自立的基础，把"三农"问题放在国家建设的首位，且近年中央一号文件也频频提出保障农产品有效供给，以此为长久的农业改革方针。本书不考虑政策法规会发生较大变动而导致生鲜农产供给出现较大问题的情况。

（2）财务风险控制政策。在本模型中，财务风险是指由于成本上涨、费用收取困难、价格变动、资金链断裂等原因导致生鲜农产品的有效供给行为无法达到预期水平的风险。那么财务风险控制政策就是在财务风险发生时，确保生鲜农产品供给主体能够获取金融机构所提供的服务，以避免造成因资金链断裂而无法实施有效供给行为。本质上可以通过调整模型中金融机构的放贷标准，以实现为所有类型的供给主体提供金融服务。

（3）人为风险控制政策。人为风险是指因恶意破坏、操作失误、人员素质不足等因素而影响生鲜农产品有效供给行为的风险。而人为风险控制政策是指多种渠道，确保生鲜农产品供给主体能够胜任生鲜农产品的生产供给工作，避免造成人为风险。由于生鲜农产品的供给主体大多是从事多年的农民或热衷于农业的新职业农民，且经过访谈得知，草莓种植园区里龙头企业聘请多为熟练工和当地农民，鲜有因操作失误和恶意破坏等人为原因导致的无效供给行为，因此本模型没有将人为风险纳入风险控制政策的考虑对象。

（4）生产风险控制政策。在本模型中，生产风险是指在生鲜农产品的生产环节中因沟通问题、不合理的生产行为、设备故障、生产技术等原因而导致出现影响有效供给行为的风险，因此，信息失真风险、材料设施风险和技术风险可归属于生产风险。而生产风险控制是指通过升级农用设备、优化沟通平台、学习科学技术等方式减少上述生产风险的发生概率，避免在生产过程中发生无法补救的风险后果。由于自身素质和生产要素落后，生产风险往往发生于传统类型供给主体，本质上可以通过调整或提高该类型供给主体的技术应用 T、社会因素的权重指标 W_{12} 来实现生产风险的控制政策。

（5）完成风险控制政策。在本模型中，完成风险是指因仓储运输、自然环境、生物病害等外部因素而导致生鲜农产品的数量和质量未能如期达到预期标准的风险，污染风险、自然环境风险、生物病害风险和运输仓储风险归属于完成风险。完成风险控制政策是指通过意外保险的方式减少因意外发生所造成的损失，本质上可以在模型中添加保险变量和参数，以降低完成风险造成的损失，实现促进有效供给行为的效果。

（6）市场风险控制政策。在本模型中，市场风险是指由于宏观经济、社会环境、法律法规调整等因素导致市场需求发生变化的风险。而市场风险控制政策是指通过最低收购价的形式为生鲜农产品供给主体提供保底价格，进而减少市场风险发生所带来的损失。本质上可以在模型中修改市场中介主体和供给者主体的协商交易规则，以降低市场风险造成的损失，进而促进有效供给行为的效果。

综上所述，首先，鉴于我国国情和调研情况，政策法规风险的发生概率较低且难以控制，只能通过风险承担的形式解决，而人为风险的发生概率同样较低，鲜有出现因操作失误和恶意破坏的情况，因此本模型没有将二者纳为风险控制政策的考虑对象；其次，财务风险和生产风险可合并为资源禀赋风险，通过统一的风险控制政策进行仿真实验；再次，完成风险多为外部因素的意外导致，该类型风险的控制政策可以通过意外保险的方式进行仿真实验；最后，市场风险控制政策以最低收购价的形式进行仿真。因此在后续的风险控制政策仿真实验中，我们对模型做出了放贷标准、技术应用、社会因素的权重指标等多项调整以进行资源禀赋风险控制政策的仿真实验，并采取了意外保险来实现完成风险控制的仿真实验，同时以最低收购价的形式进行了市场风险控制政策，最后总结出风险控制政策对生鲜农产品供给主体扩大有效供给行为的管理启示。

2. 资源禀赋风险控制政策仿真分析

资源禀赋风险控制政策包含了财务风险控制和生产风险控制，现实中就是通过改善农户小额贷款环境、农业技术推广、信息透明化等多种方式提升生鲜农产品供给主体的资源禀赋以降低这些风险发生的概率。为了实现这一风险控制效果，本书通过调整模型中金融机构的放贷标准，同时提高部分类型供给主体的科学技术要素 T、社会因素的权重指标 W_{i2} 和市场信息要素的权重指标 W_{i3} 等，以减少供给主体因自身资源禀赋不足而放弃有效供给行为的发生。基于初始数据仿真运行了该地区草莓的有效供给情况，仿真结果和部分数据如图 7-12、表 7-11、表 7-12 和表 7-13 所示。

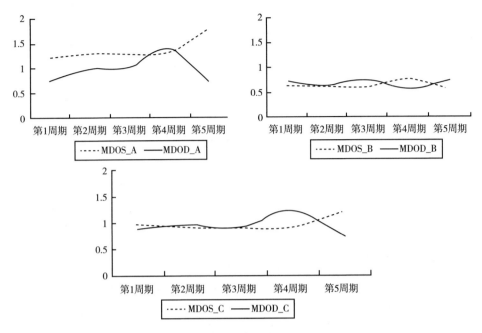

图7-12　资源禀赋风险控制政策下供需匹配程度结果

资料来源：作者自制。

表7-11　　　　　　　资源禀赋风险控制政策下供需匹配程度结果

周期	A 品质草莓		B 品质草莓		C 品质草莓	
	MDOS_A	MDOD_A	MDOS_B	MDOD_B	MDOS_C	MDOD_C
第 1 周期	1. 1924	0. 7278	0. 6359	0. 7285	0. 9643	0. 8892
第 2 周期	1. 2772	0. 9999	0. 6213	0. 6359	0. 9087	0. 9643
第 3 周期	1. 2895	0. 9999	0. 6183	0. 7628	0. 9022	0. 9087
第 4 周期	1. 2903	1. 3905	0. 7588	0. 5515	0. 9019	1. 2317
第 5 周期	1. 7953	0. 7192	0. 5507	0. 7588	1. 2318	0. 7325

资料来源：作者自制。

表7-12　　　　　　　资源禀赋风险控制政策下市场售价和需求量

周期	草莓售价（元/500 克）			草莓需求量（500 克）		
	A 品质	B 品质	C 品质	A 品质	B 品质	C 品质
初始	54. 6	32. 4	14. 6	365132. 0	847907. 0	587574. 0
第 1 周期	56. 75	33. 79	14. 82	365132. 8	847907. 1	587574. 6
第 2 周期	59. 40	35. 35	15. 39	365132. 8	847907. 1	587574. 6

续表

周期	草莓售价（元/500 克）			草莓需求量（500 克）		
	A 品质	B 品质	C 品质	A 品质	B 品质	C 品质
第 3 周期	62.29	37.14	16.16	365132.8	690559.1	587574.6
第 4 周期	65.42	38.93	16.98	262590.5	950555.0	430407.9
第 5 周期	67.91	40.89	17.84	365132.8	690559.1	587574.6

资料来源：作者自制。

表 7 – 13　　　基础运行和资源禀赋风险控制政策下生产决策系数对比

周期	编号	基础运行下生产决策系数			信息透明化政策下生产决策系数		
		Value_A	Value_B	Value_C	Value_A	Value_B	Value_C
第 1 周期	S_{101}	0.2575	0.3914	0.3511	0.2575	0.3914	0.3511
第 2 周期	S_{101}	0.2415	0.3760	0.3824	0.4932	0.3575	0.1493
第 3 周期	S_{101}	0.2431	0.3786	0.3783	0.5338	0.3385	0.1277
第 4 周期	S_{101}	0.2444	0.3797	0.3759	0.5398	0.3344	0.1258
第 5 周期	S_{101}	0.2454	0.3796	0.3750	0.5416	0.3324	0.1259

资料来源：作者自制。

图 7 – 12 和表 7 – 11 显示了五个生产周期中资源禀赋风险控制政策下供需匹配程度结果，该政策下平均 MDOS_A、MDOS_B、MDOS_C 大约分别为 1.3、0.6、1，说明 A 品质草莓的供给量是大于市场中介的预期收购的，B 品质草莓的供给量低于市场中介的预期收购量，而 C 品质草莓则和市场中介的预期收购量基本持平。将原本低品质过多，高品质和中品质过少的供给结构改变成高品质过多、低品质持平、中品质欠缺的供给结构。这是由于资源禀赋风险控制政策下各类型供给者没有了财务风险、信息失真风险、材料设施风险和技术风险的桎梏，供给者均按照利益最大化原则采取供给行为，A 品质草莓的利润最高，容易造成供给者主体盲目生产 A 品质草莓形成"一窝蜂"的状况。

由表 7 – 11 和表 7 – 12 的数据可知，当资源禀赋风险控制政策下市场出售价 X_A、X_B、X_C 的平均增长率较低时（小于5%），没有超出需求者的预期售价 PF，各品质草莓的需求量无变化，需求匹配程度 MDOD 也因此趋于稳定。当市场出售价 X_A、X_B、X_C 的平均增长率大于5% 时，市场售价大于价格预期 PF，导致各品质草莓的需求量降低，需求匹配程度 MDOD 也因此产生波动。说明市场中介主体是根据上一周期需求者的需求量 TP'_{t-1} 调整当期的预期进货量 $MEPV_t$，使当期的可供出售量 MSV_t 与需求量 TP'_t 吻合趋向于 1，但如果当期需求量 TP'因为价格的波动而变化频繁，市场中介主体就难以保证需求匹配程度 MDOD 的稳定。简单地说，市场中介能够根据上一周期的需求量调整当前的进货量，使当期的可供出售量和需求量相匹配，但作用有限。

表 7 - 13 显示了五个生产周期中 S_{101} 号供给主体在两种政策下的生产决策系数，基础运行下该供给主体的生产决策系数 Value_A/B/C 变化不大，趋于平稳，供给者依赖于以往经验不愿意改变种植比例，而资源禀赋风险控制政策下该供给主体的生产决策系数 Value_C 的下降，Value_A 上升，供给主体愿意改变种植比例追求额外利益。说明在资源禀赋风险控制政策下，供给者主体的行为更加理性化，会按照周围供给者的供给收益情况、利润和市场反馈等信息来调整不同品质草莓的种植规模。

通过上述研究结论可知，资源禀赋风险控制政策下的生鲜供给主体不再受限于自身的资源禀赋桎梏，也更容易获取市场信息，所有类型的供给主体以追求利益为主要目标，改变了原先的生产决策系数，即提高利润最高的 A 品质草莓种植比例，并降低利润较低的 B 品质和 C 品质的草莓种植比例。这些微观层面上的改变涌现到宏观层面上，形成了 A 品质草莓和 B 品质草莓的供给量得到了显著的增加而 C 品质草莓的供给量也显著减少的供需局面。这说明资源禀赋风险控制政策下的生鲜供给主体容易形成的盲目生产，市场中介虽能起到引导供给的作用，但程度有限。因此，该政策无法真正地解决生鲜农产品长期的有效供给问题，还需在实施资源禀赋风险控制政策的基础上通过其他政策合理引导生鲜供给主体的供给行为。

3. 完成风险控制政策仿真分析

完成风险控制政策是用于针对污染风险、自然环境风险、生物病害风险和运输仓储风险等生产供给环节中所可能发生的意外风险，通常这类意外风险是供给主体难以预料和控制的，因此无法像资源禀赋风险控制政策一样制定预防措施来减少发生概率，只能通过意外保险的形式降低风险发生所造成的损失。由于基础情景的仿真结果未发生意外风险，难以和完成风险控制政策的仿真结果进行对比，因此本书首先调整了灾害意外的发生概率并重新进行了仿真模拟（命名为"基础情景二"），仿真结果如图 7 - 13、表 7 - 14 和表 7 - 15 所示；其次在"基础情景二"的仿真环境中，加入了意外保险变量用以减轻污染风险、自然环境风险、生物病害风险和运输仓储风险等风险所带来的损失，仿真结果和部分数据如图 7 - 14、表 7 - 16 和表 7 - 17 所示。

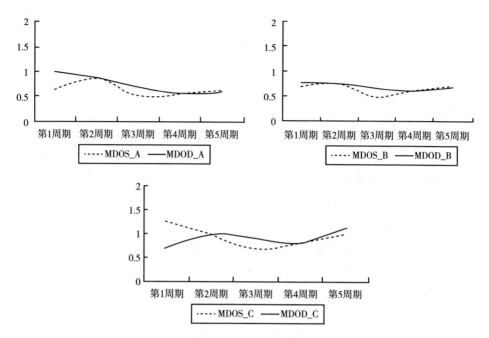

图 7 - 13　基础情景二下供需匹配程度结果

资料来源：作者自制。

表 7 - 14　　　　　　　　基础情景二下供需匹配程度结果

周期	A 品质草莓		B 品质草莓		C 品质草莓	
	MDOS_A	MDOD_A	MDOS_B	MDOD_B	MDOS_C	MDOD_C
第 1 周期	0.6383	1.0120	0.7107	0.7760	1.2717	0.7013
第 2 周期	0.8730	0.8875	0.7628	0.7699	1.0071	0.9999
第 3 周期	0.4965	0.6718	0.4771	0.6713	0.6841	0.9182
第 4 周期	0.5484	0.5617	0.6157	0.6182	0.8114	0.8216
第 5 周期	0.6109	0.6074	0.7034	0.7016	1.0216	1.1314

资料来源：作者自制。

表 7 - 15　　　　　　　　基础情景二下市场售价和需求量

周期	草莓售价（元/500 克）			草莓需求量（500 克）		
	A 品质	B 品质	C 品质	A 品质	B 品质	C 品质
初始	54.6	32.4	14.6	365132.0	847907.0	587574.0
第 1 周期	58.56	34.93	15.05	262590.5	793091.9	744945.7
第 2 周期	61.65	36.82	15.66	262590.5	793091.9	744945.7

续表

周期	草莓售价（元/500 克）			草莓需求量（500 克）		
	A 品质	B 品质	C 品质	A 品质	B 品质	C 品质
第 3 周期	68.67	43.59	17.31	262590.5	690559.1	587574.6
第 4 周期	67.47	40.51	16.47	365132.8	847907.1	744945.7
第 5 周期	71.14	42.77	18.01	365132.8	847907.1	587574.6

资料来源：作者自制。

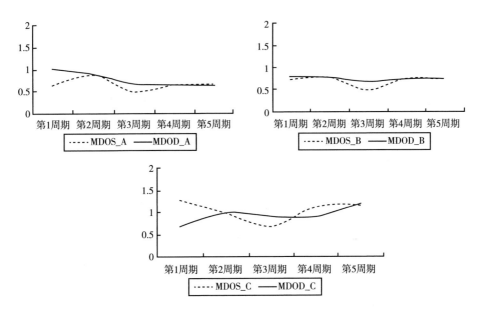

图 7 – 14　完成风险控制政策下供需匹配程度结果

资料来源：作者自制。

表 7 – 16　　　　　　　　完成风险控制政策下供需匹配程度结果

周期	A 品质草莓		B 品质草莓		C 品质草莓	
	MDOS_A	MDOD_A	MDOS_B	MDOD_B	MDOS_C	MDOD_C
第 1 周期	0.6383	1.0120	0.7107	0.7760	1.2717	0.7013
第 2 周期	0.8730	0.8875	0.7628	0.7699	1.0071	0.9999
第 3 周期	0.4965	0.6718	0.4771	0.6713	0.6841	0.9182
第 4 周期	0.6341	0.6261	0.7293	0.7269	1.1414	0.9216
第 5 周期	0.6374	0.6355	0.7257	0.7232	1.1732	1.2117

资料来源：作者自制。

表 7 - 17   完成风险控制政策下市场售价和需求量

周期	草莓售价（元/500 克）			草莓需求量（500 克）		
	A 品质	B 品质	C 品质	A 品质	B 品质	C 品质
初始	54.6	32.4	14.6	365132.0	847907.0	587574.0
第 1 周期	58.63	35.07	15.17	262590.5	793091.9	744945.7
第 2 周期	62.01	36.82	15.82	262590.5	793091.9	744945.7
第 3 周期	68.81	43.68	17.51	262590.5	690559.1	587574.6
第 4 周期	67.92	40.61	17.14	365132.8	847907.1	744945.7
第 5 周期	70.84	42.29	17.84	365132.8	847907.1	587574.6

资料来源：作者自制。

图 7 - 13、表 7 - 14 和表 7 - 15 显示了基础情景二下的供需匹配结果、市场售价和需求量。与基础情景相比，第 1 周期到第 2 周期间 A 品质、B 品质和 C 品质草莓的售价和需求量都没变化；但到了第 3 周期，由于污染风险、自然环境风险、生物病害风险和运输仓储风险等意外风险的发生，所有品质的草莓的可供销售量均大幅度下降，市场中介收购到的草莓数额远小于以往的需求额，形成了供小于求的局面。严重下滑的市场库存量导致所有品质的草莓售价都大幅度上涨，面对昂贵的草莓售价，需求者也会降低需求量。受意外风险的影响，第 4 周期的供给主体出现了较为明显的供给不足情况，甚至第 5 周期也出现了不明显的波动。总体可认为，意外风险会对草莓的生产造成严重的影响，而市场机制会通过改变价格来平衡供需，且会对后续生产周期的供给造成影响。

图 7 - 14、表 7 - 16 和表 7 - 17 显示了完成风险控制下的供需匹配结果、草莓售价和草莓需求量。与基础情景二相比，前三个周期的 MDOS 和 MDOD 并无区别，而完成风险控制下的草莓售价普遍略高一点，这是因为供给主体购买了意外保险，导致生产成本上升，进而使得市场中介制定的售价上升，因草莓售价的涨幅偏小，草莓需求量并没有因此发生波动。由于供给主体购买了意外风险的保险，在第 4 周期和第 5 周期时，所有品质草莓的 MDOD 和 MDOS 数值都比基础情景二中的数值更高，而草莓的售价 X 和比基础情景二中的数值有小幅下降，与未发生意外风险的基础情景大致相同。这说明完成风险控制政策会对给供给主体造成了一定的负担，即供给主体购买保险，导致了生产成本的增加。虽然在无意外风险发生的时候，保险不会发挥作用，但是只要发生意外风险，供给主体就能获取相应损失的赔偿，获取足够的资金以支持下一次的生产供给活动。

通过上述研究结论可知，一方面，完成风险控制政策对生鲜供给主体的生产供给会造成轻微的负担，但该负担会随着生鲜农产品的出售而被转移。另一方面，完成风险控制政策会对意外风险发生后造成的损失有较好的改善，提高了供给主体的抗风险能力。因此，虽然该政策无法真正改善生鲜农产品长期的有效供给问题，但能为部分资金紧缺的供给主体提供生产保障。

4. 市场风险控制政策仿真分析

与完成风险类似，市场风险也属于供给主体难以预料和控制的意外风险，因此本书利用政策工具以降低风险损失的形式来实现风险控制，本书以制定最低收购价的方法为生鲜农产品供给主体提供保底价格，进而减少市场风险发生所带来的损失。为了验证这一政策的效果和防止资源禀赋风险与完成风险对结果造成的干扰，本书先调整模型中金融机构的放贷标准，同时提高部分类型供给主体的科学技术要素 T、社会因素的权重指标 W_{i2} 和市场信息要素的权重指标 W_{i3} 等，还屏蔽了自然环境因素的影响，最后修改了市场中介主体和供给者主体的协商交易规则，使市场中介主体会以一个保底的价格收购供给者的产品，减轻了市场风险发生时所造成的损失，让供给者不至于以极低的价格贱卖。基于初始数据仿真运行了该地区草莓的有效供给情况，运行结果如图 7 - 15、表 7 - 18 和表 7 - 19 所示。

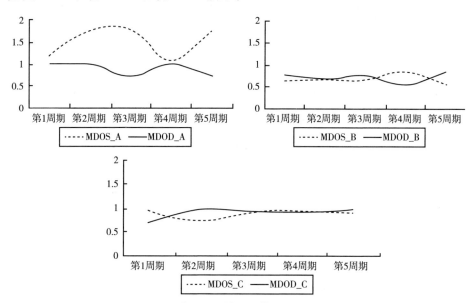

图 7 - 15　市场风险控制政策下供需匹配程度

资料来源：作者自制。

表 7 - 18 市场风险控制政策下供需匹配程度

周期	A 品质草莓		B 品质草莓		C 品质草莓	
	MDOS_A	MDOD_A	MDOS_B	MDOD_B	MDOS_C	MDOD_C
第 1 周期	1.1924	1.0120	0.6359	0.7760	0.9643	0.7013
第 2 周期	1.7712	0.9999	0.6652	0.6798	0.7180	0.9643
第 3 周期	1.7870	0.7192	0.6627	0.7640	0.9035	0.9103
第 4 周期	1.0840	1.0032	0.8608	0.5529	0.9549	0.9036
第 5 周期	1.7539	0.7192	0.5626	0.8608	0.9075	0.9549

资料来源：作者自制。

表 7 - 19 市场风险控制政策下市场售价和需求量

周期	草莓售价（元/500 克）			草莓需求量（500 克）		
	A 品质	B 品质	C 品质	A 品质	B 品质	C 品质
初始	54.6	32.4	14.6	365132.0	847907.0	587574.0
第 1 周期	57.93	34.62	15.33	262590.5	793091.9	744945.7
第 2 周期	61.23	36.75	16.09	262590.5	793091.9	587574.6
第 3 周期	64.29	38.79	16.90	365132.8	690559.1	587574.6
第 4 周期	67.70	40.73	17.75	262590.5	950555.0	587574.6
第 5 周期	71.09	42.76	18.63	365132.8	690559.1	587574.6

资料来源：作者自制。

图 7 - 15 和表 7 - 18 显示了市场风险控制政策下的供需匹配结果，该政策下的平均 MDOS_A、MDOS_B、MDOS_C 大约为 1.5、0.7、0.9，比资源禀赋风险控制政策下的 A 品质和 B 品质的平均 MDOS 高，比资源禀赋风险控制政策下的 C 品质低。说明市场风险控制政策为供给主体提供了保底价格，这只会加重生鲜供给主体的趋利本性，使原本的盲目生产更加严重，无法促进有效供给行为的扩大。

对比表 7 - 4 和表 7 - 19 中的市场售价 X 不难发现，市场风险控制政策下的市场售价 X 较高，且上下波动较大，受市场售价的影响，需求者的需求量 TP_i' 的波动也更为剧烈，而市场的预期收购量 MEPV 也随之波动较大，最终使得 MDOS_A、MDOS_B、MDOS_C 和 MDOD_A、MDOD_B、MDOD_C 发生更大幅度的变动。说明价格的变化导致需求量 TP_i' 波动频繁且使得市场中介更难通过调整 MEPV 来保证供需匹配程度。

通过上述研究结论可知，由于市场风险控制的本质是以保底价格收购供给者的生鲜品，供给者主体的利益虽然因此得到提升，但无法形成结构性和实时的利益诱导。如图 7 - 15 和表 7 - 18 所示，由于逐利的天性，具备高水平生产技术的供给者更偏向于利润较高的 A 品质草莓，导致 B 品质草莓产量较少供不应求。市场收购补贴政策无法及时引导供给者主体生产供给不足的 B 品质草莓，未起到解决盲目供给的作用，即简单减轻市场风险所造成的损失无法促进有效供给行为的形成，还需其他利益诱导和风险控制政策的配合。

（四）利益诱导与风险控制双重驱动政策的仿真结果分析

基于利益诱导和风险控制政策的仿真结果可知，单独的利益诱导政策和风险控制政策均无法促进供给主体扩大有效供给行为。因此本节基于第四章中利益诱导和风险控制的双重驱动机理，设计出适合仿真实验的双重驱动政策，并据此对模型的参数和变量进行调整以进行仿真实验分析，最后根据仿真分析结果抽象出有利于解决生鲜农产品有效供给问题的一般性结论及管理启示，为下一章的政策建议奠定基础。

1. 双重驱动政策的选取

鉴于利益诱导和风险控制的双重驱动机理可知，利益诱导是促进生鲜农产品供给主体采用有效供给行为的动力源泉，在考虑到生产周期的前提下，通过多种途径将市场需求以利益诱导的形式直接传递给供给主体，以取得促进供给主体实施有效供给行为的效果。而风险控制则是帮助供给主体脱离各类风险的桎梏，避免供给主体因风险原因而没有采取有效供给行为。借用推拉理论的术语，根据市场需求所设计的利益诱导政策就是拉力，即利用有利因素吸引供给主体采取有效供给行为，同时未采用有效供给行为所导致的不利后果则成为推动力，即无法获取足够利益的消极因素会推动供给主体采取有效供给行为，而风险属于中间障碍因素，会影响拉力的效果，使其难以发挥作用。为此，本模型中双重驱动政策是以风险控制为基础，先消除供给主体采取有效供给行为的中间障碍因素，再根据市场需求设计利益诱导政策，以提高供给主体实施有效供给行为的积极性，最终实现生鲜农产品的有效供给。

2. 双重驱动政策的仿真分析

双重驱动政策本质上是以上两节中利益诱导和风险控制政策的仿真实验为基础，调整模型中的相关参数和协商交易规则来实现双重驱动政策。先降低了中高品质生鲜农产品的交易成本、生产成本，提高中高品质生鲜农产品的单位产量，再改善供给主体和外部环境，以及相互之间信息交互的能力，以形成学习榜样和树立典型的效果。同时减轻资源禀赋风险发生概率，减少完成风险和市场风险发生所造成的损失，以降低供给主体的忧虑，最终实现风险控制和利益诱导的双重驱动效果。具体来说，就是调整仿真模型中相应变量的参数，再改变协商交易规则，添加相应的决策编程语句。基于初始数据仿真运行了该地区草莓的有效供给情况，运行结果如图 7－16、表 7－20 和表 7－21 所示。

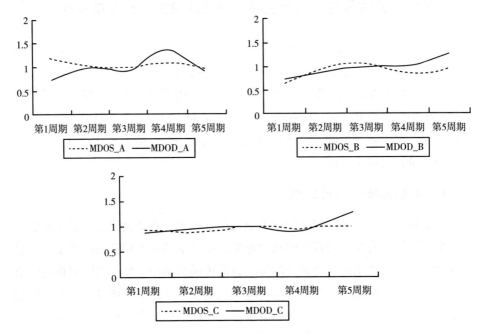

图 7－16 双重驱动政策下供需匹配程度

资料来源：作者自制。

表 7－20   双重驱动补贴政策下供需匹配程度

周期	A 品质草莓		B 品质草莓		C 品质草莓	
	MDOS_A	MDOD_A	MDOS_B	MDOD_B	MDOS_C	MDOD_C
第 1 周期	1.1924	0.7278	0.6359	0.7285	0.9643	0.8892
第 2 周期	1.0231	0.9999	0.9741	0.8798	0.9087	0.9643
第 3 周期	0.9870	0.9192	1.0624	0.9999	1.0035	0.9999
第 4 周期	1.0840	1.3513	0.8608	0.9999	0.9549	0.9036
第 5 周期	0.9539	0.9156	0.9626	1.2547	1.0175	1.2739

资料来源：作者自制。

表 7 – 21 双重驱动政策市场售价和需求量

周期	草莓售价（元/500 克）			草莓需求量（500 克）		
	A 品质	B 品质	C 品质	A 品质	B 品质	C 品质
初始	54.6	32.4	14.6	365132.0	847907.0	587574.0
第 1 周期	56.75	33.79	14.82	365132.8	793091.9	587574.6
第 2 周期	58.41	35.71	16.34	365132.8	793091.9	587574.6
第 3 周期	59.33	37.24	17.06	365132.8	793091.9	587574.6
第 4 周期	63.02	38.96	17.64	262590.5	793091.9	587574.6
第 5 周期	65.35	41.78	18.84	365132.8	690559.1	430407.9

资料来源：作者自制。

观察图 7 – 16 和表 7 – 20 的数据不难发现，利益诱导和风险控制的双重驱动政策，从交易成本、生产成本、树立典型、单位产量、资源禀赋风险、完成风险和市场风险等多方面提高生鲜农产品供给主体的感知利益和降低感知风险。与基础情景相比，使供给者主体倾向于扩大中高品质草莓的种植规模，需求也受到售价的影响而下降，有效改善了 MDOS_A、MDOS_B、MDOS_C 和 MDOD_A、MDOD_B、MDOD_C 的匹配程度。虽然有较小波动但整体上看供需匹配程度是较高的，MDOS_A、MDOS_B、MDOS_C 和 MDOD_A、MDOD_B、MDOD_C 也均趋向于 1 的。说明双重驱动政策能够起到扩大有效供给行为的作用，但当期需求是难以预期的，因此完全消除无效供给是不可能的，只能保持动态的匹配平衡。

第八章 生鲜农产品有效供给的利益诱导和风险控制驱动对策与保障研究

本章将在前面理论分析和仿真实验的基础上，研究生鲜农产品有效供给的利益诱导与风险控制驱动对策和保障措施，确保生鲜农产品有效供给的利益诱导和风险控制驱动方案在政策层面上的落实，为协助政府推进生鲜农产品供给侧结构性改革和改善生鲜农产品的有效供给提供理论支撑与实践指导。

第一节 生鲜农产品有效供给的利益诱导与风险控制驱动对策

生鲜农产品有效供给是一个系统概念，供给主体的积极性是其中的一个重要因素，而其他参与主体的行为决策也具有一定的影响作用。这说明虽然供给主体是利益诱导和风险控制的主要驱动对象，但也需要形成系统性、多层面、多主体的对策建议。为此，本节以第六章的政策仿真分析为基础，从利益诱导驱动政策、风险控制驱动政策和双重驱动政策出发，补充完善了生鲜农产品有效供给的利益诱导和风险控制驱动对策体系。

（一）利益诱导的驱动对策

为了推动生鲜农产品有效供给的实现和确保政策的落地，此处提出了以利益诱导政策为核心的驱动对策体系，包括驱动对策的作用对象、对策手段和预期效果。

1. 作用对象

由前文的研究结果可知，供给主体的积极性是实现生鲜农产品有效供给的关键，但整个供给过程的实现离不开其他参与主体的协助，因此必须动员所有生鲜农产品供给的参与主体，包括供给主体、生产资料供应商、金融机构、物流企业、生鲜市场中间商和需求主体等。

2. 对策手段

基于第六章中对利益诱导政策的仿真分析可知，宣传营销政策和单价提升政策有利于提高供给者的生产积极性，但无法聚焦于扩大有效供给行为；价格补贴政策会使我国政府承受过高的经济负担，精准生产政策的前提是透明化的市场和统一的生产供给制度，两者与当前我国生鲜农产品的供给情况相悖，难以实施。而提升社会地位政策虽然对生鲜农产品有效供给的实现起到一定的作用，但需要长时间的文化宣传和社会经济环境改善，只有降低交易成本政策、降低生产成本政策、提高单产政策和鼓励表彰政策是目前我国较为可行的及时性对策手段。

鉴于我国社会主义市场经济体制和农业供给侧改革的大背景，以及考虑到目前生鲜农产品市场短缺与过剩并存的现象严重，本书认为，前文中利益诱导政策的仿真分析仅聚焦于较为可行的及时性利益诱导政策，因此还需要以仿真结果中的及时性政策为基础，进行长期政策和政策调整等方面的补充和完善，并将整个利益诱导的对策实施分为三个阶段：转变阶段、稳定阶段和维护阶段。

第一阶段是对当前我国生鲜农产品供给乱象的应对手段，通过制定周期短、代价低、时效快的利益诱导对策手段，激发供给主体的主观能动性，促使其采用有效供给行为，及时改变当前生鲜农产品供给的乱象，为后续实现有效供给奠定基础。适合此阶段实施的对策手段有降低交易成本政策、降低生产成本政策和鼓励表彰政策，其中降低交易成本政策和降低生产成本政策是通过降低中高品质生鲜农产品的交易成本和生产成本以吸引供给主体的种植，而鼓励表彰政策则是通过树立典型的方式，让更多的供给主体明白中高品质生鲜农产品能够带来更多利益，本质上都是提升供给主体对有效供给行为的感知，使其认为有效供给行为是有利可图的，进而愿意采取有效供给行为。

第二阶段是第一阶段的延伸，通过改变整个生鲜农产品供需系统及其参与主体，从根源上改善生鲜农产品供给状况，起到长期稳定的作用。从生鲜农产品供需系统的角度出发，根据实际情况颁布有效、稳定、全面的长期激励制度，建立评奖评优的活动，形成适合生鲜农产品有效供给的社会经济环境。适合此阶段的对策手段有提升社会地位政策、宣传营销政策和提高单产政策，其中提升社会地位政策是通过长时间的文化宣传和转变传统思想观念，使农民成为令人羡慕的职业，吸引高素质人才的加入，提高高素质人才在供给主体中的比例；宣传营销政策是通过改善区域品牌和生鲜口碑，提高影响力，进而扩大市场需求和销量；提高单产政策则是通过推动农业科技的研发和应用，实现以同等成本获取更多的产量。虽然上述政策的形式多变，但都是从根源上改善供给主体的素质，扩大有效供给行为。

值得注意的是，第二阶段需要针对整个供需系统进行全方位的对策设计，且以保障生鲜农产品有效供给的长期发展为目标，因此，还补充了针对其他参与主体和整个供需系统的对策手段。首先，通过对策手段进行区位布局，建立为生鲜农产品供给主体服务的配套基础设施，包括获取供需信息的信息平台，推广农业技术的宣传渠道，运输仓储的冷链物流，保障资金的金融机构等；其次，通过对策手段加强生鲜农产品的产学研一体化，推动科技创新向"政产学研用"发展，增强技术创新、培养生鲜人才、实现技术应用；最后，通过对策手段营造适合生鲜农产品有效供给实现的经济社会环境，既包括激励性质的引导政策，也包括惩罚性质的规章制度。

第三阶段是对前两个阶段查漏补缺的调整手段，根据生鲜农产品的供给情况，及时调整短期利益诱导对策，为生鲜农产品有效供给保驾护航，同时根据社会背景和经济发展趋势，重新规划长效激励制度，以明确未来的发展方向。鉴于第三阶段的主要目的是查漏补缺，适合此阶段的对策手段有建立生鲜农产品供给的监督政策和调整制度。前者主要是通过建立完善的监督审查制度以确保监督结果能够及时反馈给对策制定者，后者主要是通过专项的调整制度保证前两个阶段的对策手段具备有效性和动态性。

3. 预期效果

第一阶段是转变期，针对生鲜农产品供给主体，通过及时性的利益诱导对策，形成内源式激励和正确的供给引导，尝试从供给源头改善当前生鲜农产品供给的乱象，期望改变供给主体对有效供给行为的感知利益，激发其主观能动性，愿意采取符合当前市场需求的生产供给计划，实施有效供给行为。随着第一阶段的深入，越来越多的生鲜农产品供给主体实施了有效供给行为，市场上生鲜农产品的供给质量和供给结构就会越来越符合当前的需求趋势，形成了微观层面的行为结果涌现到宏观层面的现象，量变引起质变，改善了当前生鲜农产品的供给乱象。

第二阶段是稳定期，针对整个生鲜农产品供需系统及其参与主体，颁布长期、稳定、全面的长效激励制度，形成长期性的利益诱导对策。从经济环境、自然环境和社会环境等方面，逐步营造适合实现生鲜农产品有效供给的氛围。在生产环节，针对供给主体、生产资料供应商和金融机构等参与主体，形成科学的生鲜农产品生产流程和信息获取渠道；在中间环节，针对市场中间商和物流企业，形成适合信息技术、冷库仓储和冷链技术应用的政策；在零售环节，针对需求主体，构建多渠道销售平台、线上和线下相结合、多类别的供给模式，同时制定统一的评价标准和优质生鲜的评奖活动，扩大优质生鲜的知名度和提高消费者的品鉴能力。随着第二阶段的深入，整个生鲜农产品的供给环境会得到改善，逐步形成利于实现生鲜农产品有效供给的环境，起到长期稳定的作用，形成良性循环，从根源上解决问题。

第三阶段是维护期，针对前两个阶段颁布的对策手段，通过对实施过程和结果进行监督，并根据社会需求和国家发展进行调整。其中，对于及时性的利益诱导对策，应深入了解当前社会经济环境下我国居民对生鲜农产品的需求变化，并及时、有效地进行调整；对于长效激励制度，应对我国生鲜农产品需求的发展趋势进行评估和预测，并以往期的长效制度为基础进行完善，以明确未来的发展方向。

（二）风险控制的驱动对策

为了推动生鲜农产品有效供给的实现和确保政策的落地，此处提出了以风险控制政策为核心的驱动对策体系，包括驱动对策的作用对象、对策手段和预期效果。

1. 作用对象

与利益诱导的驱动对策一样，生鲜农产品供给的参与主体均为风险控制驱动对策的作用对象，包括供给主体、生产资料供应商、金融机构、物流企业、生鲜市场中间商等。

2. 对策手段

基于第六章中对风险控制政策的仿真分析，可知目前风险类型有十三个，且按照类型和处理方式将风险控制政策划分为六个，其中政策法规风险控制政策、人为风险控制政策不被纳入考虑范围，因为前者难以控制，只能通过风险承担的形式解决，而后者鲜有出现因操作失误和恶意破坏的情况，且两者均发生概率较小。资源禀赋风险控制政策针对生鲜农产品供给过程中的财务风险和生产风险，通过改善农户小额贷款环境、农业技术推广、信息透明化等多种方式提升生鲜农产品供给主体的资源禀赋，以降低这些风险发生的概率。完成风险控制政策针对污染风险、自然环境风险、生物病害风险和运输仓储风险等生产供给环节中所可能发生的意外风险，通过意外保险的形式降低风险发生所造成的损失。市场风险也属于供给主体难以预料和控制的意外风险，通过政策工具减少市场风险发生所带来的损失。

虽然前文对风险控制政策进行了全面的仿真分析，但将部分风险按照类型和处理方式合并成一类，部分细节上的区别和需要深入的地方没有阐释清楚，因此本节认为还需要以风险控制政策的仿真结果为基础，对风险控制政策进行补充和完善，形成风险控制的驱动对策，并将其分为三个阶段，即转变阶段、稳定阶段和维护阶段。

与利益诱导对策类似，风险控制对策的第一阶段是通过制定周期短、代价低、时效快的风险控制对策手段，降低生鲜农产品供给主体对有效供给行为的感知风险，促使其采用有效供给行为，及时改变当前生鲜农产品供给的乱象，为后续实现有效供给奠定基础。第二阶段作为第一阶段的延续，更注重于长期稳定的驱动作用。着眼于整个生鲜农产品的供给过程，根据实际情况形成长期、稳定、全面的风险控制对策，缓解当前生鲜农产品供给所需要面临的高额风险。第三阶段同样是对前两个阶段查漏补缺的调整手段，既注重短期风险控制对策的及时调整，也重视长期风险控制对策的维护。

适合转变阶段的对策手段有完成风险控制政策和市场风险控制政策，这两类风险的发生是难以预料和无法控制的，只能以及时性的风险转移手段降低风险发生时造成的损失。其中完成风险包含了除生产环节外的意外风险，如污染风险、自然环境风险、生物病害风险和运输仓储风险。这些风险的控制政策通常是以意外保险的方式来完成的，供给主体与保险公司签订契约，以此减少因意外所造成的损失；而市场风险则是指市场需求发生变化和波动的风险，且这种风险会因"牛鞭效应"而被逐级放大，导致供给主体得到的市场需求信息往往都是无效的，为此需要为供给主体提供保底价格，即让市场中间商明确一个最低收购价，避免市场风险发生时的过度压价，降低该风险发生时所造成的损失。

适合稳定阶段的对策手段有资源禀赋风险控制政策，这类风险的发生是可预料和控制的，能够通过提前性的控制手段降低风险发生的概率。资源禀赋风险包含了生产环节中的所有的意外风险，如财务风险、信息失真风险、材料设施风险和技术风险。这些风险的控制政策通常需要着眼于生鲜农产品生产环节中所有参与主体，才能达成降低风险发生概率的目标，包括促进金融机构提供更好的金融服务，促进生产资料供应商提供质量更好的生产资料，推动农业生产技术的推广和供给主体的技术应用，同时建立及时有效的信息共享平台，降低信息失真的可能。值得注意的是，资源禀赋风险的发生概率受制于生鲜农产品的供给的社会经济环境，因此需要长期、稳定、全面的驱动对策，才能实现资源禀赋风险的控制。

与利益诱导对策的第三阶段一样，风险控制对策的维护阶段也需要建立生鲜农产品供给的监督政策和调整制度。前者主要是通过建立完善的监督审查制度以确保监督结果能够及时反馈给对策制定者，后者主要是通过专项的调整制度保证前两个阶段的对策手段具备有效性和动态性。

3. 预期效果

风险控制对策的转变阶段，主要是处理生产环节外的意外风险，如污染风险、自然环境风险、生物病害风险和运输仓储风险，这类风险既难以预料也无法控制，需要及时性的风险转移手段来降低风险发生时造成的损失，并以此降低生鲜农产品供给主体对有效供给行为的感知风险，形成内源式激励以激发其主观能动性，使其愿意采取符合当前市场需求的生产供给计划，实施有效供给行为。随着转变阶段的深入，该类风险得到了一定程度的控制，部分因为该类风险而犹豫的供给主体就会转变思想，进而影响到生鲜农产品的供给结果，使市场上生鲜农产品的供给质量和供给结构就会越来越符合当前的需求趋势，对当前生鲜农产品的供给乱象起到一定的改善作用。

风险控制对策的稳定阶段，主要是处理生产环节中的所有的意外风险，如财务风险、信息失真风险、材料设施风险和技术风险，这类风险的发生是可预料和控制的，可以通过提前性的控制手段降低风险发生的概率，并以此降低生鲜农产品供给主体对有效供给行为的感知风险，形成内源式激励以激发其主观能动性，使其愿意采取符合当前市场需求的生产供给计划，实施有效供给行为。随着稳定阶段的深入，长期、稳定、全面的风险控制对策会逐渐形成，整个生鲜农产品的供给环境会得到改善，有效供给行为的风险也会得到控制，在财务、信息、材料、设施和技术等方面形成利于生鲜农产品有效供给的社会经济环境，形成良性循环，从根源上解决问题。

风险控制对策的维护阶段，主要是对前两个阶段颁布的对策手段进行调整和优化。由于社会经济环境是不断发展和变化的，以往的风险控制对策就会变得不再适用，导致生鲜农产品的供给难以满足新时期的需求，这就需要对整个生鲜农产品供需系统进行监督，并根据当前我国居民对生鲜农产品的需求变化，及时调整短期风险控制对策，再参考我国生鲜农产品需求的发展评估，决定是否改变长期风险控制对策。

（三）利益诱导和风险控制双重驱动对策

基于前文中对生鲜农产品有效供给的理论分析和驱动对策的仿真分析可知，仅靠利益诱导对策或风险控制对策是难以解决生鲜农产品的有效供给问题的，需要通过利益诱导驱动对策为生鲜农产品供给主体提供动力，再利用风险控制驱动对策帮助供给主体摆脱各类风险的制约，实现利益诱导和风险控制的双重驱动。但想要实现生鲜农产品的有效供给，除了要激发生鲜农产品供给主体的积极性，也要从整个生鲜农产品的供需系统出发，形成系统性、多层面、多主体的双重驱动对策体系。

为此，在前两节的基础上，按照转变、稳定和维护三个阶段进行利益诱导和风险控制双重驱动政策的阐述。值得注意的是，由于利益诱导驱动对策和风险控制驱动对策已经分别在前两节中阐述过，所以本节侧重于明确转变、稳定和维护阶段中利益诱导和风险控制双重驱动对策的特殊性和注意点。

在转变阶段，利益诱导和风险控制驱动对策均是期望通过及时性的短期驱动对策，缓解当前复杂的生鲜农产品市场乱象，因此整个转变阶段的核心目的是利用及时性的利益诱导和风险控制驱动对策激发供给主体的主观能动性，使其更愿意采取有效供给行为，为实现宏观层面上的生鲜农产品有效供给提供源动力。因此该阶段围绕核心目的，针对生鲜农产品供给主体，构建短期的利益诱导和风险控制双重驱动对策，先从降低交易成本政策、降低生产成本政策和鼓励表彰政策等方面提高供给主体的感知利益，使生鲜农产品供给主体对实施有效供给行为产生源动力，再针对污染风险、自然环境风险、生物病害风险和运输仓储风险和市场风险，以风险分担合同和意外保险的方式分摊风险，减轻风险发生所造成的损失，进而降低供给主体的感知风险，使生鲜农产品供给主体减少对实施有效供给行为的风险忧虑，最终提高供给主体关于生鲜农产品有效供给行为的综合评价，愿意实施有效供给行为。

在稳定阶段，利益诱导和风险控制驱动对策则是期望通过有效、稳定、全面的长期驱动对策，形成适合生鲜农产品有效供给的社会经济环境，因此整个稳定阶段的核心目的是利用长期的利益诱导和风险控制驱动对策营造良好的生鲜农产品有效供给氛围，协调各个参与主体，形成良性循环，为从根源上解决生鲜农产品有效供给的问题奠定基础。该阶段应围绕核心目的，针对整个生鲜农产品供需系统及其参与主体，构建长期的利益诱导和风险控制双重驱动对策。要先通过提升社会地位政策、宣传营销政策和提高单产政策等长期的利益诱导驱动对策，优化整个生鲜农产品供需系统和供给环境，使更多供给主体愿意实施有效供给行为；再针对财务风险、信息失真风险、材料设施风险和技术风险，以提前性的控制手段降低风险发生的概率，进而减少实施生鲜农产品有效供给行为的制约要素，使更多供给主体能够实施有效供给行为；最终驱动微观层面上生鲜供给主体的主观能动性，量变引起质变，形成利于实施有效供给行为的社会经济环境，推动宏观层面上生鲜农产品有效供给的实现。

在维护阶段，利益诱导和风险控制驱动对策则是期望通过监督和调整的方式对前两个阶段进行查漏补缺，结合生鲜农产品的供给情况和经济发展趋势，补充和完善相应的驱动对策。整个维护阶段的核心目的是监督生鲜农产品有效供给的实际情况，通过调整和优化驱动对策，使其切合当前的生鲜市场需求，确保生鲜农产品有效供给的利益诱导和风险控制双重驱动对策的有效性和正确性。因此该阶段围绕核心目的，完成了系统性、多层面、多主体的对策建议，为实现我国生鲜农产品的有效供给保驾护航。

此外，为了确保生鲜农产品有供给的利益诱导和风险控制驱动方案在政策层面上的落实，协助政府推进生鲜农产品供给侧结构性改革和改善生鲜农产品的有效供给，还需从理念、技术和制度维度提出保障措施。

第二节 生鲜农产品有效供给利益诱导
与风险控制的理念保障

理念保障属于根源式激励，是从根本上推动生鲜农产品有效供给形成的一种激励方式，通过塑造有利于生鲜农产品有效供给的社会环境，以促进供给主体和参与主体形成关于有效供给的思维理念，因此本节从营造"优质优价"的舆论氛围、宣传"精准供给"的经营理念和推广"互联网＋"的供给模式三个方面构建生鲜农产品有效供给的理念保障体系。

（一）营造"优质优价"的舆论氛围

营造"优质优价"的舆论氛围是指围绕优质优价主题，精心策划组织媒体宣传，多角度阐释、多平台传播、多渠道发力，为生鲜农产品有效供给营造良好的舆论氛围，并提供有力的宣传文化支撑，从多方面激励生鲜农产品有效供给的扩大，如在农业方面有利于推动生鲜农产品的优质生产进而促进供给侧结构性改革，在物流方面有利于提高冷链保鲜技术进而保障生鲜品质，在市场方面有利于引导需求者追求优质生鲜进而刺激优质生产等。

我国用以促进生鲜农产品供给主体有效供给的相关措施仍多倚重于法律法规和其他强制性措施，根源式激励的运用明显不足，难以为生鲜农产品有效供给提供驱动力。因此从根源出发，在理念维度，着重从供给方和需求方两个角度塑造"优质优价"的社会环境与舆论氛围，一方面引导现有生鲜农产品供给主体树立品牌策划理念，树立生态环保理念，培养供给主体优质生产意识，同时引导城市高素质人才尤其是成功企业家投身生鲜农产品生产经营，成为"新农人"，以此带动城市资源要素向农村的流动，带动生鲜农产品科学技术的普及与优质生产理念的普及等，更好地实现生鲜农产品有效供给。另一方面，宣传推崇优质生鲜的市场理念，形成优质优价的生鲜供给良性循环，以消费者的需求引导有效供给的实现。

在营造"优质优价"的舆论氛围中，激发生鲜农产品供需系统中参与主体的活力，改变原先根深蒂固的传统理念。首先需要保障供给主体在生鲜农产品供应链中的地位和利益不受损，形成合理的利益诱导机制，强化供给主体的优质供给行为养成，弘扬优质优价的理念思维，同时改善信息沟通渠道，将优质优价的市场需求传递给生鲜农产品的供给主体。其次鼓励生产、销售等各环节的龙头企业发挥技术和管理优势，为广大生鲜供给主体制定针对性种养计划，提供优良种苗，进行生产技术培训，出台统一的生鲜农产品收购质量标准等，实现全产业链的紧密连接。最后，完善的风险防范机制和合作退出机制也是必不可少的。可以通过设立合作风险基金、风险管理信息系统、申请合作保险等方式，消除生鲜农产品产业供给主体的顾虑，解决部分纠纷，保障生鲜农产品供给的健康、有序进行。

（二）宣传"精准供给"的经营理念

宣传"精准供给"的经营理念是指引导生鲜农产品供给主体理解、接受并主动应用信息技术和新型市场营销新模式，根据市场需求进行精准明确的生鲜农产品生产，从而更好地实现生鲜农产品的有效供给。在更深的层面上，与生产资料供应商、金融机构和物流企业等参与主体交易协商，建立更具效率的生产供应链，以降本增效的方式通过同样的生产要素获取更多的利益，实现生鲜农产品的有效供给。

目前我国大多数生鲜农产品的供给主体的素质水平较低，对"精准供给"的经营理念并不了解，通常多依赖于以往的生产经营或是盲目听从周围人的建议。因此在理念层面上，向供给主体和市场中介主体宣传"精准供给"的经营理念，注重阐明结构性供给的趋势，明确信息透明化的关键性，突出协同合作的优势以及需求导向的重要性。

宣传"精准供给"的经营理念需要从多方面入手，通过理念引导和制度保障的方式确保经营理念能够传递给供给主体和市场中介主体。首先，需要确保精准供给的经验理念与国家所倡导的农业发展趋势相一致。各类生鲜农产品供给主体注重的是精准供给对结构性供需匹配、节省成本、产量与利润的提升，而政府作为社会公众利益的代言人，提倡精准的生产经营旨在实现经济、环境、政治和社会等多维度的综合目标。所以需要通过供给主体的正外部性补偿等制度设计，平衡两者之前的利益一致性。其次，现阶段生鲜农产品的生产仍离不开自然环境，再加上生产周期长、难标准化、运输仓储等因素的制约，农户们还无法挣脱"靠天吃饭"的传统桎梏，尤其是众多农户直接面对市场，难免会因为市场信息不准确的情况而造成供需紊乱。因此，既要敦促广大农户积极获取市场信息，也要为他们提供及时准确的信息服务。最后，发挥我国农业组织的作用，鉴于广大农户的文化素质水平不高，对新事物和新模式的接受程度也较低，应通过农业组织宣传精准供给的理念，发挥集体作用，先进帮助后进，既能尊重农民的意愿，也能发挥好农民的主观作用。

（三）推广"互联网＋"的供给模式

推广"互联网＋"的供给模式是指以互联网为手段对传统的生鲜农产品供给进行升级改造，将生产环境、物流环境、销售环节与互联网技术相结合，向智能化、一体化和高效化的现代生鲜农业供应链发展。"互联网＋"的供给模式本质上属于线上交易平台，有利于扩大生鲜农产品的供给范围，降低生鲜农产品的损耗，引导供给主体按需生产，提供结构性供需匹配，达到扩大生鲜农产品的有效供给的目的。

生鲜农产品的运输仓储条件异于其他工业品和大宗农产品，对温度和包装的要求较高，因此容易出现损耗过多和品质下降的情况。通过"互联网＋"技术优化生鲜农产品的供给过程，有利于拓宽销售渠道和降低生鲜农产品的损耗，扩大生鲜农产品的有效供给。目前我国"互联网＋"的生鲜农产品供给模式仍处于发展阶段，缺乏完善的管理制度，缺少相关人才的培养机制，质量标准化缺失，互联网平台建设不足。因此在理念层面上，推广"互联网＋"的生鲜农产品供给模式，应着重从生鲜农产品供需平台建设、大数据技术应用、物联网技术开发等方面完善"互联网＋"的生鲜农产品供给模式。

推广"互联网＋"供给模式的切入点应以广大生鲜农产品供给主体、市场分销商、需求主体为基础，通过大数据技术和物联网技术构建生鲜农产品供需平台。首先，需要树立"互联网＋"供给理念和思维方式，以众筹、拍卖、热点和直播等多种渠道的制造声势，推广普及生鲜农产品供需平台，同时向年龄较大和对新事物接受能力较差的人群提供一定帮助，如建立生鲜农产品供需平台的服务帮助中心、分发生鲜农产品供需平台的操作使用手册等。其次，开发适用于生鲜农产品生产、加工、包装、销售、运输和仓储等供给过程的物联网技术，推动生鲜农业向以信息和软件为中心的生产方式转变，将大量的传感器节点构成监控网络，通过各种传感器采集信息，通过信息透明化和信息追溯功能，将需求信息、生产信息、供给信息上传到生鲜农产品供需平台，帮助生鲜农产品供需平台的用户获取自身所需的供需信息，以促进生鲜农产品的结构性供需匹配的实现，协助生鲜供给主体实施有效供给行为。最后，还应结合大数据技术，将搜集到的生鲜农产品数据进行处理，应用到各项行为决策的分析中，增强生鲜农产品供需平台内部信息流的利用价值。

第三节　生鲜农产品有效供给利益诱导 与风险控制的技术保障

技术保障属于变革式驱动，包括通过技术创新的方式推动生鲜农产品有效供给的进步，从生产方面加快科技创新以优质生鲜品种引导市场需求，从物流方面提高生鲜农产品的运输仓储技术以确保生鲜农产品的鲜度和质量，从金融方面促进新式农业金融产品的开发以改善目前生鲜供给主体的金融服务环境。因此本节从推动农业科技的创新、加强冷链物流技术的推广和促进农业金融产品的开发三个方面构建生鲜农产品有效供给的技术保障体系。

（一）推动农业科技的创新

推动农业科技的创新是指通过新品种研发、技术的创新、新模式的尝试等一系列涉及科技、组织、商业和金融活动的综合方式来促进农业科学的进步和落地。大力发展与生鲜农产品生产相关的科学技术，以变革式的技术推动生鲜农产品有效供给的实现。按照创新对象的不同可以将农业科技创新划分为生鲜农产品的种质创新、方法创新和产品创新。

新中国成立初期，我国对农业科技的发展极为重视，但主要落脚点在于基础农作物的产量和环境适应性问题，对生鲜农产品这类经济农作物的关注较弱，导致农业科技在我国生鲜农产品发展中的比重较低，有很大的进步空间。近年居民对高品质生鲜农产品的需求日渐增强，对我国当前生鲜农产品产业提出了挑战。亟须调整产业布局，加大农业科技的发展和投入，培育具有较高素质的从业人员，提高生产水平，形成高质量的生鲜供给以应对社会各界的广泛需求。

推动农业科技的创新，应以促进生鲜农产品有效供给的实现为目标，通过种质、方法和产品的多维度立体式创新，突破关键的生产供给技术难关，提高中高端生鲜农产品的比重，进一步增加农业生产的技术含量，提高生鲜农产品的产量、质量、附加值和市场竞争力，使生鲜农产品的供给品种和质量更契合消费者需求。首先，着重突出科技创新在推动农业现代化中的驱动和引领作用，向生鲜农产品的供给者宣传科技创新在生产供给过程中的关键性作用，同时，引导生鲜农产品供给主体对新型农业科学的学习和应用，加快新型农业科技的落地。其次，优化科技创新的资金使用结构，避免科技研发资金的挪用和滥用。建立农业科技创新研究的专项资金机制，合理规范资金的使用方式，既保证资金的合理使用，也发挥资金的最大效益。最后，在"互联网＋"供给模式的基础上，将农业科技的创新和"互联网＋"相结合，利用互联网廉价的信息传递成本和便捷的信息传递渠道，将农业科技简单方便地传送给生鲜农产品供给主体。同时形成以用户为核心的运营机制，为广大生鲜农户提供及时、有效、易懂的农业科技服务，进而改善当前我国农业科技的服务环境。

（二）加强冷链技术的应用

冷链技术是指将以冷冻工艺学为基础，用制冷技术形成低温环境，并将其应用于生鲜农产品的保质、保鲜上，以尽可能避免生鲜农产品的运输和仓储过程中出现品质受损、品相下降等损耗问题。冷链技术能够提高生鲜农产品的保鲜能力，还不会影响其品质和味道。在物流方面，冷链技术的应用还提高了运输的辐射范围，通过封闭式的仓储运输可以确保生鲜农产品的安全。总之，在各个层面上，加强冷链技术的应用可在生鲜农产品的流通环节上确保品质，以完善的生鲜农产品有效供给的系统保障机制。

目前我国冷链行业仍处于发展阶段，随着冷链技术的推广和应用，生鲜农产品冷链的发展环境和条件不断改善，相关企业不断涌现。在冷链行业发展进步加快的同时，仍有较多不足之处值得改善。在标准化方面，我国虽然制定了相应的国家标准，但尚未落实到位，很多企业自律性较差，没有按照国家标准执行。在理念推广方，由于冷链技术的成本投入是大于常规物流的，导致其定价也同样更高，且服务需求者更倾向于价格较低的常规物流，成本和销量的双重压制，为冷链技术的应用和推广添加了阻碍。

根据当前我国冷链行业的情况，无论是中央政府还是地方政府都在大力提倡发展冷链技术，认为随着冷链物流的普及，生鲜农产品的流通损耗就会降低，改善资源的利用率，扩大生鲜农产品的有效供给。首先，建立冷链技术的多元化应用机制，一方面，在运输枢纽中心构建冷链技术研发推广中心，另一方面，在生鲜农产品的优势产区开展"生鲜产出基地＋农副加工企业＋冷链物流"的试点，总结模式经验后向全国推广。其次，整体梯度推进，选择重点品种和重点区域先行试点。鉴于时间的迫切性和试点成功的可能性，应选择具有特色的生鲜农产品生产地区作为冷链试点，再基于成功经验辐射周边，因地制宜地形成阶段式变革，从生鲜农户的生产、冷链物流的规划、冷链宣传等多个环节进行资源整合，形成优势布局。最后，统筹多方协调，构建适合中国国情的生鲜农产品冷链体系。先以物流配送中心和仓储中心为辐射点，构建辐射范围内的短途冷链生鲜体系；再借助第三方物流，推动远距离冷链生鲜体系，推动中国生鲜农产品冷链物流的快速发展。

（三）促进金融服务的升级

金融服务是指金融机构运用货币交易手段融通有价物品，向金融活动参与者和顾客提供的共同受益、获得满足的活动。本书中金融服务的升级旨在促进生鲜农产品有效供给的实现，通过金融产品的开发、金融制度的创新和货币政策的引导，为生鲜农产品有效供给保驾护航。围绕信贷支撑、金融创新、完善保险、加强监管等相关制度，保障生鲜农产品供给主体的利益，进一步激发供给主体的积极性，提升生鲜农产品的供给质量。

鉴于当前我国农村金融服务是以"三农"为使命，一方面推动农村金融市场形成多层次、全面的发展势态，为实现乡村振兴、改善农村金融生态、农户增收提供强大的金融保障。另一方面促进农村金融服务的创新，为生鲜农产品的发展提供强大的金融平台和渠道支持。因此需要促进金融服务的升级以顺应农业供给侧结构性改革，为生鲜农产品有效供给提供保障。

为了促进金融服务的升级，首先应提高对生鲜农产品供给主体的重视，供给主体的类型是多样的，包括传统农户、种植大户、农业合作社和农业企业等，他们在资源禀赋、风险偏好、经营方式等方面上相差较大，对金融服务的需求也各不相同，需要不断丰富金融产品与服务方式来提升金融服务的覆盖度；同时也应注重生鲜农产品供给过程中各个参与主体之间的联系与纽带，建立激励约束机制，有效化解道德风险和信用风险。其次应着重加强金融产品的创新。供给侧改革必将带来农业的转型升级，而农业的升级也必然带动农村金融服务的发展，这是我国农业发展的大趋势，将现代金融产品不断引入"三农"领域是顺应当前农业改革的必然要求，也是生鲜农产品供给主体获得优质金融服务的保障。因此农村金融机构要加快形成具有系统性、结构合理、保障有力的一系列金融产品，以顺应农业供给侧结构性改革的高要求，为生鲜农产品的有效供给提供驱动力。最后，在国家政策层面上形成有利于实现生鲜农产品有效供给的制度框架，完善政策体系，增强农村金融机构与生鲜农产品供给的耦合性，探讨国家资助补贴与咨询、培训等服务提供方面的政策安排。如支持新型农业经营主体利用期货、期权等衍生工具进行风险管理，鼓励"探索开展产值保险、目标价格保险等试点"，从政策层面对金融服务的升级进行支持。

第四节　生鲜农产品有效供给利益诱导和风险控制的制度保障

制度保障属于外部式规范，从政府角度出发，形成合理规范的规章制度，以此规范生鲜农产品供给过程中所有参与主体的行为，扩大生鲜农产品的有效供给。因此本节从树立生鲜农产品有效供给的引导制度、形成生鲜农产品有效供给的保障制度和确立生鲜农产品有效供给的奖惩制度三个方面构建生鲜农产品有效供给的制度保障体系。

（一）树立生鲜农产品有效供给的引导制度

引导制度是指政府通过引导性方式支持、资助扩大生鲜农产品有效供给活动的政府工具。作为一个相对概念，引导制度是相对于管制性制度的，其侧重于调动和发挥生鲜农产品过程中所有参与主体对有效供给的主观能动性，采用一定的鼓励和激励性手段刺激他们的积极性，引导他们主动参与有效供给，形成共同参与。

近年来，生鲜农产品供给侧改革成为新的热点和发展趋势，方向上的转变导致原有的政策体系和制度亟须改善。强化生鲜农产品有效供给的引导制度成为供给侧改革的必然趋势和要求。目前相关政策本身不够明确，政策所指向的对象在供给过程中也难以确立，导致政策无法有效落地。因此，需要树立合理的生鲜农产品有效供给引导制度，充分激发供给过程中各类参与主体的主观能动性。

生鲜农产品有效供给引导制度应从如下三个方面落实。其一，正确引导生鲜农产品供给的参与主体实施有效供给行为，以理念推广、信息公开等方式为切入点，引导更多的供给主体、金融机构、物流企业、市场中介主体和需求主体参与到保障有效供给的行动中去，形成良好的社会环境，为进一步扩大生鲜农产品的有效供给准备实施条件。其二，加强对生鲜农产品供给过程中各类型主体之间，以及与环境间作用机制的研究，为发展引导制度奠定理论基础。只有了解上述各类型主体在社会自然环境中的行为和影响，才能提出具有合理性、可操作性的引导制度。虽然目前有些引导制度在促进生鲜农产品有效供给上起到了一定的作用，但由于其较少考虑政策实施对象的现实愿望和需求，导致这些政策难以达到预期的效果。其三，对现行的引导制度进行调整、完善和创新。当前引导制度在理解和执行上都带来许多障碍，针对目前存在的不足，应重新设计以计划为导向的引导性管理政策，为生鲜农产品有效供给提供保障。

（二）形成生鲜农产品有效供给的保障制度

保障制度是指政府在某种社会价值理念指导下，为了达成一定的社会目标期望而制定的一系列方略、法令、办法、条例的总和，旨在形成确保生鲜农产品的有效供给的社会自然环境。本质上来说，保障制度是基于社会保障理论的政策工具。作为保障制度，其侧重于为生鲜农产品供给过程中各类参与主体提供帮助，降低风险的发生概率和损失。

与引导制度相呼应，保障制度对生鲜农产品的有效供给起到了保驾护航的作用，其重要性不言而喻。在强化生鲜农产品有效供给的引导制度成为供给侧改革的必然要求的情况下，保障制度也成为政府制定政策时不可忽视的重要一点。

为了确保参与主体的有效供给行为能够真正实施和落地，保障制度的设计和制定应从两个方面着手。其一，厘清生鲜农产品供给过程中各类型参与主体在实施有效供给行为时所面临的关键点和难点。明确关键点有利于在保障制度设计中能够更好地根据其关键性和重要性分配资源，以较小的成本获取更多的利润，进而提高效率，而凸显难点则便于有针对性地寻找解决的方法。其二，与引导制度类似，保障制度也需要对现行的政策制度进行调整、完善和创新，合理且接地气的保障制度有利于政策的指导，否则就容易导致基层组织执行时偏离设计初衷。

（三）确立生鲜农产品有效供给的奖惩制度

奖惩制度是奖励制度与惩戒制度的合称，前者旨在根据供给参与主体的行为进行物质或精神上的鼓励，以调动其工作潜能和工作积极性，而后者旨在剥夺权利和增加义务，对不合适的供给行为予以最大限度的防范和纠正，是一种负激励机制。

奖惩制度主要针对具体的供给行为，属于过程制度，引导和规范参与主体的供给行为朝符合政府要求的方向发展，鼓励有效供给行为，处罚无效供给行为。目前我国生鲜农产品的信息追溯能力较差，难以获取供给行为的第一手资料，无法根据相关信息对供给行为予以奖励或处罚。因此建立切实可行的奖惩制度以改善当前生鲜农产品的供给问题是必要的。

在当前技术支撑不足的情况下，设计好合理的奖惩制度是一项艰巨任务，可从如下三点出发。其一，通盘考虑保持奖励和惩罚措施的刺激频率，措施上应以精神利益和物质利益相结合的形式，而惩罚措施则应以教育为主，惩罚为辅，建立生鲜农产品有效供给的评价指标以更好地细化奖惩制度，并使奖惩制度更具操作性和可行性。其二，在技术支撑不足的情况下，参与主体在向信息库提供信息资料时容易出现背约行为，导致信息和实际情况不符，那么建立合理的违约合同和防范措施就显得很有必要。其三，要注意奖惩制度实施的原则，注重奖惩措施的及时性、有效性、公正性和适度性。及时性说明讲奖惩要及时，要在供给行为发生后较短的时间内完成奖励或惩罚，一旦超过时效，将很难起到足够的效果；有效性是指确定的奖励或惩罚要兑现，失信会导致以后的鼓励和规范无人相信；公正性意味着要明确评判标准，避免歧义和模糊，赏罚分明，切忌平均主义和等额奖励；适度性说明奖惩措施要合理，不能过重也不能过轻，过重会导致供给主体感到压力过大，过轻会导致供给主体不重视。

参 考 文 献

［1］艾睿．基于农业供给侧改革的农村金融创新研究［J］．西南金融，2016.

［2］巴曙松．对我国农业保险风险管理创新问题的几点看法［J］．保险研究，2013.

［3］鲍学东，郑循刚．基于SFA的四川农业生产技术效率分析［J］．科技管理研究，2008.

［4］曹春雷．影响农产品有效供给的主要价费问题及对策建议［J］．价格理论与实践，2011.

［5］陈定洋．供给侧改革视域下现代农业产业化联合体研究——产生机理、运行机制与实证分析［J］．科技进步与对策，2016.

［6］陈茂强．我国农产品的营销渠道创新［J］．浙江工商职业技术学院学报，2008.

［7］陈品，陆建飞．农民对种植结构调整的认知和心态分析及政策启示——基于江苏淮北4县476位农民的调查［J］．江苏农业科学，2014.

［8］陈强，陈双，吴立金，韩新宇．分布式复杂系统软件测试建模方法与应用研究［J］．计算机测量与控制，2019.

［9］陈颂东．重构农业补贴体系：直接补贴辅之以价格支持［J］．湖北社会科学，2007.

［10］陈新建，董涛．影响农户规模经营意愿的市场风险因素分析——基于广东水果种植农户的调查［J］．价格理论与实践，2014.

［11］陈新建．感知风险、风险规避与农户风险偏好异质性——基于对广东适度规模果农风险偏好的测度检验［J］．广西大学学报（哲学社会科学版），2017.

［12］程伟，何磊．西部地区新型农业经营主体培育与发展对策——以陕

西省延安市调查为例 [J]. 安徽农业科学, 2016.

[13] 崔亚飞, 黄少安, 吴琼. 农户亲环境意向的影响因素及其效应分解研究 [J]. 干旱区资源与环境, 2017.

[14] 但斌, 伏红勇, 徐广业, 等. 考虑天气与努力水平共同影响产量及质量的农产品供应链协调 [J]. 系统工程理论与实践, 2013.

[15] 丁宁. 流通创新提升农产品质量安全水平研究——以合肥市肉菜流通追溯体系和周谷堆农产品批发市场为例 [J]. 农业经济问题, 2015.

[16] 丁松, 但斌. 随机需求下考虑零售商风险偏好的生鲜农产品最优订货策略 [J]. 管理学报, 2012.

[17] 冯涛. 经济发达国家农产品价格支持政策的比较 [J]. 湖北经济学院学报, 2006.

[18] 甘臣林, 谭永海, 陈璐, 陈银蓉, 任立. 基于TPB框架的农户认知对农地转出意愿的影响 [J]. 中国人口·资源与环境, 2018.

[19] 高珊, 黄贤金, 钟太洋, 等. 农产品商品化对农户种植结构的影响——基于沪苏皖农户的调查研究 [J]. 资源科学, 2014.

[20] 高小兰, 王址道. 基于流通渠道优化的农产品流通成本和效率分析 [J]. 农业经济, 2015.

[21] 郭庆海. 农村家庭经营的类型及其分化与发展 [J]. 农村经营管理, 1996.

[22] 韩俊. 说不尽的"三农" [J]. 中国发展观察, 2016.

[23] 韩志杰. 培育规模农业经营主体, 推进农业供给侧结构性改革——衡水市农业经营主体培育工作的几点建议 [J]. 农业开发与装备, 2016.

[24] 贺明华. 感知利益和感知风险对持续共享意愿的影响机制 [J]. 企业经济, 2020.

[25] 侯麟科, 仇焕广, 白军飞, 等. 农户风险偏好对农业生产要素投入的影响——以农户玉米品种选择为例 [J]. 农业技术经济, 2014.

[26] 胡中应, 胡浩. 社会资本对农业科技服务效率的影响研究 [J]. 华东经济管理, 2014.

[27] 黄海艳. 农民分化、土地流转与新型农业经营主体培育的研究 [D]. 合肥: 安徽农业大学, 2015.

[28] 黄红星, 郑业鲁, 刘晓珂, 等. 农产品质量安全追溯应用展望与对策 [J]. 科技管理研究, 2017.

［29］黄建华．政府双重干预下基于渠道商价格欺诈的农产品交易演化博弈模型［J］．中国管理科学，2016.

［30］黄祖辉，俞宁．新型农业经营主体：现状、约束与发展思路——以浙江省为例的分析［J］．中国农村经济，2010.

［31］江维国．我国农业供给侧结构性改革研究［J］．现代经济探讨，2016.

［32］姜长云，杜志雄．关于推进农业供给侧结构性改革的思考［J］．南京农业大学学报：社会科学版，2017.

［33］焦光源，李志刚．新疆生鲜农产品质量安全溯源系统的设计——基于.NET技术［J］．农机化研究，2013.

［34］金淳，张一平．基于Agent的顾客行为及个性化推荐仿真模型［J］．系统工程理论与实践，2013.

［35］靳明，赵昶．绿色农产品消费意愿和消费行为分析［J］．中国农村经济，2008.

［36］雷露，乔忠．生鲜农产品物流损耗控制的障碍与解决对策研究［J］．中国商论，2012.

［37］雷瑛．培育新型农业经营主体助推农业供给侧结构性改革［J］．决策探索，2016.

［38］黎振强，杨新荣．生态农业投入产出的经济利益诱导机制研究［J］．经济问题，2014.

［39］李冬艳．农业补贴政策应适时调整与完善［J］．经济纵横，2014.

［40］李国祥，杨正周．美国培养新型职业农民政策及启示［J］．农业经济问题，2013.

［41］李圣军，孔祥智．农户技术需求优先序及有效供给主体研究［J］．新疆农垦经济，2010.

［42］李伟，宋发友，刘德恒，等．供给侧改革视角下新型农业经营主体融资研究［J］．福建金融，2016.

［43］林轶，田茂露，曾慧珠．乡村旅游经营者参与网络营销的意愿及行为研究——基于广西融水、阳朔的调查数据［J］．中国农业资源与区划，2019.

［44］刘丹，曹建彤，陈建名．基于Agent建模的应用：研究综述［J］．技术经济，2014.

[45] 刘刚. 我国新型农业经营主体政策供给绩效评估研究——基于利益相关者理论模式的分析 [J]. 农村经济与科技, 2016.

[46] 刘红岩, 李娟. 农产品质量安全: 多重规制、行为重塑与治理绩效——基于"安丘模式"的调研分析 [J]. 农村经济, 2015.

[47] 刘强, 李晓. 基于福利经济学的生态农业发展困境分析 [J]. 江苏农业科学, 2014.

[48] 刘汝祎. 无人零售的顾客接受意愿的影响因素研究——以感知利益、感知风险和顾客经验为视角 [J]. 财富时代, 2020.

[49] 刘世锦. 农业供给侧改革的重点是推动要素自由流动 [J]. 农经, 2016.

[50] 刘勇, 王德才, 冯正超. 离散事件系统仿真建模与仿真策略 [J]. 西南师范大学学报 (自然科学版), 2005.

[51] 吕海宁. 基于供给侧改革的农产品结构优化机制研究 [J]. 热带农业科学, 2020.

[52] 吕苏榆. 我国农产品地理标志补贴及奖励政策反思——基于欧盟共同农业政策改革动向的启示 [J]. 国际经贸探索, 2015.

[53] 马亚娟, 郭丽珍, 许玉贵. 我国生猪价格波动的特点与调控对策 [J]. 中国市场, 2012.

[54] 倪学志. 我国绿色农产品有效供给研究 [J]. 农业经济问题, 2012.

[55] 宁满秀, 邢郦, 钟甫宁. 影响农户购买农业保险决策因素的实证分析——以新疆玛纳斯河流域为例 [J]. 农业经济问题, 2005.

[56] 彭代彦. 农业生产要素配置和农产品供给的计量分析 [M]. 武汉: 华中科技大学出版社, 2003.

[57] 亓乐秋, 王东红, 鲁永香. 供给侧结构性改革下的新型职业农民培育 [J]. 中国成人教育, 2016.

[58] 钱克明, 彭廷军. 关于现代农业经营主体的调研报告 [J]. 农业经济问题, 2013.

[59] 沈冰于. 中国农村经济发展过程中农民价值观的变化 [J]. 社会学研究, 1986.

[60] 沈贵银. 关于推进江苏农业供给侧结构性改革的若干问题 [J]. 江苏农业科学, 2016.

[61] 沈鹏熠. 农产品区域品牌的形成过程及其运行机制 [J]. 农业现代

化研究，2011.

　　[62] 石志恒，崔民，张衡. 基于扩展计划行为理论的农户绿色生产意愿研究 [J]. 干旱区资源与环境，2020.

　　[63] 史建民，孟昭智. 我国农业保险现状、问题及对策研究 [J]. 农业经济问题，2003.

　　[64] 舒坤良，王洪丽，刘文明，等. 吉林省玉米供给侧结构性改革路径与对策研究 [J]. 玉米科学，2016.

　　[65] 孙佳佳，霍学喜. 进口苹果消费行为及其影响因素——基于结构方程模型的实证分析 [J]. 中国农村经济，2013.

　　[66] 孙中才. 技术传递、价格传递与农产品超量供给 [J]. 汕头大学学报（人文社会科学版），2003.

　　[67] 陶钧. 农行如何助力供给侧结构性改革 [J]. 现代金融，2016.

　　[68] 万亚胜，程久苗，吴九兴，等. 基于计划行为理论的农户宅基地退出意愿与退出行为差异研究 [J]. 资源科学，2017.

　　[69] 汪普庆，熊航，瞿翔，等. 供应链的组织结构演化与农产品质量安全——基于 NetLogo 的计算机仿真 [J]. 农业技术经济，2015.

　　[70] 汪希成，秦彦腾. 农产品目标价格补贴制度研究的理论困境——基于农产品目标价格补贴制度研究进展 [J]. 农村经济，2016.

　　[71] 王崇，李一军，吴价宝. 基于感知效用的消费者购物渠道决策分析与实证研究 [J]. 管理评论，2012.

　　[72] 王红梅. 供给侧改革与我国农业绿色转型 [J]. 宏观经济管理，2016.

　　[73] 王宏州，黄季焜. 农民的风险和共担风险偏好研究 [J]. 农业经济问题，2016.

　　[74] 王建华，葛佳烨，徐玲玲. 供给侧改革背景下安全食品的供需困境与调和路径 [J]. 新疆师范大学学报（哲学社会科学版），2016.

　　[75] 王淇韬，郭翔宇. 感知利益、社会网络与农户耕地质量保护行为——基于河南省滑县 410 个粮食种植户调查数据 [J]. 中国土地科学，2020.

　　[76] 王胜. 消费需求与技术创新关系研究 [J]. 科技管理研究，2007.

　　[77] 王涛，陈海，白红英，高海东. 基于 Agent 建模的农户土地利用行为模拟研究——以陕西省米脂县孟岔村为例 [J]. 自然资源学报，2009.

　　[78] 王涛. 系统建模方法综述 [J]. 科技资讯，2008.

［79］王勇，邓旭东．农产品供应链信息系统集成管理——"菜联网"工程的实践［J］．中国流通经济，2014．

［80］问锦尚，张越，方向明．城市居民生活垃圾分类行为研究——基于全国五省的调查分析［J］．干旱区资源与环境，2019．

［81］吴明隆．结构方程模型——AMOS 的操作与应用［M］．重庆：重庆大学出版社，2009．

［82］肖开红，王小魁．基于 TPB 模型的规模农户参与农产品质量追溯的行为机理研究［J］．科技管理研究，2017．

［83］谢冉．复杂系统建模方法综述［J］．现代防御技术，2020．

［84］谢贤鑫，陈美球．农户生态耕种采纳意愿及其异质性分析——基于TPB 框架的实证研究［J］．长江流域资源与环境，2019．

［85］谢宗权．农业推广中农民的行为特点，规律及对策［J］．江西农业经济，1996．

［86］辛国昌．现阶段保障肉蛋奶有效供给的挑战与调控实践［J］．农业经济问题，2013．

［87］熊升银，周葵．农户参与秸秆资源化利用行为的影响机理研究［J］．农村经济，2019．

［88］徐娟，章德宾．生鲜农产品供应链突发事件风险的评估模型［J］．统计与决策，2012．

［89］徐俊如．突出联产落实责任完善农村家庭联产承包责任制［J］．江西农业经济，1996．

［90］徐敏杰，胡兆光．基于 Agent 的经济政策对电力消费影响模拟实验［J］．系统管理学报，2011．

［91］徐全红，李宁．论供需失衡状态下的中国农村金融服务创新［J］．河南财政税务高等专科学校学报，2013．

［92］徐振宇．食用农产品质量安全监管制度困局及其改进——以蔬菜质量安全监管为例［J］．湖南农业大学学报：社会科学版，2014．

［93］许肖．供给侧改革下我国农产品加工业"一村一品"的发展［J］．中外企业家，2016．

［94］杨大蓉．浙江新型农业经营主体融资现状及金融创新策略研究［J］．浙江金融，2014．

［95］杨国华，李晓东．利用反馈神经网络对非线性连续系统进行实时建

模 [J]. 宁夏大学学报（自然科学版），2002.

[96] 杨辉. 推进农业品牌化提升农产品品牌价值 [J]. 四川农业科技，2008.

[97] 杨曙辉，宋天庆，陈怀军，等. 现代农业生产方式与技术体系对生态环境的影响 [J]. 农业资源与环境学报，2010.

[98] 姚冠新，浦凌波. 基于"农超对接"模式的质量改进与公平偏好研究 [J]. 商业研究，2014.

[99] 于法稳. 生态农业：我国农业供给侧结构性改革的有效途径 [J]. 企业经济，2016.

[100] 俞敬忠. 避免异常波动保障有效供给——我国棉花生产波动的特点、成因剖析与对策建议 [J]. 中国农村经济，1995.

[101] 张蓓. 农产品供给侧结构性改革的国际镜鉴 [J]. 改革，2016.

[102] 张橙，朱良天. 基于 BDI Agent 模型的对中小企业创新系统诊断框架及对策 [J]. 经济研究导刊，2019.

[103] 张充，韩星焕. 打造吉林省农产品绿色品牌的对策研究 [J]. 吉林农业大学学报，2005.

[104] 张红宇. 新型农业经营主体与农业供给侧结构性改革 [J]. 中国农民合作社，2016.

[105] 张季秋，任大廷. 农业技术推广模式创新对食用菌安全供给的影响——以成都市大邑县为例 [J]. 湖北农业科学，2011.

[106] 张晶，王克. 农产品目标价格改革试点：例证大豆产业 [J]. 改革，2016.

[107] 张利国. 我国安全农产品有效供给的长效机制分析 [J]. 农业经济问题，2010.

[108] 张鸣鸣. 新型农业经营体系和农业现代化——新型农业经营体系和农业现代化研讨会暨第九届全国农经网络大会综述 [J]. 中国农村经济，2013.

[109] 张维维，孙自愿，曹馨予，等. 创新驱动发展：感知产品创新对高新技术产品购买意图的影响研究 [J]. 科技管理研究，2020.

[110] 张晓林. 农产品流通创新系统构建与实施路径 [J]. 经济问题，2015.

[111] 张晓玲. 我国农产品目标价格补贴制度的优点、风险与完善对策

分析 [J]. 经贸实践, 2018.

[112] 章德宾, 徐娟, Paul D, Mitchell, 等. 一种农户与经销商合作的市场风险分担模型 [J]. 中国管理科学, 2017.

[113] 章力建. 加快培育新型职业农民保障我国农产品有效供给和质量安全 [J]. 农业科技管理, 2014.

[114] 赵地. 我国农产品价格支持政策探究 [J]. 价格与市场, 2010.

[115] 赵建欣, 李伟立, 田新霞. 新制度经济学框架下安全农产品供给的动力研究 [J]. 商业经济研究, 2016.

[116] 赵建欣, 张忠根. 基于计划行为理论的农户安全农产品供给机理探析 [J]. 财贸研究, 2007.

[117] 赵双文, 杨占科. 关于农产品市场问题的思考 [J]. 山西财经大学学报, 1987.

[118] 周洁红, 李凯, 陈晓莉. 完善猪肉质量安全追溯体系建设的策略研究——基于屠宰加工环节的追溯效益评价 [J]. 农业经济问题, 2013.

[119] 周镕基, 皮修平, 吴思斌. 供给侧视角下农业"悖论"化解的路径选择与体制机制构建 [J]. 经济问题探索, 2016.

[120] 周新德. 基于主体行为选择的优质农产品有效供给机制 [J]. 求索, 2017.

[121] 宗国富, 周文杰. 农业保险对农户生产行为影响研究 [J]. 保险研究, 2014.

[122] 邹於娟. 新中国七十年农业农村发展历程及政策演变 [J]. 农业经济, 2020.

[123] Ahumada O, Villalobos J R. Operational model for planning the harvest and distribution of perishable agricultural products [J]. International Journal of Production Economics, 2011.

[124] Bar N Z, Finkelshtain I, Ihle R, et al. Effects of violent political conflict on the supply, demand and fragmentation of fresh food markets [J]. Food Security, 2020.

[125] Bollman R D, Ferguson S. The local impacts of agricultural subsidies: evidence from the canadian prairies [J]. Journal of Agricultural Economics, 2019.

[126] Bonfante A, Monaco E, Alfieri S M, et al. Climate change effects on the suitability of an agricultural area to maize cultivation: application of a new hybrid

land evaluation system [J]. Advances in Agronomy, 2015.

[127] Cao S, Powell W, Foth M, et al. Strengthening consumer trust in beef supply chain traceability with a blockchain-based human-machine reconcile mechanism [J]. Computers and Electronics in Agriculture, 2021.

[128] Chai Z L, Hong B. Current situation and trends of establishing agricultural product quality standard system [J]. Journal of Zhejiang Forestry Science Technology, 2003.

[129] Conner M, Armitage CJ. Extending the theory of planned behavior: A review and avenues for further research [J]. Journal of Applied Social Psychology, 1998.

[130] Denis A, Desclee B, Migdall S, et al. Multispectral remote sensing as a tool to support organic crop certification: assessment of the discrimination level between organic and conventional maize [J]. Remote Sensing, 2020.

[131] Fan P, Wang Y, Xu N. Value added mechanism and organizational model optimization of agricultural products circulation value chain from the perspective of game theory [J]. Acta Agriculture Scandinavia, Section B-Soil & Plant Science, 2021.

[132] Gilles Billen, Luis Lassaletta, Josette Garnier. A biogeochemical view of the global agree-food system: Nitrogen flows associated with protein production consumption andtrade [J]. Global Food Security, 2014.

[133] Gong Y, Baylis K, Xu J, et al. Risk aversion and farm input choice: evidence from field experiments in China [J]. Agricultural & Consumer Economics of Illinois, 2010.

[134] Guibert H, Kueteyim P K, Bassala J P, Biandoun. M. Intensification of maize cropping systems to improve food security: Is there any benefit for Northern Cameroon farmers? [J]. Cahiers Agricultures, 2016.

[135] Hair JF, Anderson RE, Tatham RL, et al. Multivariate data analysis (5th.) [M]. Upper Saddle River, NJ: Prentice Hall, 1998.

[136] Halder P, Pietarien J, Havunuutinen S, et al. The theory of planned behavior model and students' intentions to use bioenergy: A cross-cultural perspective [J]. Renewable Energy, 2016.

[137] Hasselmann F, Csaplovics E, Falconer I, et al. Technological driving

forces of LUCC: Conceptualization, quantification, and the example of urban power distribution networks [J]. Land Use Policy, 2010.

[138] Henson, Hook. Private Sector Management of Food safety: Public regulation and the Role of Private Controls [J]. The International Food and Agribusiness Management Review, 2001.

[139] However. Emergency Coordination Model of fresh agricultural products' three-level supply chain with asymmetric information [J]. Mathematical Problems in Engineering, 2016.

[140] Jiehong Zhou, Zhen Yan, Kai Li. Understanding farmer cooperatives' self-inspection behavior to guarantee agri-product safety in China [J]. Research Article Food Control, 2016.

[141] Johnson D G. The Nature of the Supply function for agricultural products [J]. American Economic Review, 1950.

[142] Just, R. D. Zilberman. Stochastic structure, farm size and technology adoption in developing agrichulture [J]. Oxford Economics Papers, 1983.

[143] Karppinen H. Forest owners' choice of reforestation method: An application of the Theory of Planned Behavior [J]. Forest Policy and Economics, 2005.

[144] Kotchen MJ, Reiling SD. Environmental attitudes, motivations, and contingent valuation of nonuse values: A case study involving endangered species [J]. Ecological Economics, 2000.

[145] Ladd G W. Farm income and the supply of agricultural products [J]. American Journal of Agricultural Economics, 1957.

[146] Liu E M. Time to Change What to Sow: Risk preferences and technology adoption decisions of cotton farmers in China [J]. Review of Economics & Statistics, 2013.

[147] Macarena Dagnino, Frank A. Ward. Economics of agricultural water conservation: empirical analysis and policy implication [J]. International Journal of Water Resources Development, 2012.

[148] Palma M A, Collart A J, Chammoun C J. Information asymmetry in consumer perceptions of quality-differentiated food products [J]. Journal of Consumer Affairs, 2015.

[149] Palm-Forster L H, Suter J F, Messer K D. Experimental evidence on policy approaches that link agricultural subsidies to water quality outcomes [J]. American Journal of Agricultural Economics, 2019.

[150] Peter M. Horchner, Andrew M. Pointon. HACCP-based program for on-farm food safety forpig production in Australia [J]. Food Control, 2011.

[151] Samake O. Integrated crop management strategies in Sahelian land use systems to improve agricultural productivity and sustainability: a case study in Mali [J]. Bij Wageningen Universiteit, 2003.

[152] Scott S, S Z, Schumilas T, et al. Contradictions in state and civil society-driven developments in China's ecological agriculture sector [J]. Food Policy, 2014.

[153] Soon J M, Davies W P, Chadd S A, et al. Field application of farm-food safety risk assessment (FRAMp) tool for small and medium fresh produce farms [J]. Food Chemistry, 2013.

[154] Suto N, Kawashima H. The stable isotope fingerprinting technique for agricultural pesticide [C]. AGU Fall Meeting. AGU Fall Meeting Abstracts, 2014.

[155] Taylor SE, Peplau LA. Social psychology [M]. New York: Person Education Inc, 2006.

[156] Thamer K A, Rahimi Y. Development of an approach to managing dry fruit supply chains using expert systems [J]. Eastern-European Journal of Enterprise Technologies, 2020.

[157] Thompson L J, Lockie S. Private standards, grower networks, and power in a food supply system [J]. Agriculture and Human Values, 2013.

[158] Unnevehr L J. Food safety issues and fresh food product exports from LDCs [J]. Agricultural Economics, 2000.

[159] Wang Q, Chu L, Peng F, et al. Contribution of aquatic products consumption to total human exposure to PAHs in Eastern China: The source matters [J]. Environmental Pollution, 2020.

[160] Yan B , Fan J , Cai C , et al. Supply chain coordination of fresh Agri-products based on value loss [J]. Operations Management Research, 2020.